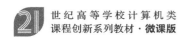
21世纪高等学校计算机类
课程创新系列教材·微课版

经济管理中的计算机应用

（第3版）

刘兰娟 / 主编

清华大学出版社

北京

内 容 简 介

本书主要介绍利用 Excel 提供的丰富的分析与建模工具，获取和分析经济管理大数据，并建立动态的预测、决策、模拟模型的方法，提高读者经济管理大数据处理能力。

全书由四部分共 7 章组成。第一部分主要介绍经济管理数据的查询方法，第二部分主要介绍经济管理数据的分类汇总分析与展示方法，第三部分主要介绍经济管理数据的时间序列预测与回归分析方法，第四部分主要介绍经济管理数据的定量决策分析与动态模拟分析方法。

本书包含 3 个思政案例，在学习技术的同时，引导读者遵守信息安全法规，培养大数据职业操守，加强社会责任感，树立正确的职业道德。

本书可作为经济管理类专业本科生、研究生和工商管理硕士信息技术应用、管理中的定量方法、管理决策建模等课程的教材，也可作为经济管理人员解决工作中遇到的数据处理、预测分析、决策建模和仿真模拟等问题的参考书。

图书在版编目(CIP)数据

经济管理中的计算机应用 / 刘兰娟主编. —3 版. —北京：清华大学出版社，2021.10(2025.2 重印)
21 世纪高等学校计算机类课程创新系列教材：微课版
ISBN 978-7-302-58947-1

Ⅰ. ①经…　Ⅱ. ①刘…　Ⅲ. ①计算机应用—经济管理—高等学校—教材　Ⅳ. ①F2-39

中国版本图书馆 CIP 数据核字(2021)第 173715 号

责任编辑：黄　芝
封面设计：刘　键
责任校对：李建庄
责任印制：宋　林

出版发行：清华大学出版社
　　　　网　　　址：https://www.tup.com.cn，https://www.wqxuetang.com
　　　　地　　　址：北京清华大学学研大厦 A 座　　　　　　邮　　编：100084
　　　　社 总 机：010-83470000　　　　　　　　　　　　邮　　购：010-62786544
　　　　投稿与读者服务：010-62776969，c-service@tup.tsinghua.edu.cn
　　　　质量反馈：010-62772015，zhiliang@tup.tsinghua.edu.cn
　　　　课件下载：https://www.tup.com.cn，010-83470236
印 装 者：三河市龙大印装有限公司
经　　销：全国新华书店
开　　本：185mm×260mm　　印　张：13.75　　　　　字　　数：335 千字
版　　次：2006 年 9 月第 1 版　2021 年 11 月第 3 版　　印　　次：2025 年 2 月第 4 次印刷
印　　数：4201～5000
定　　价：69.80 元

产品编号：090007-01

前言

FOREWORD

课程介绍
视频

课程简介
PPT

数据文件

《经济管理中的计算机应用》是国家级在线金课"经济管理中的计算机应用"的配套教材,其第 1 版和第 2 版分别获 2011 年和 2015 年上海市优秀教材奖。

大数据时代的到来,对经济管理人才的综合能力提出了更高的要求。经济管理人员不仅需要具备专业能力和管理能力,还应具备数据思维、数据获取、数据分析和数据应用等数据处理能力。《经济管理中的计算机应用》作为一本特色鲜明的计算机应用类课程的配套教材,其诞生和发展可以说顺应了大数据时代对经济管理人才培养的需要,将经济管理理论、定量方法与计算机数据处理技术紧密结合,帮助经济管理类人才掌握经济管理问题中的数据处理方法,提高大数据环境下经济管理工作的质量和效率。

从国内外高校一贯的做法来看,经济管理理论、定量方法与信息技术三部分的内容原本是完全割裂的。信息技术部分主要讲授计算机软件工具的使用,如数据库软件、办公自动化软件、程序设计语言等;定量方法部分则主要讲授数学方法,如运筹学、统计学等;而经济管理理论部分则注重介绍经济学原理、管理理论、会计方法等。在本科生中全面开展这类综合教学并不多见,很多学校把教学重点放在讲授计算机语言与程序设计方法等纯计算机技术的内容上,强调程序设计是计算机应用能力的基础。事实上,现代信息技术已经发展到一个全新的高度,使用者无须编程就可以解决各种问题早已成为各种功能强大的计算机软件争相实现的目标。因此,随着各种计算机软件功能的增强,对于各行各业的计算机使用者在程序设计能力方面的要求就越来越低。为了提高经济管理专业学生的信息技术应用能力,应把计算机应用课程的教学重点从讲授纯计算机软件技术知识转变为讲授应用信息技术来解决经济管理问题的知识与技能。

随着计算机、互联网、物联网、云计算等技术的广泛应用,人类迎来了大数据时代。大数据具有数据体量大、类型多、处理快和价值密度低等特点,这使得传统的利用计算机软件工具解决经济管理问题的方法发生了质的变化。作为新时代的经济管理人才,应当适应大数据时代的新需求,具备必要的基本素质与能力。

(1) 数据思维能力:充分认识数据是企业经营决策的关键性战略资源,形成系统化、定量化的思维能力,用数据说话,依据数据特征、关系和变化,研究趋势,解决问题。

(2) 数据获取能力:能够快速、准确、全面地获取互联网、经济活动与管理业务过程中积累的海量数据,进行数据查询、数据预处理,具备对多源、多维、多样数据资源整合与集成的能力。

（3）数据分析能力：包括对数据进行分类汇总分析与展示，对时间序列数据进行趋势预测分析，对各种数据之间的相关关系进行回归分析，基于数据对成本、利润、定价、订货、库存等管理决策所需参数进行预测分析。

（4）数据应用能力：能够对经济管理中短期、长期、有条件约束和存在各种不确定因素等各种决策问题建立决策模型，使用定量分析或模拟分析方法，提供科学的决策建议，并以丰富的动态可调图形展示数据处理和决策分析的结果。

与理工科专业相比，经济管理类专业对计算机专业理论知识的要求并不高，而对计算机应用方面的要求却更为迫切。计算机在经济管理中究竟有哪些应用呢？也许我们从业务角度会想到宏观经济统计、银行存取款业务、证券投资交易、企业财务管理等；从技术角度看，计算机在经济管理中的各种应用，可以归纳为以下四方面。

1. 获取与查询数据

数据是宝贵的企业资源。无论是国家与地方的经济运行，还是政府机构与公共企事业单位的各种管理活动，都会产生大量的数据。例如，微观上有订单、出入库记录、人事变动情况等；宏观上有工业生产总值、国民经济状况、税收等。数据一般都被保存在数据库中，这些数据经过分析处理将是未来预测和决策的依据。特别是互联网时代，很多的经济管理活动都在各类网站系统上进行，这些网站系统运行过程中所产生的大量数据同样也存放在数据库中。

大数据时代，数据无处不在，无时不产生。计算机在采集、存储、传输、转化和生成等方面发挥着重要作用，但对经济管理活动而言，计算机更重要的作用是为经济管理人员提供数据，即利用计算机获取与查询数据。

2. 分类汇总分析数据

经济管理活动中积累了大量数据，但更多的时候我们所关心的并不是明细数据，而是不同维度的汇总数据。例如，从时间维度关心每年的销售额、每季度各种产品的订单数；从人员维度关心每位雇员的销售业绩、十大客户的订购情况；从商品维度关心最贵的十种商品的销售额、已销售商品的平均价格等。

分类汇总分析后的数据以合适的形式展示，能帮助我们发现以往经济管理活动中存在的各种现象和规律，从而发现问题和机遇，以便及时解决问题和抓住发展机遇。要想获得这些分类汇总信息，需要计算机对具体的数据从不同的维度进行必要的分类汇总，即利用计算机分类汇总分析数据。

3. 数据预测分析

一个企业要取得长远的成功，管理者必须能够较好地预测未来，并以此为依据制定合适的策略。例如，要制订某种产品下个月的生产计划时，必须对该产品下个月的销量、原材料成本等做出正确的预测。当我们需要投资一个项目前，也需要对未来市场做出准确的判断。然而这些都是非常困难的事情，因为没有人能够每次都准确地预测未来。幸运的是，当可以获得历史数据时，我们能根据这些历史数据的波动特征和变化趋势，选择合适的统计预测方法对未来做出较好的预测。

预测分析经济管理数据有许多常用和有效的方法，可这些预测分析方法不可避免地会遇到各种统计概念和数学公式。然而，现在很多计算机软件具有强大的数据分析功能，使得经济管理人员无须掌握太多的统计预测与复杂的数学公式,利用现成的软件工具和方法,就可以很方便地进行经济管理数据的预测分析,即利用计算机预测分析数据。

4. 数据决策建模

对经济管理人员来说,所从事的各种经济管理活动,其实就是一系列的决策过程。著名的管理学家和社会科学家赫伯特·西蒙曾说过:"决策就是整个管理过程的同义词。"这说明了决策在整个经济管理工作中的重要性。

决策问题有结构化、半结构化和非结构化之分。非结构化决策问题由于无法用定量方法解决,所以传统的定量决策建模方法无法使用,而计算机仿真模拟不失为一种好的方法。在可以定量化的前提下,结构化与半结构化决策问题的差异在于:对结构化决策问题而言,只要建立了模型并在此基础上找到最优解或满意解,问题就解决了;对于半结构化决策问题来说,即使通过模型找到了最优解或满意解,问题还没有完全解决,还需要决策者充分分析各种外生参数对这些解的影响,然后根据决策者的经验和直觉,同时参考其他补充信息,才能最终确定决策问题的解决方案。对于非结构化复杂问题,系统模拟模型可提供一种强有力的解决方法。建立决策模拟模型的根本是建立系统运作的逻辑,达到"仿真"现实系统的目的。随着大数据技术的推陈出新,仿真模拟的技术方法越来越多,即利用计算机建立数据决策模型。

本书内容紧紧围绕计算机在经济管理中的四个方面的应用,通过大量的示例介绍运用计算机解决经济管理问题的思路、方法与技术。本书由四部分共 7 章组成。

第一部分为第 1 章,讲解数据库及其查询,主要介绍数据库的一些基本概念,包括数据库管理系统、表、主键、表之间的联系等。重点介绍借助 Microsoft Query 查询各种数据库中数据的方法,包括单表查询、多表查询、条件查询、计算查询和汇总查询等。

第二部分为第 2 章,讲解数据分类汇总分析,主要介绍利用数据透视表和数据透视图进行汇总的方法,以及汇总调整的灵活性。重点介绍数据透视表的各种实际应用,包括利用数据透视表生成时间序列、频率分布、分级客户销售汇总的方法,以及多重区域数据的合并汇总。较上一版新扩充的内容是 Power Pivot 工具对多来源数据合并汇总的方法。

第三部分为第 3～4 章,讲解数据的时间序列预测与回归分析。其中第 3 章时间序列预测主要介绍时间序列的概念和组成、时间序列预测的步骤及衡量预测准确性的指标,重点介绍移动平均、指数平滑、线性趋势、非线性趋势和季节指数等时间序列的预测建模方法;第 4 章回归分析主要介绍回归分析的概念、相关性概念、最小二乘法,以及回归模型的统计检验等基本原理,重点介绍 Excel 中的规划求解和回归分析报告等回归分析工具的使用方法,以及一元线性回归、一元非线性回归和多元线性回归问题模型的建立方法。特别值得一提的是,本书所介绍的将非线性问题变换成线性问题求解的非线性回归分析方法,是充分利用 Excel 提供的线性回归分析报告工具,将复杂问题化解为简单问题加以解决,这是一种在信息化时代值得推广的借助于计算机解决复杂问题的思路。

第四部分为第 5～7 章,讲解决策分析模型。其中第 5 章管理决策模型主要介绍建立盈亏平衡分析、成本决策分析和经济订货量分析模型的方法,重点介绍建立可选动态决策图形的各种技术;第 6 章投资决策模型主要介绍货币的时间价值、贴现率、净现值和内部报酬率等基本概念,常用财务函数及其应用,重点介绍基于净现值的投资决策模型的建立方法和蒙特卡罗投资风险分析方法;第 7 章最优化决策分析主要介绍最优化问题的定义、分类和数学模型,规划求解工具和查表法求解最优解的方法,重点介绍在各种资源约束条件下线性和非线性产品混合问题的规划决策建模,以及运输、选址、资金管理、生产安排等常见规划问题的决策建模。

管理决策中面临的环境非常复杂,且随机影响因素众多。决策参数的随机性,使管理决策问题很难用定量数学公式表达,即理论模型难以构建。然而,计算机模拟是一种用途较为广泛的技术。利用计算机可以模拟各种包含随机不确定因素的决策系统,对经济管理数据进行计算机模拟,具有特别重要的意义。计算机模拟既能解决无法用数学模型表示的决策问题,也能解决数学模型只能得到特定情况下的粗略结果而无法得到随机情况下的精确结论的决策问题。因此本书第 5 章和第 6 章还分别介绍了用活动扫描模拟最优订货量系统和用蒙特卡罗投资风险分析模拟模型的建立方法。

本书旨在帮助读者掌握运用信息技术解决各种经济管理理论与实务问题的思路与方法。本书没有使用数学建模和编程的方法,而是通过充分运用 Excel 所提供的函数、数据查询、分类汇总、数据透视表/图、模拟运算表、单变量求解、规划求解、数据分析工具、图表和控件等丰富的软件功能,无须运用复杂的数学公式和烦琐的编程技术就能对经济管理中遇到的各种问题进行量化分析、预测分析、决策建模和仿真模拟分析。

对于读者来说,无论是经济管理专业的学生,还是将要从事经济管理工作的职员,通过本书的学习,均能掌握计算机在经济管理中的一系列数据处理技术,即能够利用计算机软件工具查询经济管理数据,并对其进行汇总分析处理及动态展示、时间序列预测和回归分析,能够利用决策模型分析经济管理中的问题并能模拟经济管理中的各种不确定的复杂问题。

微软公司推出的 Microsoft Office 2016/2019 版软件与 Microsoft Office 2010 版相比有了较大的变化,特别是 Excel 2016 处理数据的能力有了很大提高,数据的分析和展示功能更加丰富,可使用户更加方便地处理数据。因此,本书以 Microsoft Office 2016 作为处理数据与建立模型的环境,紧跟 Excel 最新技术发展和功能变化,及时运用新版软件中更新颖、更灵活和更方便的功能,突显其在数据处理、分析展示、预测判断、决策建模和模拟等方面的优势,以适应当前各高校计算机应用教学环境的新要求。本书除使用 Excel 以外,还需要 Microsoft Office 2016 套装软件中的 Access、Query,建议读者将 Microsoft Office 2016 软件的所有模块全部安装,即选择"完全安装"选项,不要选择默认的"典型安装"选项。

本书在许多财经类高校已使用多年,教学效果较好。为了进一步提高教学效果,按照国家级在线金课的建设要求,第 3 版对第 2 版教材内容进行了梳理和调整,使第 3 版教材的特色更加鲜明,更加符合培养大数据时代经济管理人才的需要。

第 3 版由刘兰娟等编著,参加编写的有张雪凤、杜梅先、谢美萍、李欣苗和崔丽丽。与本书配套的每章教学 PPT、例题模型和教学视频等电子文档可扫码获取;例题讲解、习题参考答案和模拟试题等更多教学资源由"智慧树"课程平台提供。

上海财经大学信息管理与工程学院
《经济管理中的计算机应用(第 3 版)》编写组
2021 年 6 月

目录

CONTENTS

第 1 章

数据库及其查询

第 1 章
教学课件

第 1 章
例题解答

数据库系统是对数据进行存储、管理、处理和维护的软件系统,是计算机系统的重要组成部分,是各类信息系统的核心部分之一。建立一个有效的数据库系统,采集和保存公共企事业单位(以下简称企事业单位)在采购、生产、销售、财务、库存和人力资源管理等业务活动中所发生的各种日益复杂的数据,提供灵活、便捷的查询方法,帮助企事业单位合理运用数据做好经营管理工作,是其在激烈的竞争环境中获胜的关键。

本章介绍数据库的基本概念,包括数据库、数据库管理系统、数据模型、表、主键、表之间的关系等;阐述 Excel 获取外部数据,通过 Microsoft Query 进行数据库查询的方法,具体有单表查询、多表查询、计算查询和汇总查询等方法。

1.1 数据库概述

观看视频

随着计算机的产生,人们开始使用计算机记录和保存信息。起初,这些信息利用文件系统保存,但随着企事业单位在业务活动中产生的信息量的不断增加,文件系统已无法满足人们对信息管理的要求,于是产生了数据库系统。在企事业单位的整个业务活动过程中,会产生许多需要记录并保存的信息,而这些信息可存放在数据库中。

1.1.1 数据库

数据库是存放在计算机中,以一种合理的方法组织起来的、与企事业单位的业务活动和组织结构相对应的各种相关数据的集合,该集合中的数据可以为各级经过授权的用户和信息系统所共享。

数据库的定义具有以下三层含义。

(1) 数据库是存在于计算机中,与企事业单位的业务活动和组织结构相对应的各种相关数据的一个集合。

(2) 存放在数据库中的数据按一定的方式组织排列,而不是杂乱无章地存放。

(3) 数据库是一个共享的信息资源,可以被多个经过授权的用户使用,也可以被与企事业单位相关的各种信息系统使用。

为便于进一步理解数据库的定义,可以把数据库类比成一个图书馆(非数字图书馆)。

- 图书馆用来存放图书;数据库用来存放数据。
- 图书馆的图书存放在房间中;数据库的数据存放在计算机文件中。
- 图书馆的图书按照一定的规则存放在书架上,如按图书类别存放;数据库的数据按照一定的方式组织排列。
- 图书馆的图书可以被不同的读者借阅;数据库的数据可以被不同的用户和信息系统使用。
- 对于存放在图书馆的图书,读者必须要有图书证才有权借阅;对于数据库中的数据,用户必须要有权限才能访问。
- 为了快速地找到读者想借阅的图书,图书馆会根据图书类别、作者等信息建立索引卡;数据库中有类似的索引机制,如数据库中"关键字"的概念,实际上就是在数据库中建立一种关键字索引,以便能通过关键字快速地查找数据库中的数据。

可见,数据库与图书馆有很多相似之处,只是图书馆保管的对象是书,而数据库保存的对象是数据。当然,图书馆与数据库也有不同之处,例如,图书馆中的某一本书在某一时间只能借给一个读者,如果其他读者想借阅,则必须等到之前的读者归还之后才能借阅,而数据库的同一数据可以同时被多个用户访问。又如,图书馆中可以增加新书,也可以报废部分旧书,却不可以修改某一本书的内容,而数据库中不但可以增加或删除数据,还可以修改数据。

1.1.2 数据库管理系统

图书馆的图书需要经常管理,如整理书架上的图书,修补被损坏的图书,增加新书,剔除旧书,同时防范不法分子盗窃图书等。同样,存放在数据库中的数据也需要管理,这一任务由数据库管理系统(Database Management System,DBMS)操作完成。DBMS 是位于用户与操作系统之间的数据管理软件,主要负责数据库的建立、数据插入、数据查询、数据删除、数据修改及各种数据控制功能。

数据库的建立是指创建一个数据库以便存放数据;数据插入是指将需要存放到数据库中的数据按照一定的结构要求存放到数据库中;数据查询是指从数据库中查看用户所需要的数据;数据删除是指将不再需要的数据从数据库中删除;数据修改是指当数据的内容发生变化时将其改变。

数据库管理系统所提供的数据控制功能包括以下几方面。

- 数据安全性控制:保护数据,防止对数据库的非法操作所引起的数据丢失、泄露和破坏。
- 数据完整性控制:保证数据库中的数据永远是正确的、有效的和相容的。
- 并发控制:避免因多用户同时存取、修改而引起数据库的相互干扰,保证数据的正确性。
- 数据库的恢复:当数据库中的数据由于各种原因(如系统故障、介质故障、计算机病毒等)而变得不正确或部分甚至全部丢失时,数据库管理系统有能力将数据库恢复至最近某时的一个正确状态。

1.1.3 数据模型

存放在数据库里的数据是某企事业单位的业务活动所涉及的各种数据,各数据之间相互联系,必须由一定的结构将其组织,在数据库中引入数据模型来描述数据及它们之间的联系。针对不同的对象和应用目的可以采用不同的数据模型。常用的数据模型包括层次模型、网状模型、关系模型和面向对象模型。其中,关系模型最容易理解,使用也较广泛。采用关系模型的数据库称为关系数据库,采用关系模型的数据库管理系统称为关系数据库管理系统。例如,Oracle、DB2、SQL Server、Access 和 MySQL 等都是关系数据库管理系统。

1.2 表及其相互之间的联系

关系数据库由一系列的表组成。一般情况下,每张表都具有一个主键,通过这些主键,数据库的表与表之间可以建立各种联系。下面将介绍表、主键和表之间联系的概念。

1.2.1 表

关系数据库中的表是"二维表",每张表保存着企事业单位业务活动中所涉及的一个特定实体集(或两个实体集间的某种联系)的所有实例的各种属性值数据。

实体是指客观存在、可相互区分的事物,如一个产品、一位客户、一艘船、一座房子、一名学生、一门课程等。实体集是指同类实体的集合。例如,某校全体学生组成的集合就是一个"学生"实体集。

同一实体集中的所有实体都具有一组相同的特性,如"学生"实体集中的每个实体都具有"学号""姓名""性别""年龄""班级编号""系代码"等特性,实体所具有的某一特性称为属性。又如,某网上书店中所有会员组成的集合是一个"会员"实体集,该实体集中的每个实体都具有"会员号""姓名""联系电话""E-mail""地址""城市""邮政编码""密码""级别"等属性。为了记录"会员"实体集中所有会员的各种属性值数据,可以在数据库中存放一个描述所有会员各种属性的"会员"表,见表 1-1。

表 1-1 "会员"表

会员号	姓名	联系电话	E-mail	地 址	城市	邮政编码	密码	级别
00000001	张晨	021-65903818	zhangchen@sufe.edu.cn	国定路 777 弄行政楼 202 室	上海	200433	******	1
00000002	王玲	010-62754108	wangling@pku.edu.cn	北京大学人事部	北京	100871	******	1
00000003	李莉	021-62438210	lili@sufe.edu.cn	国定路 600 弄 37 号 201 室	上海	200433	******	1
00000004	刘新	021-55392225	liuxin@163.com	新市南路 999 弄 10 号 101 室	上海	200433	******	1
00000005	徐萍	021-43712345	xuping@fudan.edu.cn	张杨路 2230 弄 10 号 302 室	上海	200135	******	2
00000006	张氢	0411-84713425	zhangqing@163.com	东北财经大学会计学院	大连	116025	******	1
00000007	杨杰	021-76543657	yangjie@126.com	张杨路 2238 弄 3 号 102 室	上海	200135	******	1

续表

会员号	姓名	联系电话	E-mail	地 址	城市	邮政编码	密码	级别
00000008	王鹏	010-62751231	wangpeng@pku.edu.cn	北京大学勺园三号楼 301 室	北京	100871	******	2
00000009	杜伟	021-45326788	duwei@126.com	国定路 580 弄 3 号 101 室	上海	200433	******	1
00000010	单风	010-62751230	shanfeng@163.com	北京大学勺园三号楼 202 室	北京	100871	******	2

"会员"表中的每行数据代表着一个具体会员的信息。如,表中的第一行数据表示一个名为"张晨"的会员,该会员号为"00000001",联系电话为"021-65903818",E-mail 为"zhangchen@sufe.edu.cn",地址为"国定路 777 弄行政楼 202 室",城市为"上海",邮政编码为"200433"等。在关系数据库中,这样的一行数据称为一条记录,表 1-1 所示"会员"表中共有 10 条记录,代表 10 个会员的信息。表中每列称为一个属性(或字段),列头是相应属性(或字段)的属性名(或字段名)。

如表 1-2 所示"商品"表,记录每种商品的"商品号""商品名称""原价""折扣价""钻石价""类别""库存量"等信息,表中共有 15 行数据,分别代表 15 种商品的相关信息。观察"会员"表和"商品"表,发现表中同一列数据的数据类型一致,例如,"商品名称"列是文本(或称字符串)类型,而"库存量"列是整数类型。

表 1-2　"商品"表

商品号	商品名称	原价	折扣价	钻石价	类别	库存量
100001	会计学原理	20	14	10	1	200
100002	VB 程序设计	28	19.6	14	1	300
100003	计算机应用	30	21	15	1	50
100004	数据库原理	20	14	10	1	2
100005	微观经济学	35	24.5	17.5	1	200
200001	欧美唯美另类经典歌曲集	100	50	40	2	150
200002	班德瑞乐团轻音乐专辑	64	32	25	2	20
200003	沼泽乐队:城市	18	16	10	2	400
200004	蓝沁传奇	20	15	11	2	25
200005	莎拉·布莱曼-韦伯作品选	30	20	15	2	18
200006	纽约之歌	33	18	14	2	100
300001	小学奥林匹克作文教程 1	20	17	14	3	300
300002	小学奥林匹克作文教程 2	20	17	14	3	150
300003	超星读书卡增强版	100	88	83	3	250
300004	新东方背单词 4	28	19	15	3	10

1.2.2 主键

在关系数据库的表中,存在其值能唯一地确定一条记录的属性(或属性组),这样的属性(或属性组)称为表的主键(或主关键字)。

例如,在"会员"表(见表 1-1)中,由于一个特定的"会员号"值只能出现在一条特定的会员记录中,所以用"会员号"属性的值可以唯一地确定"会员"表中的一条记录,因此,"会员号"属性是"会员"表的主键。又如,在"订货"表(见表 1-3)中,记录了 10 份订单的订货信息,包含"订单号""订购日期""收货人""付款方式号"等属性。其中,"订单号"属性的值在订货记录中是唯一的,根据"订单号"属性的值可以在"订货"表中找到唯一的一条记录与之相对应,因此"订单号"属性是"订货"表的主键。同样,"商品号"属性(见表 1-2)是"商品"表的主键。本章使用带有下画线的属性名表示主键。

表 1-3 "订货"表

订单号	订购日期	收货人	付款方式号	订单号	订购日期	收货人	付款方式号
10000001	2019/7/10	00000001	1	10000006	2019/8/25	00000008	3
10000002	2019/7/11	00000002	2	10000007	2019/8/26	00000010	3
10000003	2019/7/11	00000009	2	10000008	2019/9/17	00000006	1
10000004	2019/8/13	00000007	1	10000009	2019/9/18	00000008	2
10000005	2019/8/14	00000010	1	10000010	2019/9/21	00000005	1

一个表的主键可以由一个属性组成,也可以由多个属性组成。仔细观察"订单明细"表(见表 1-4)。

表 1-4 "订单明细"表

订单号	商品号	订购数量	销售价	订单号	商品号	订购数量	销售价
10000001	100001	5	14	10000002	300004	3	19
10000001	100002	1	19.6	10000006	200001	2	40
10000001	100003	3	21	10000006	200002	1	25
10000001	200001	1	50	10000006	300003	2	83
10000001	200001	1	32	10000006	300004	5	15
10000002	100001	2	14	10000006	100004	5	10
10000002	100004	5	14	10000006	100005	1	17.5
10000002	100005	1	24.5	⋮			

在"订单明细"表中,记录每份订单订购商品的详细信息,其中包括"订单号""商品号""订购数量""销售价"等属性。由于一份订单上可以同时订购多种不同的商品,因此,在该表中会出现具有相同订单号的多条记录;另外,由于同一种商品也可以在多份订单中被订购,所以在订单明细表中也会出现具有相同商品号的多条记录。可见,"订单号"与"商品号"这两个属性都不具备主键的条件。然而,"订单号"与"商品号"这两个属性值的组合却能够唯

一地确定一条记录。因此,"订单明细"表的主键由"订单号"与"商品号"属性联合组成。

1.2.3　表与表之间的联系

在数据库中各张表之间通常都存在着某种联系,这种联系可以分为三种:一对一联系、一对多联系与多对多联系。

1. 一对一联系

如果同一数据库中两张表的各记录之间存在着一种一一对应的关系,即每张表中的一条记录均(通过主键)与对方表中的一条记录相对应,那么这两张表存在一对一的联系。可以使用两端各标有"1"的直线表示表之间的一对一联系,如图1-1所示,图中带有下画线的字段是主键字段。

"订货"表

订单号	订购日期	收货人	付款方式号
10000001	2019/7/10	00000001	1
10000002	2019/7/11	00000002	2
10000003	2019/7/11	00000009	2
10000004	2019/8/13	00000007	1
10000005	2019/8/14	00000010	1
10000006	2019/8/25	00000008	3
10000007	2019/8/26	00000010	3
10000008	2019/9/17	00000006	1
10000009	2019/9/18	00000008	2
10000010	2019/9/21	00000005	1

1 —— 1

"发货"表

订单号	出库日期	发货地	发送费	订单状态
10000001	2019/7/11	北京	8	订单处理结束
10000002	2019/7/12	上海	8	订单处理结束
10000003	2019/7/12	上海	5	订单处理结束
10000004	2019/8/15	北京	5	订单处理结束
10000005	2019/8/16	北京	8	订单处理结束
10000006	2019/8/26	上海	5	订单处理结束
10000007	2019/8/28	上海	8	订单处理结束
10000008	2019/9/18	北京	5	订单处理结束
10000009	2019/9/21	上海	5	在途
10000010	2019/9/23	北京	5	在途

合并

"订单"表

订单号	订购日期	收货人	发送费	出库日期	发货地	付款方式号	订单状态
10000001	2019/7/10	00000001	8	2019/7/11	北京	1	订单处理结束
10000002	2019/7/11	00000002	8	2019/7/12	上海	2	订单处理结束
10000003	2019/7/11	00000009	5	2019/7/12	上海	2	订单处理结束
10000004	2019/8/13	00000007	5	2019/8/15	北京	1	订单处理结束
10000005	2019/8/14	00000010	8	2019/8/16	北京	1	订单处理结束
10000006	2019/8/25	00000008	5	2019/8/26	上海	3	订单处理结束
10000007	2019/8/26	00000010	8	2019/8/28	上海	3	订单处理结束
10000008	2019/9/17	00000006	5	2019/9/18	北京	1	订单处理结束
10000009	2019/9/18	00000008	5	2019/9/21	上海	2	在途
10000010	2019/9/21	00000005	5	2019/9/23	北京	1	在途

图1-1　一对一联系及表的合并

在图1-1中,"订货"表和"发货"表之间存在着一对一的联系。对于"订货"表中的一条记录,如第一行数据"10000001,2019/7/10,00000001,1",在"发货"表中只有一条记录"10000001,2019/7/11,北京,8,订单处理结束"与之相对应,反之亦然。仔细观察,这两张表中对应记录的主键"订单号"的值相同。

存在着一对一联系的两张表一般可以合并成一张表,例如,可以将"订货"表和"发货"表合并成"订单"表,如图 1-1 所示。

2. 一对多联系

如果数据库的一张表中的一条记录与同一数据库的另一张表中的多条记录(包括 0 条)相对应,而后一张表中的一条记录只与前一张表中的一条记录相对应,那么,这两张表存在一对多的联系。

可以使用一端标有"1"而另一端标有"∞"的直线表示表之间的一对多联系,如图 1-2 所示。

"会员" 表

会员号	姓名	联系电话	E-mail	地址	城市	邮政编码	密码	级别
00000001	张晨	021-65903818	zhangchen@sufe.edu.cn	国定路777号行政楼202室	上海	200433	******	1
00000002	王玲	010-62754108	wangling@pku.edu.cn	北京大学人事部	北京	100871	******	1
00000003	李莉	021-62438210	lili@sufe.edu.cn	国定路600弄37号201室	上海	200433	******	1
00000004	刘新	021-55392225	liuxin@163.com	新市南路999弄10号101室	上海	200433	******	1
00000005	徐萍	021-43712345	xuping@fudan.edu.cn	张杨路2230弄10号302室	上海	200135	******	2
00000006	张氢	0411-84713425	zhangqing@163.com	东北财经大学会计学院	大连	116025	******	1
00000007	杨杰	021-76543657	yangjie@126.com	张杨路2238弄3号102室	上海	200135	******	1
00000008	王鹏	010-62751231	wangpeng@pku.edu.cn	北京大学勺园三号楼301室	北京	100871	******	2
00000009	杜伟	021-45326788	duwei@126.com	国定路580弄3号101室	上海	200433	******	1
00000010	单风	010-62751230	shanfeng@163.com	北京大学勺园三号楼202室	北京	100871	******	2

"订单" 表

订单号	订购日期	收货人	发送费	出库日期	发货地	付款方式号	订单状态
10000001	2019/7/10	00000001	8	2019/7/11	北京	1	订单处理结束
10000002	2019/7/11	00000002	8	2019/7/12	上海	2	订单处理结束
10000003	2019/7/11	00000009	5	2019/7/12	上海	2	订单处理结束
10000004	2019/8/13	00000007	5	2019/8/15	北京	1	订单处理结束
10000005	2019/8/14	00000010	8	2019/8/16	北京	1	订单处理结束
10000006	2019/8/25	00000008	5	2019/8/26	上海	3	订单处理结束
10000007	2019/8/26	00000010	8	2019/8/28	上海	3	订单处理结束
10000008	2019/9/17	00000006	5	2019/9/18	北京	1	订单处理结束
10000009	2019/9/18	00000008	5	2019/9/21	上海	2	在途
10000010	2019/9/21	00000005	5	2019/9/23	北京	1	在途

图 1-2　一对多联系

如图 1-2 所示,"会员"表中的一条记录,如第八行数据"00000008,王鹏,010-62751231,wangpeng@pku.edu.cn,北京大学勺园三号楼 301 室,100871,******,2",通过主键会员号值"00000008",与"订单"表中收货人为"00000008"、订单号分别为"10000006"和"10000009"的两条订单记录相对应;而"订单"表中的一条记录,如第八行数据"10000006,2019/8/25,00000008,5,2019/8/26,上海,3,订单处理结束"记录,只与"会员"表中的一条记录相对应。因此,"会员"表和"订单"表之间存在一对多的联系。这种一对多的联系表明一个会员可以有多份订单,而一份订单的收货人(会员)只有一个。

3. 多对多联系

在同一数据库的两张表中,如果每张表的一条记录都与对方表中的多条记录(包括 0 条)相对应,那么这两张表之间存在多对多的联系。

可以使用两端各标有"∞"的直线表示表之间的多对多联系,如图 1-3 所示。

"订单" 表

订单号	订购日期	收货人	发送费	出库日期	发货地	付款方式号	订单状态	商品号
10000001	2019/7/10	00000001	8	2019/7/11	北京	1	订单处理结束	100001
10000001	2019/7/10	00000001	8	2019/7/11	北京	1	订单处理结束	100002
10000001	2019/7/10	00000001	8	2019/7/11	北京	1	订单处理结束	100003
10000001	2019/7/10	00000001	8	2019/7/11	北京	1	订单处理结束	200001
10000001	2019/7/10	00000001	8	2019/7/11	北京	1	订单处理结束	200002
10000002	2019/7/11	00000002	8	2019/7/12	上海	2	订单处理结束	100001
10000002	2019/7/11	00000002	8	2019/7/12	上海	2	订单处理结束	100003
10000002	2019/7/11	00000002	8	2019/7/12	上海	2	订单处理结束	100005
10000002	2019/7/11	00000002	8	2019/7/12	上海	2	订单处理结束	300004
⋮								

∞

∞   "商品" 表

商品号	商品名称	原价	折扣价	钻石价	类别	库存量	订单号	订购数量	销售价
100001	会计学原理	20	14	10	1	200	10000001	5	14
100001	会计学原理	20	14	10	1	200	10000002	2	14
100002	VB程序设计	28	19.6	14	1	300	10000001	1	19.6
100003	计算机应用	30	21	15	1	50	10000001	3	21
100003	数据库原理	20	14	10	1	2	10000002	5	14
100005	微观经济学	35	24.5	17.5	1	200	10000002	1	24.5
200001	欧美唯美另类经典歌曲集	100	50	40	2	150	10000001	1	50
200002	班德瑞乐团轻音乐专辑	64	32	25	2	20	10000001	1	32
300004	新东方背单词4	28	19	15	3	10	10000002	3	19
⋮									

图 1-3 多对多联系

如图 1-3 所示,"订单"表中存放所有订单的基本信息("订单号""订购日期""收货人""发送费""出库日期""发货地""付款方式号""订单状态")以及所订购商品的"商品号"。"商品"表中存放所有商品的基本信息("商品号""商品名称""原价""折扣价""钻石价""类别""库存量")以及订购这些商品的"订单号""订购数量""销售价"。"订单"表和"商品"表之间存在多对多的联系。这里,"订单"表的一条记录在"商品"表中有多条记录与其相对应,反之亦然。

在图 1-3 所示"订单"表和"商品"表中,明显地存在数据冗余问题(即数据重复存放问题)。因此,需引入第三张表("订单明细"表),将一个多对多联系转变为两个一对多联系。

如图 1-4 所示,在"订单"表和"商品"表之间可以引入一张"订单明细"表,该表包括"订单号""商品号""订购数量""销售价"等属性。"订单明细"表中的每条记录描述的是某份订单订购某一种商品的信息,如记录"10000001,100001,5,14"描述了在订单号为"10000001"

的订单中订购了"100001"号商品、订购数量为 5 件、销售价为 14 元。从图 1-4 还可以看出,对于"订单"表的一条记录,如记录"10000001,2019/7/10,00000001,8,2019/7/11,北京,1,订单处理结束",在订单明细表中可以找到 5 个订单号为"10000001"的记录与之对应,表明该订单订购了 5 种商品;反过来,由于"订单明细"表中的一条记录代表的是某份订单上所订购的某种商品的"商品号""订购数量""销售价",因此,对于"订单明细"表中的一条记录,在"订单"表中只有一条记录与之对应。可见,"订单"表和"订单明细"表之间存在一对多联系。同理,"商品"表与"订单明细"表之间也具有一对多联系。

"订单" 表

订单号	订购日期	收货人	发送费	出库日期	发货地	付款方式号	订单状态
10000001	2019/7/10	00000001	8	2019/7/11	北京	1	订单处理结束
10000002	2019/7/11	00000002	8	2019/7/12	上海	2	订单处理结束
⋮							

"订单明细" 表

订单号	商品号	订购数量	销售价
10000001	100001	5	14
10000001	100002	1	19.6
10000001	100003	3	21
10000001	200001	1	50
10000001	200002	1	32
10000002	100001	2	14
10000002	100003	5	14
10000002	100005	1	24.5
10000002	300004	3	19
⋮			

"商品" 表

商品号	商品名称	原价	折扣价	钻石价	类别	库存量
100001	会计学原理	20	14	10	1	200
100002	VB程序设计	28	19.6	14	1	300
100003	计算机应用	30	21	15	1	50
100005	微观经济学	35	24.5	17.5	1	200
200001	欧美唯美另类经典歌曲集	100	50	40	2	150
200002	班德瑞乐团轻音乐专辑	64	32	25	2	20
300004	新东方背单词4	28	19	15	3	10
⋮						

图 1-4 用两个一对多联系表示一个多对多联系

1.2.4 Northwind 示例数据库中表之间的联系

数据库中表之间的联系是一个很重要的概念,要理解透彻,这对于数据查询是非常关键的。本章大部分示例在介绍数据查询方面内容时,使用的数据库是 Northwind.accdb 数据库(Microsoft Office 软件包自带的数据库)。下面介绍该数据库及其表之间的各种联系。

Northwind 示例数据库是 Northwind 公司用于存放其贸易信息的数据库,其中存放"客户""订单""订单明细""运货商""雇员""产品""供应商""类别"8 个表。各表具有的字段名及各表间的联系如图 1-5 所示。

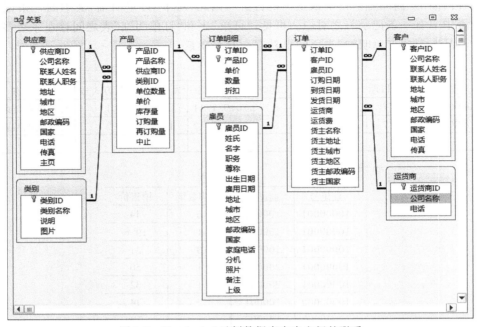

图 1-5 Northwind 示例数据库中表之间的联系

下面将用少量的数据实例介绍 Northwind 数据库及其中表之间的各种联系,如图 1-6~图 1-8 所示,图中的记录全部取自于 Northwind 示例数据库。由于无法将该数据库中的所有数据实例呈现,所以采用省略号代表未被呈现的字段和记录。

图 1-6 描述了"客户"表"雇员"表"运货商"表和"订单"表的记录以及表之间的联系。其中,"客户"表描述的是 Northwind 公司部分客户的一般信息,包括"客户 ID""公司名称"等字段;"雇员"表描述的是 Northwind 公司内部雇员的信息,包括"雇员 ID""姓氏""名字""职务"等字段;"运货商"表描述的是所有运货商的信息,包括"运货商 ID""公司名称""电话";"订单"表描述的是每份订单的信息,包括"订单 ID""订购日期""雇员 ID""客户 ID""运货商"(注意:该字段存放的是运货商的 ID,而不是运货商的公司名称)。

从图 1-6 可以看出,"客户"表和"订单"表之间具有一对多联系,因为一个客户可能多次在 Northwind 公司订购产品,而同一份订单的客户有且仅有一个。例如,客户 ID 为 RANCH 的客户在 Northwind 公司订购了两次,因此,"客户"表中的客户 ID 为"RANCH"的记录,在"订单"表中有两条订单 ID,分别为"11019"和"10716"的记录与其对应,这两份订单上的客户 ID 都是 RANCH;而"订单"表中的某条记录,如记录"11019,1998-4-13,6,RANCH,3,…",在"客户"表中却只有一条记录"RANCH,大东补习班,……"与其相对应。可见,"客户"表和"订单"表之间具有一对多联系,而这种联系通过两个表中的公共字段"客户 ID"实现。

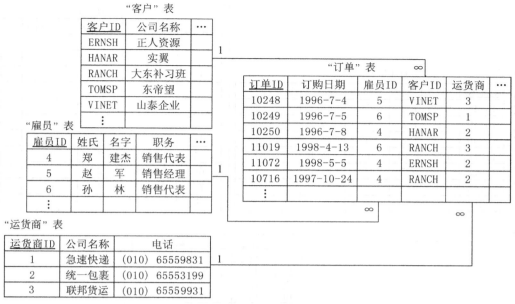

图 1-6 "客户"表、"雇员"表、"运货商"表和"订单"表之间的联系

同理,由于一个雇员可以处理多份订单,而一份订单有且仅有一个雇员处理,因此,"雇员"表和"订单"表之间的联系是一对多联系,而这种联系通过公共字段"雇员 ID"实现。

另外,由于一个运货商可以承运 Northwind 公司多份订单上的产品,而一份订单有且仅有一个运货商承运,所以,"运货商"表和"订单"表之间的联系是一对多联系,而这种联系通过"运货商"表的"运货商 ID"和"订单"表的"运货商"字段实现。

图 1-7 描述了"订单"表、"订单明细"表和"产品"表的记录以及表之间的联系。其中,"订单"表的一条记录描述了一份订单 ID、订购日期、负责相应订单的那个雇员 ID、客户 ID 和运货商等信息;"产品"表的一条记录描述了一种产品 ID、产品名称、该产品所属类别 ID 以及提供该产品的供应商 ID 等信息;"订单明细"表描述了每份订单上所订购的订单 ID、产品 ID、单价、数量和折扣等信息。

"订单"表和"订单明细"表之间具有一对多联系,而这种联系由公共字段"订单 ID"实现。因为一份订单中可以订购多种产品,每份订单的相关信息在"订单明细"表中可能是用多条记录描述,在一份订单中订购几种产品,在"订单明细"表中就用同样数量的记录表示,如"10248"号订单订购了产品 ID 分别为"17""42""72"的 3 种产品,在"订单明细"表中就用 3 条记录表示该订单。这样,对于"订单"表的一条记录,"订单明细"表中就可能有多条记录与其相对应,反过来,"订单明细"表中的一条记录在"订单"表中却只有一条记录与其相对应。

"产品"表和"订单明细"表之间具有一对多联系,而这种联系由公共字段"产品 ID"实现。由于同一种产品可以被多份订单订购,如"51"号产品分别被"10249"和"10250"号订单订购了 40 件和 35 件,对于"产品"表的一条记录,在"订单明细"表中可以有多条记录与其对应,反过来,对于"订单明细"表的一条记录在"产品"表中有且仅有一条记录与其对应。

图 1-8 描述了"产品"表、"类别"表和"供应商"表之间的联系,读者可以自行分析"类别"表和"产品"表、"供应商"表和"产品"表之间为何都具有一对多联系。

"产品"表

产品ID	产品名称	类别ID	供应商ID	...
4	盐	2	2	
5	麻油	2	2	
6	酱油	3	2	
14	沙茶	7	6	
17	猪肉	6	7	
41	虾子	8	19	
42	糙米	5	20	
51	猪肉干	7	24	
65	海苔酱	2	2	
72	酸奶酪	4	14	
⋮				

"订单"表

订单ID	订购日期	雇员ID	客户ID	运货商	...
10248	1996-7-4	5	VINET	3	
10249	1996-7-5	6	TOMSP	1	
10250	1996-7-8	4	HANAR	2	
11019	1998-4-13	6	RANCH	3	
11072	1998-5-5	4	ERNSH	2	
10716	1997-10-24	4	RANCH	2	
⋮					

"订单明细"表

订单ID	产品ID	单价	数量	折扣
10248	17	14	12	0
10248	42	9.8	10	0
10248	72	34.8	5	0
10249	14	18.6	9	0
10249	51	42.4	40	0
10250	41	7.7	10	0
10250	51	42.4	35	0.15
10250	65	16.8	15	0.15
⋮				

图 1-7 "订单"表、"订单明细"表和"产品"表之间的联系

"类别"表

类别ID	类别名称	...
1	饮料	
2	调味品	
3	点心	
4	日用品	
5	谷类/麦片	
6	肉/家禽	
7	特制品	
8	海鲜	

"产品"表

产品ID	产品名称	类别ID	供应商ID	...
4	盐	2	2	
5	麻油	2	2	
6	酱油	3	2	
14	沙茶	7	6	
17	猪肉	6	7	
41	虾子	8	19	
42	糙米	5	20	
51	猪肉干	7	24	
65	海苔酱	2	2	
72	酸奶酪	4	14	
⋮				

"供应商"表

供应商ID	公司名称	...
2	康富食品	
6	德昌	
7	正一	
14	福满多	
19	普三	
20	康美	
24	涵合	
⋮		

图 1-8 "产品"表、"类别"表和"供应商"表之间的联系

1.3　单表查询

数据查询是从数据库所保存的众多数据中筛选出符合某种条件的部分数据，或将这些数据筛选之后再对其进行适当的运算而得到某种汇总信息（统计信息）。

用户从数据库的一张表中查询信息，称为单表查询；从数据库中的两张或两张以上的表中查询信息，称为多表查询。

单表查询是指仅涉及一张表的查询操作，单表查询又分为如下查询。

- 无条件的查询：从数据库的一张表中查询所有记录中的某几个字段的值。
- 涉及一个条件的查询：从数据库的一张表中按一个查询条件筛选出部分记录，显示这些记录中全部字段或部分字段的值。
- 涉及多个条件的查询：从数据库的一张表中按多个查询条件筛选出部分记录，显示这些记录中全部字段或部分字段的值。

1.3.1　无条件的查询

【例 1-1】　Northwind 公司新上任的销售总监希望了解该公司所有客户的基本信息，包括"客户 ID""公司名称""地区""城市""电话"等，试为其设计一个查询条件。

【解】

（1）选择要查询的 Access 数据库文件。

在 Excel 软件中选择"数据/自其他来源/来自 Microsoft Query"命令，启动 Microsoft Query 应用程序（任务栏上可以看到 Microsoft Query 图标），弹出如图 1-9 所示"选择数据源"对话框。

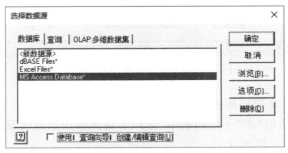

图 1-9　"选择数据源"对话框

由于 Northwind.accdb 是 Microsoft Access 数据库，因此，选择"数据库"选项卡中 MS Access Database＊数据源。

去除"使用|查询向导|创建/编辑查询"选项，使其处于未选中状态，这样就不会进入"查询向导"，而是用查询设计窗口进行数据查询。

注意：使用 Microsoft Query 进行数据查询，可以利用"查询向导"进行数据查询，也可以进入查询设计窗口进行数据查询。本章仅介绍使用查询设计窗口进行数据查询。

在"选择数据库"对话框中选择 Northwind.accdb 文件,如图 1-10 所示,单击"确定"按钮,弹出查询设计窗口及"添加表"对话框,如图 1-11 所示。

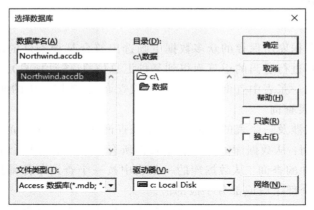

图 1-10　"选择数据库"对话框

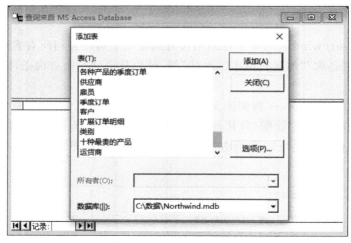

图 1-11　"添加表"对话框

（2）选择查询中需要使用的表。

双击"添加表"对话框"表"下拉列表中"客户",将其添加到查询设计窗口的"表"窗格中,单击"关闭"按钮,如图 1-12 所示。

（3）选择要查询的字段。

在查询设计窗口的"表"窗格中,分别双击"客户"列表框中需要查询的"客户 ID""公司名称""地区""城市""电话"等字段,即可在查询结果窗格中显示客户的相关信息,单击窗口底部的▶按钮,记录共有 91 位客户,如图 1-13 所示。

（4）返回查询结果。

选择"文件"菜单的"将数据返回 Microsoft Excel"命令,在弹出的如图 1-14 所示"导入数据"对话框中选择数据的放置位置,单击"确定"按钮即可将查询的数据返回 Excel 工作表中,导入的数据如图 1-15 所示。

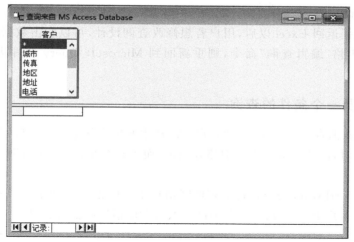

图 1-12 查询设计窗口

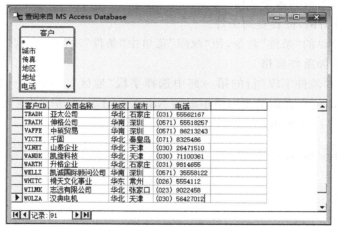

图 1-13 查询结果窗格

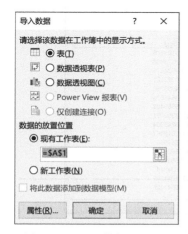

图 1-14 "导入数据"对话框

	A	B	C	D	E
1	客户ID	公司名称	地区	城市	电话
2	ALFKI	三川实业有限公司	华北	天津	(030) 30074321
3	ANATR	东南实业	华北	天津	(030) 35554729
4	ANTON	坦森行贸易	华北	石家庄	(0321) 5553932
5	AROUT	国顶有限公司	华南	深圳	(0571) 45557788
6	BERGS	通恒机械	华东	南京	(0921) 9123465
7	BLAUS	森通	华北	天津	(030) 30058460
8	BLONP	国皓	东北	大连	(0671) 88601531
9	BOLID	迈多贸易	西北	西安	(091) 85552282
10	BONAP	祥通	西南	重庆	(078) 91244540
11	BOTTM	广通	西南	重庆	(0571) 95554729
91	WILMK	志远有限公司	华北	张家口	(023) 9022458
92	WOLZA	汉典电机	华北	天津	(030) 56427012

图 1-15 导入的数据

（5）编辑查询。

将查询的数据返回 Excel 以后，用户若想修改查询设计，可以右击数据区，在弹出的快捷菜单中单击"表格/编辑查询"命令，则重新回到 Microsoft Query 软件进行相应的查询修改。

1.3.2 涉及一个条件的查询

例 1-1 中的数据查询只涉及一张"客户"表，从中取出全部记录中某些字段的值，这是最简单的查询。有时，需要查询一张表中部分记录，而不是全部记录，这时则需要在查询中规定一个查询条件。

【例 1-2】 Northwind 公司负责华东地区销售工作的销售主管希望了解该地区客户的基本信息，包括"客户 ID""公司名称""地区""城市""电话"等，试为其设计一个查询条件。

【解】

（1）选择"Northwind.accdb"数据库文件，打开"添加表"对话框，选择所要查询的"客户"表，并选择所需查询的各个字段。

（2）添加条件窗格，设置查询条件。

单击"视图"菜单的"条件"命令，使"视图"菜单中"条件"项前面出现"√"，便可以在查询设计窗口的中部添加条件窗格。

在条件窗格的"条件字段"行的第一列中选择字段"地区"，并在下一行中输入条件"华东"，按 Enter 键，即可在查询结果窗格中显示 Northwind 公司"华东"地区客户的相关信息，共 16 条记录，如图 1-16 所示。

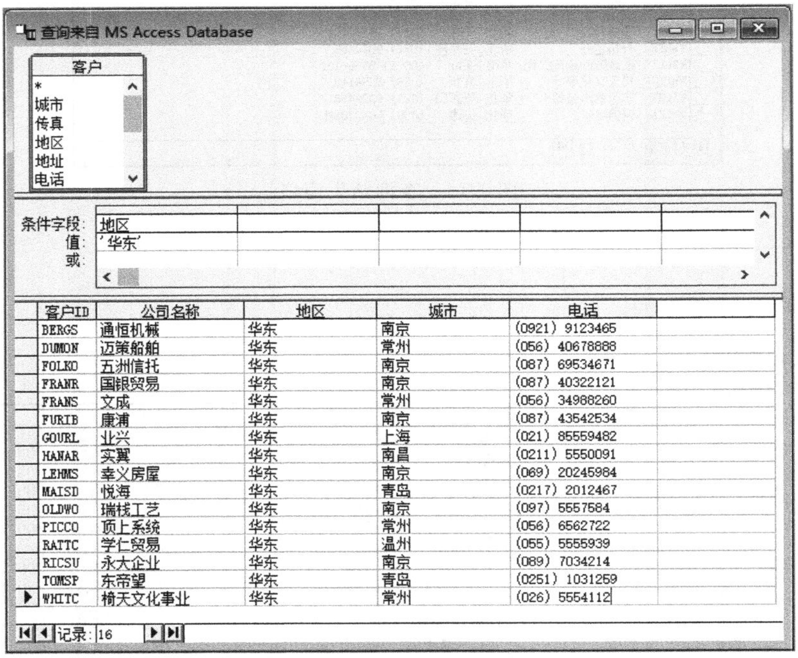

图 1-16 "华东"地区客户查询

（3）返回查询结果。

选择"文件"菜单的"将数据返回 Microsoft Excel"命令,将查询出的数据返回 Excel 软件中。

注意：本章后面示例中将省略这一步骤,如果读者需要将数据返回 Excel 软件中,请自行执行该步骤。

1.3.3 涉及多个条件的查询

例 1-2 中对"客户"表的查询中仅涉及一个查询条件"地区"等于"华东",例 1-3 将在例 1-2 的基础上增加一个查询条件"地区"等于"华南",查询位于华东或华南地区的客户的基本信息。

【例 1-3】 Northwind 公司销售总监希望了解位于"华东"或"华南"地区的客户的基本信息,包括"客户 ID""公司名称""地区""城市""电话"等,为其设计一个查询条件。

【解】 操作步骤与例 1-2 基本相同,区别仅在于查询条件的设置。

条件窗格的"条件字段"中"地区"下面有两个值,"华东"和"华南"分别代表两个条件："地区"等于"华东"；"地区"等于"华南"。从查询结果看,Northwind 公司位于华东或华南地区的客户共有 36 位。查询设计窗口如图 1-17 所示。

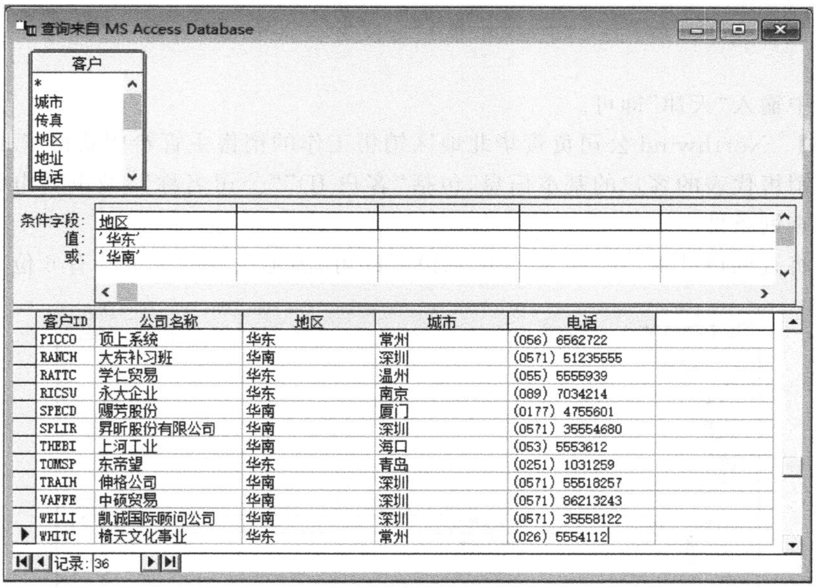

图 1-17 "华东"和"华南"地区客户查询

注意：两个查询条件分别放置在两行中,表示它们之间具有"或"的关系,结果是"并"集。

【例 1-4】 查询 Northwind 公司位于华东、华南地区和天津的客户的基本信息,包括"客户 ID""公司名称""地区""城市""电话"等。

【解】 在例 1-3 中查询设计窗口的基础上,按图 1-18 所示修改"条件字段"即可。

由于"城市"等于"天津"与华东、华南地区的条件之间是"或"的关系,所以将该条件设置在第三行中。操作方法是在条件窗格的"条件字段"行的第二列中选择"城市"字段,并在该

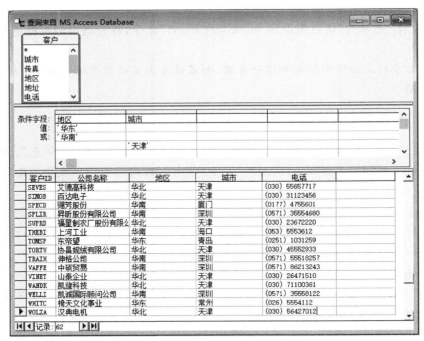

图 1-18　"华东"和"华南"地区及"天津"的客户查询

列的第三行中输入"天津"即可。

【例 1-5】　Northwind 公司负责华北地区销售工作的销售主管希望获得华北地区,且联系人职务是销售代表的客户的基本信息,包括"客户 ID""公司名称""城市""电话"等,试为其设计一个查询条件。

【解】　将查询设计窗口按图 1-19 所示设置即可,满足条件的客户共有 6 位。

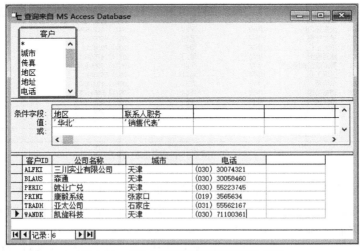

图 1-19　"华北"地区"销售代表"的查询

注意:"地区"等于"华北"和"联系人职务"等于"销售代表"两个条件放置在同一行中,

表示它们之间具有"与"的关系,结果是"交"集。

1.4 多表查询

1.4.1 简单的多表查询

前文介绍的查询都是涉及一张表的查询,所用到的字段都来自同一张表。但有时用户需要查询的信息会来自两张表或更多的表。对于多表查询需要了解如下两个问题。

(1)查询中使用的各个字段分别来自哪些表。

(2)分析查询所涉及的表与表之间存在的联系,这些联系是通过哪些字段建立的。

下面举例说明多表查询的具体步骤。

【例 1-6】 Northwind 公司的采购人员希望了解各产品库存量的情况,并根据需要从相应的供应商订货。为其设计一个查询条件,显示库存量小于 10 的产品的基本信息,包括"产品 ID""产品名称""单价""库存量"和供应商的"公司名称"等。

【解】 本例查询涉及的信息来自两张表,其中"产品 ID""产品名称""单价""库存量"信息来自"产品"表,而供应商的"公司名称"来自"供应商"表。由图 1-5 可以得知,这两张表之间通过"供应商 ID"字段建立一对多联系。

具体操作步骤如下。

(1)选择 Northwind.accdb 数据库文件,打开"添加表"对话框。

(2)选择查询中使用的两张表。

分别双击"添加表"对话框中的"产品"表和"供应商"表,将它们添加到查询设计窗口的"表"窗格中,如图 1-20 所示。

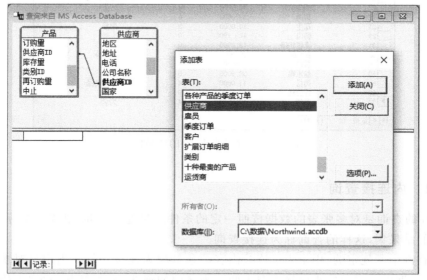

图 1-20 "添加表"对话框与查询设计窗口

在"产品"表和"供应商"表之间有一条连线,该连线代表两张表之间通过公共字段"供应商 ID"所建立的联系。单击"添加表"对话框中的"关闭"按钮,关闭该对话框。

注意:在启动 Microsoft Query 软件进行数据查询时,如果添加到查询设计窗口的两张表之间有名字相同且数据类型相匹配的相同字段,软件则会自动通过该字段建立表之间的联系。

(3)选择需要查询的字段。

在表窗格中分别双击"产品"表的"产品 ID""产品名称""单价""库存量"字段,双击"供应商"表的"公司名称"字段,即可在查询设计窗口中查看 Northwind 公司 77 种产品的相关信息。

(4)设置查询条件。

选择"视图/条件"命令,即可在查询设计窗口显示条件窗格。在"条件字段"行选择"库存量","值"行输入条件"<10",按 Enter 键即可查看库存量小于 10 的产品的相关信息,如图 1-21 所示。

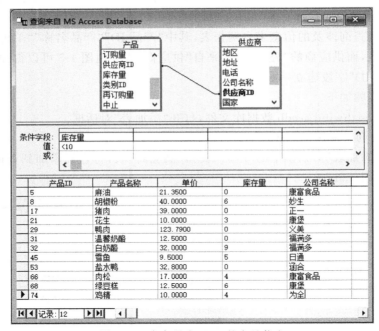

图 1-21　库存量小于 10 的产品信息

1.4.2　内连接查询

例 1-6 的查询是对多张表的数据按照一定的条件同时进行查询,组成一个综合性的、来自多张表的结果集,这样的查询称为连接查询。

连接查询中所规定的、用于表示连接内容的条件称为连接条件。当用户对多张表进行查询时,在查询设计窗口的表窗格中双击两张表之间的连线,即可打开一个"连接"窗口,在该窗口中就可以设定连接条件。例如,双击图 1-21 中"产品"表和"供应商"表之间的连线,即可打开如图 1-22 所示的"连接"对话框,其中规定了"产品"表和"供应商"表之间的连接内容是"仅'供应商'和'产品'的部分记录,其中供应商.供应商 ID＝产品.供应商 ID",其对应的连接过程和结果如图 1-23 所示,该过程表明"产品"表和"供应商"表中"供应商 ID"字段的值相等的记录将连接产生一条结果记录。

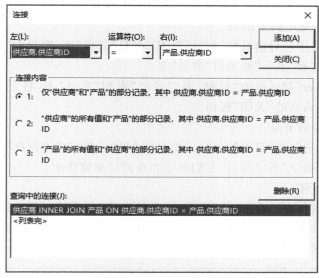

图 1-22 "连接"对话框

"产品"表

产品ID	产品名称	单价	库存量	供应商ID
5	麻油	21.35	0	2
8	胡椒粉	40	6	3
17	猪肉	39	0	7
21	花生	10	3	8
29	鸭肉	123.79	0	12
31	温馨奶酪	12.5	0	14
32	白奶酪	32	9	14
45	雪鱼	9.5	5	21
53	盐水鸭	32.8	0	24
66	肉松	17	4	2
68	绿豆糕	12.5	6	8
74	鸡精	10	4	4

"供应商"表

供应商ID	公司名称
2	康富食品
3	妙生
4	为全
7	正一
8	康堡
12	义美
14	福满多
21	日通
24	涵合

连接结果

产品ID	产品名称	单价	库存量	供应商ID	公司名称
5	麻油	21.35	0	2	康富食品
8	胡椒粉	40	6	3	妙生
17	猪肉	39	0	7	正一
21	花生	10	3	8	康堡
29	鸭肉	123.79	0	12	义美
31	温馨奶酪	12.5	0	14	福满多
32	白奶酪	32	9	14	福满多
45	雪鱼	9.5	5	21	日通
53	盐水鸭	32.8	0	24	涵合
66	肉松	17	4	2	康富食品
68	绿豆糕	12.5	6	8	康堡
74	鸡精	10	4	4	为全

按"供应商ID"字段值相等的原则进行连接

图 1-23 "产品"表和"供应商"表之间按照"供应商 ID"字段相等的原则进行连接的过程及结果

连接查询可以分为内连接查询和外连接查询,其中内连接查询是将多张表中符合条件的记录筛选后组成一个结果集。图 1-23 所示的查询就是内连接查询,该查询选择的是"供应商"表和"产品"表中"供应商 ID"字段相等的记录。下面介绍一些内连接查询的示例。

【例 1-7】 Northwind 数据库中存放了三年的订单数据,现有关人员需要查询该公司的客户在 1996 年下半年订购的所有订单的"订购日期""订单 ID"、相应订单的"公司名称"、负责订单的雇员的"姓氏"和"名字"等信息。并将查询结果按雇员的"姓氏"和"名字"字段进行升序排列,"姓氏"和"名字"值相同的记录按"订单 ID"进行降序排列。

【解】

(1)选择 Northwind.accdb 数据库文件,打开"添加表"对话框。

(2)选择查询中使用的多张表。

所要查询的字段中,"订购日期"和"订单 ID"来自"订单"表;客户的"公司名称"来自"客户"表,雇员的"姓氏"和"名字"则来自"雇员"表。

分别双击"添加表"对话框的"订单"表、"客户"表和"雇员"表,将它们添加到"表"窗格中,单击"添加表"对话框的"关闭"按钮。

(3)选择要查询的字段。

在表窗格中,分别双击"订单"表的"订购日期"和"订单 ID"、"客户"表的"公司名称"和"雇员"表的"姓氏""名字"等字段,使它们显示在查询结果窗格中。

(4)设置查询条件。

单击"视图/条件"命令,在"条件"窗格的"条件字段"行的第一列中选择"订购日期",并在下一行中输入查询条件">= 1996-7-1 And <= 1996-12-31",如图 1-24 所示,系统会在日期前后自动加上字符"♯"。

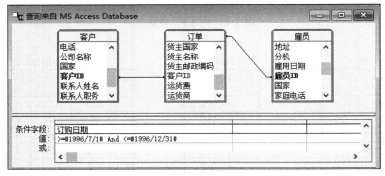

图 1-24 "订购日期"字段的条件设置

(5)选择排序字段。

单击查询设计窗口的"记录"菜单中"排序"命令,出现如图 1-25 所示的"排序"对话框,在"列"下拉列表中选择"雇员.姓氏"字段,选中"升序"单选按钮,单击"添加"按钮,将"雇员.姓氏"字段添加到"查询中的排序"列表中,表示查询结果将首先按"雇员.姓氏"字段的"升序"进行排列。用同样的方法将"雇员.名字"字段和"订单.订单 ID"字段分别设为第二和第三排序字段,如图 1-26 所示,其中针对"订单.订单 ID"字段的排序方式是"降序"排列。

(6)显示查询结果。

单击"排序"对话框的"关闭"按钮,即可在查询设计窗口中看到经过排序后的查询结果,如图 1-27 所示,记录中显示了 Northwind 公司 1996 年下半年 152 份订单的相关信息,显示信息按照雇员的"姓氏"和"名字"字段的升序、"订单 ID"的降序排列。

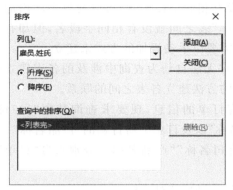
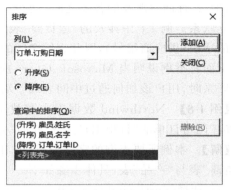

图 1-25　"排序"对话框　　　　　图 1-26　添加排序字段后的"排序"对话框

图 1-27　1996 年下半年客户订单查询

注意：表窗格中"订单"表、"客户"表和"雇员"表之间的连线表示表与表之间的联系，其中"客户"表与"订单"表之间通过"客户 ID"联系，而"订单"表和"雇员"表通过"雇员 ID"相联系。

在内连接查询中，正确建立各表之间的联系是非常重要的，各表之间的联系主要通过以下 3 种方式建立。

（1）若查询中涉及的各表有相同的字段名，则 Microsoft Query 应用程序会自动根据各表之间的相同字段名建立联系。例 1-7 中"客户"表、"订单"表和"雇员"表之间的联系由 Microsoft Query 应用程序自动建立。

（2）若查询中涉及的表之间没有直接的联系，则可引入中间表，再由 Microsoft Query 应用程序自动根据各表之间的相同字段名建立联系。例 1-8 中"订单"表和"产品"表之间的联系就是通过中间表（"订单明细"表）实现的。

(3) 若查询中涉及的各表之间有联系但却没有相同字段名,则可以通过手动添加的方式建立联系。例1-8中涉及的"运货商"表和"订单"表之间就没有相同字段名,但却有共同属性的字段(供应商编号),因此它们之间的联系需要以手动添加的方式来建立。

下面将举例说明当 Microsoft Query 应用程序无法自动为查询中涉及的各表建立相互间的联系时,用户该如何通过中间表或手动添加的方法建立各表之间的联系。

【例 1-8】 Northwind 数据库中存放了所有订单的信息,现要求查询其中"10248"和"10254"两份订单的"订单 ID"、运货商的"公司名称"以及订单上所订购的"产品名称"。

【解】 本例所要查询的字段为"订单 ID""公司名称""产品名称",分别来自"订单"表、"运货商"表与"产品"表,具体步骤如下。

(1) 选择 Northwind.accdb 数据库文件,打开"添加表"对话框。

(2) 选择查询中使用的多张表,方法参见例1-7。

添加完查询所涉及的各表后,查询设计窗口如图1-28所示。在该窗口的表窗格中显示"订单""运货商""产品"三张表,但三张表之间没有连线,表明它们之间没有自动建立联系。

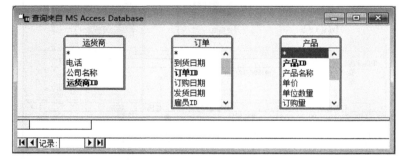

图 1-28　无自动联系的三张表

(3) 建立"订单"表和"产品"表之间的联系。

"订单"表和"产品"表之间没有直接的联系,而两张表之间是通过"订单明细"表进行联系的,需要在表窗格中再增加一张"订单明细"表。单击"表/添加表"命令,在"添加表"对话框中添加"订单明细"表,结果如图1-29所示。表窗格中的"订单"表、"订单明细"表和"产品"表之间的连线表示它们之间的联系。

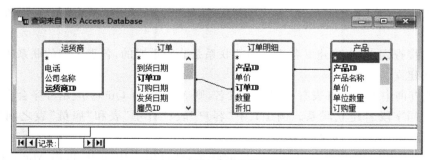

图 1-29　添加"订单明细"表

（4）手动建立"运货商"表和"订单"表之间的联系。

"运货商"表和"订单"表之间的联系是通过"运货商"表中"运货商 ID"字段和"订单"表中"运货商"字段建立的。由于这两个字段的名称不一样，所以 Microsoft Query 应用程序没有自动建立联系。但这两个字段的属性一样，所以用户可以单击表中用于联系的字段，例如单击"运货商"表中"运货商 ID"字段，然后按住鼠标左键拖动鼠标，将随后出现的一个小矩形块拖动到"订单"表的"运货商"字段上，松开鼠标左键，即可在两表之间建立联系，如图 1-30 所示。"运货商"表和"订单"表之间的连线代表了它们之间的联系。

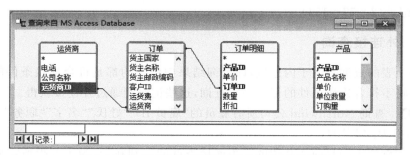

图 1-30　手动建立"运货商"表和"订单"表的联系

（5）选择需要查询的字段。

分别双击"订单"表中"订单 ID"字段，"运货商"表中"公司名称"字段，"产品"表中"产品名称"字段，使它们出现在查询结果窗格中。

（6）输入查询条件。

单击"视图/条件"命令，在条件窗格中"条件字段"行选择"订单 ID"，并在该列的下面两个"值"行中分别输入 10248 和 10254，表示要查询的"订单 ID"等于 10248 或 10254。

（7）观察查询结果。

① 查询条件输入完毕，即可在查询结果窗格中显示满足条件的查询结果，如图 1-31 所

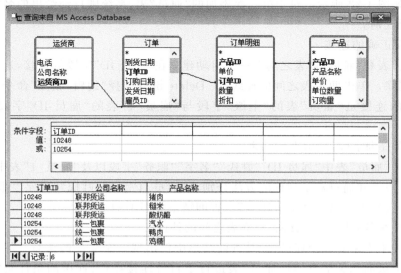

图 1-31　两份订单的查询结果

示。满足条件的查询结果共有 6 条记录,其中"10248"号订单上订购了"猪肉""糙米""酸奶酪"三种产品,运货商的公司名称是"联邦货运";"10254"号订单上订购了"汽水""鸭肉""鸡精"三种产品,运货商的公司名称是"统一包裹"。

② 从查询设计窗口的表窗格中选中"订单明细"表,按 Delete 键删除该表,再次观察查询结果,发现查询结果窗格中共显示 154 条记录,显然该结果是错误的。原因是删除"订单明细"表之后,"订单"表和"产品"表之间失去了联系,这样"订单"表中满足条件的两条记录("10248"和"10254"号订单记录)与"产品"表中的全部记录(77 条产品记录)连接,共产生 154 条结果记录(2×77=154)。

1.4.3 外连接查询

涉及多个表的查询都属于内连接,即查询结果中包含的都是符合连接条件的记录。但有时也需要将不符合连接条件的记录一并查询,这些记录则通过外连接获得。

【例 1-9】 查询 Northwind 公司所有雇员的"雇员 ID""姓氏""名字""职务"及其上级的"姓氏""名字""职务"信息。

【解】 本例的查询与前文介绍的多表连接查询的区别在于,为了获得所需要的信息需要对同一张表进行反复查询。例如,为了找到雇员"张颖"及其上级的相关信息,必须先找到"张颖"的"上级"字段值"2",再在"雇员"表中寻找"雇员 ID"为"2"的雇员(即张颖的上级)的"姓氏""名字""职务"信息。如此需要对同一张表进行反复查询的连接称为自身连接。完成这类连接时,只要把同一张表在逻辑上看成两张不同的表,就很容易理解查询过程了。查询过程如图 1-32 所示。

具体步骤如下。

(1) 选择 Northwind.accdb 数据库文件,打开"添加表"对话框。

(2) 添加查询中所涉及的表。

在"添加表"对话框中,选中"雇员"表,单击两次"添加"按钮后关闭"添加表"对话框,查询设计窗口如图 1-33 所示。对于第二次添加的"雇员"表,系统则自动给出的名字是"雇员_1",以便进行区别。

(3) 建立正确的连接。

在"雇员"表和"雇员_1"表之间有一个自动建立在"雇员 ID"字段的连接,这个连接是不需要的,应删除。单击两个表之间的连线,按 Delete 键或选择"编辑/删除"命令即可删除连接。需建立的连接是"雇员"表的"上级"字段与"雇员_1"表的"雇员 ID"字段,如图 1-34 所示。

(4) 选择查询字段,显示查询结果。

分别双击"雇员"表中"雇员 ID""姓氏""名字""职务"字段以及"雇员_1"表中"姓氏""名字""职务"字段。并通过双击列标的方法分别将"雇员_1"表的"姓氏""名字""职务"字段名改为"上级姓氏""上级名字""上级职务"。查询结果如图 1-34 所示。

(5) 观察查询结果,修改查询,建立表之间的外连接。

"雇员"表中本来有 9 个雇员,但是查询结果中仅出现 8 个雇员的信息。原因是为了得到有关雇员上级的相关信息,对"雇员"表进行了自身连接操作,连接的条件是"雇员"表的"上级"字段的值等于"雇员_1"表(也就是"雇员"表)的"雇员 ID"字段的值,由于"雇员 ID"为

"雇员"表

雇员ID	姓氏	名字	职务	上级
1	张	颖	销售代表	2
2	王	伟	副总裁(销售)	
3	李	芳	销售代表	2
4	郑	建杰	销售代表	2
5	赵	军	销售经理	2
6	孙	林	销售代表	5
7	金	士鹏	销售代表	5
8	刘	英玫	内部销售协调员	2
9	张	雪眉	销售代表	5

"雇员_1"表

雇员ID	姓氏	名字	职务	上级
1	张	颖	销售代表	2
2	王	伟	副总裁(销售)	
3	李	芳	销售代表	2
4	郑	建杰	销售代表	2
5	赵	军	销售经理	2
6	孙	林	销售代表	5
7	金	士鹏	销售代表	5
8	刘	英玫	内部销售协调员	2
9	张	雪眉	销售代表	5

连接条件:"雇员"表的上级字段的值等于"雇员_1"表的雇员

连接结果

雇员ID	姓氏	名字	职务	上级姓氏	上级名字	上级职务
1	张	颖	销售代表	王	伟	副总裁(销售)
3	李	芳	销售代表	王	伟	副总裁(销售)
4	郑	建杰	销售代表	王	伟	副总裁(销售)
5	赵	军	销售经理	王	伟	副总裁(销售)
6	孙	林	销售代表	赵	军	销售经理
7	金	士鹏	销售代表	赵	军	销售经理
8	刘	英玫	内部销售协调员	王	伟	副总裁(销售)
9	张	雪眉	销售代表	赵	军	销售经理

图 1-32 自身连接

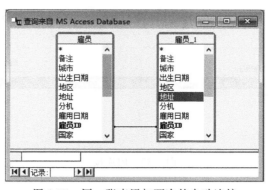

图 1-33 同一张表添加两次的自动连接

2 的雇员记录的"上级"字段的值是空的,在"雇员_1"表中找不到满足条件的记录与其相对应,所以"雇员 ID"为 2 的记录没有出现在查询结果中。于是,查询结果中就少了该雇员的信息。为了避免这种情况的发生,需要修改查询,建立表之间的外连接。

双击"上级"字段与"雇员 ID"字段间的连线,出现如图 1-35 所示的"连接"对话框。其连接内容为:"仅'雇员'和'雇员_1'的部分记录,其中雇员.上级=雇员_1.雇员 ID"。该连接内容表明在连接产生的结果中仅包含满足条件"雇员.上级=雇员_1.雇员 ID"的记录。

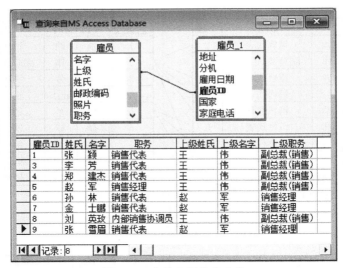

图 1-34　雇员上级信息查询

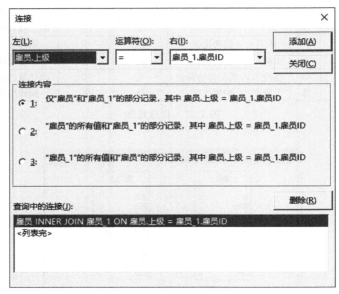

图 1-35　内连接

　　而本例查询实际上是要获得"雇员"表的全部记录和"雇员_1"表中满足条件的部分记录,因此应选择"连接内容"中"'雇员'的所有值和'雇员_1'的部分记录,其中雇员.上级=雇员_1.雇员 ID"单选按钮,并单击"添加"按钮修改连接类型,如图 1-36 所示。单击"关闭"按钮关闭"连接"对话框。

　　注意:如果选择"连接内容"中第一项,执行的是内连接(INNER JOIN)查询;而选择第二和第三项,执行的是外连接(OUTER JOIN)查询。

　　查看查询结果,如图 1-37 所示,其中包含"雇员"表的全部记录,共 9 条记录。

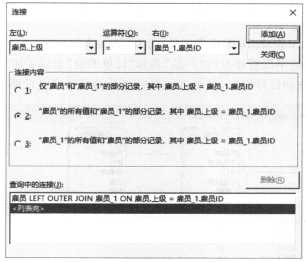

图 1-36 "连接"对话框

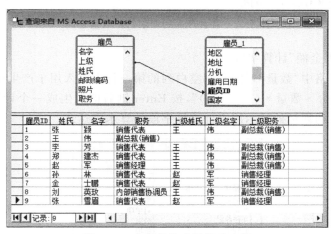

图 1-37 全部雇员上级信息查询

1.5 计算查询

前面介绍的查询中涉及的字段都是从一张或多张表中按照适当的条件挑选表中原有字段的值,但有时也需要查询由表中某些原有字段进行适当计算后新生成的字段的值,这种新字段称为"计算字段",下面将介绍如何进行计算查询。

【例 1-10】 Northwind 公司的销售主管希望了解一下每种产品的产品名称以及明细的销售数量和销售金额。

【解】 本例查询的"产品名称"来自"产品"表,"明细的销售数量"来自"订单明细"表,"销售金额"字段在数据库中是没有的,需要利用"订单明细"表的"数量""单价""折扣"字段的值,按照公式"销售金额=数量×单价×(1-折扣)"计算得到,该字段就是一个计算字段,具体操作步骤如下。

(1)选择 Northwind.accdb 数据库文件,打开"添加表"对话框。

(2)选择要查询的字段所涉及的"产品"表和"订单明细"表后关闭"添加表"对话框。并如图 1-38 所示布置查询设计窗口,显示 Northwind 公司每种产品的明细销售数量。

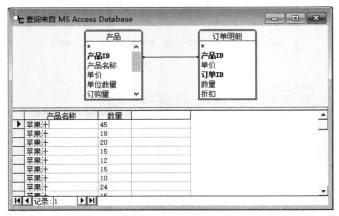

图 1-38　各种产品的明细销售数量查询

(3)建立"销售金额"计算字段。

在查询结果窗格中"数量"列的右侧空白列的第一行中输入用于产生计算字段的算术表达式"订单明细.单价 * 数量 *(1-折扣)",按 Enter 键后即可生成一个计算字段,如图 1-39 所示。在计算字段的列标处显示用于计算该字段的算术表达式。

图 1-39　计算查询设计

注意:由于在"订单明细"表和"产品"表中都有"单价"字段,其中"订单明细"表中"单价"字段记录着销售价,而"产品"表中"单价"字段记录着产品的采购价,所以在算术表达式中引用时必须对"单价"字段受限"订单明细.单价",即引用的是"订单明细"表中"单价"字段。

(4)修改计算字段列的列标。

双击计算字段列的列标,在如图 1-40 所示的"编辑列"对话框的"列标"文本框中输入

"销售金额",单击"确定"按钮即可将其列标改为"销售金额",查询设计窗口如图1-41所示。

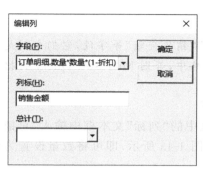

图1-40 "编辑列"对话框

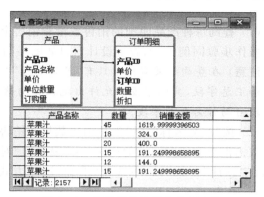

图1-41 产品销量和销售金额查询

1.6 汇总查询

在利用 Microsoft Query 进行查询时,还可以按照某个或某些字段的值产生对其他字段(包括计算字段)的汇总值。

例如,统计不同订单各自的总销售金额,实际上就是根据"订单 ID"字段的值对"销售金额"计算字段的值进行汇总。其方法是首先按照"订单 ID"字段的不同值将订单进行分组,具有同一订单 ID 的订单记录属于同一组,然后计算每组(即每份订单)所销售的产品的销售金额总和,如图1-42所示。

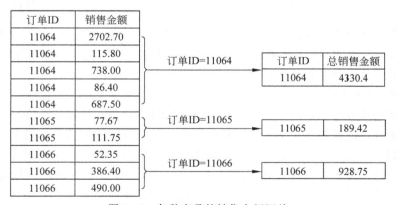

图1-42 各种产品的销售金额汇总

要汇总的字段称为汇总字段,而在汇总时用于分组的字段称为分类字段。图1-42中汇总字段是"销售金额",分类字段是"订单 ID"。

下面举例说明如何在 Microsoft Query 中进行汇总查询。

【例1-11】 Northwind 公司的销售主管希望了解一下每种产品的总销售数量和销售金额。并在此基础上,分析哪十种产品是公司的滞销产品,即销售数量较低的十种产品。

【解】 本例的分类字段是"产品"表中的"产品名称"字段,汇总字段是"数量"和"销售金额"。

(1)查询每种产品明细的销售数量和销售金额。

操作步骤同例1-10,查询设计窗口如图1-41所示。

注意：在查询结果窗格中只有"产品名称""数量""销售金额"等字段,它们分别是分类字段和汇总字段,其他字段不允许出现在查询结果窗格中,否则Microsoft Query将把多余的字段自动作为分类字段。

(2)按"产品名称"字段汇总销售数量和销售金额。

双击汇总字段"数量"的列标,在"编辑列"对话框中的"列标"文本框中输入"总销售数量",在"总计"下拉列表中选择"求和"汇总方式,如图1-43所示,即可将数量设置为汇总字段。

双击"销售金额"字段的列标,在"编辑列"对话框中进行如图1-44所示的设置即可汇总产品的总销售金额。

查询结果如图1-45所示。

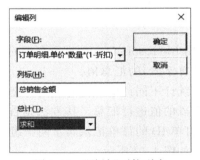

图1-43　编辑"列标"文本框　　　　图1-44　"总计"下拉列表

注意：在"编辑列"对话框的"总计"下拉列表中包括"求和""平均值""计数""最大值""最小值"等五种汇总方式,这意味着用户不仅可以对汇总字段求总和,还可以计算其平均值、最大值、最小值或计算汇总字段值的个数。

(3)查询结果排序。

为了得到销售数量较低的十种产品,把查询结果按照"总销售数量"字段进行升序排序,排在前面的十种产品就是销售主管想了解的信息。排序后的查询结果如图1-46所示。

【例1-12】 Northwind公司的人事部门想根据每位销售员的业绩分配其季度奖金。因此需要查询每位销售人员的姓名,以及其在最后一年第一季度中所负责的每份订单的订单ID和销售金额等信息。设计一个汇总查询,并将查询结果按雇员的"姓名"和"订单ID"字段进行升序排序。

【解】 本例的汇总字段是"销售金额",分类字段是"订单"表中的"订单ID"以及雇员的姓名。"销售金额"和"姓名"字段都是计算字段。

(1)查询满足条件的分类字段和汇总字段值。

按图1-47所示构造查询设计窗口,查询每位销售人员的姓名(姓氏 & 名字),以及其在最后一年(1998年)第一季度中所负责的每份订单的订单ID和销售金额(订单明细.单价 * 数量 *(1－折扣))等信息。查询结果按"姓名"和"订单ID"字段进行了升序排序。

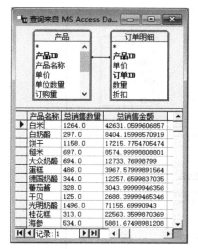

图 1-45 "求和"汇总方式的查询结果

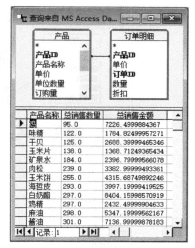

图 1-46 排序后的查询结果

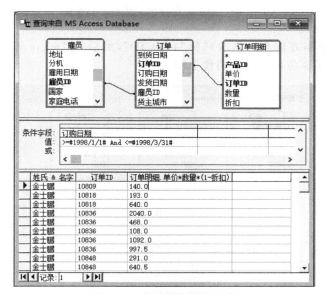

图 1-47 雇员销售明细查询

双击查询结果第 1 列的列标"姓氏 & 名字",在"编辑列"对话框中将其列标改为"姓名"。

（2）按姓名和订单 ID 的值统计总销售金额。

双击汇总字段的列标（订单明细.单价 * 数量 *（1—折扣）），在"编辑列"对话框的"列标"文本框中输入"总销售金额",在"总计"下拉列表中选择"求和"汇总方式。

（3）显示汇总结果。

单击"编辑列"对话框中"确定"按钮,即可查看汇总结果,如图 1-48 所示,共 182 条记录。

如果想了解每位雇员在最后一年第一季度中的总销售金额,则需要从查询结果中将"订

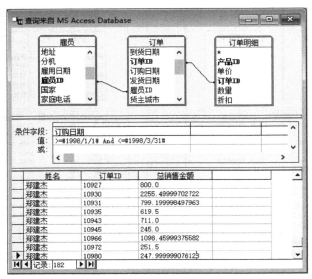

图 1-48　雇员每份订单销售额汇总查询

单 ID"字段删除,操作方法是:单击列标"订单 ID",然后按 Delete 键即可。查询结果如图 1-49 所示,显示了 9 位雇员的总销售金额。

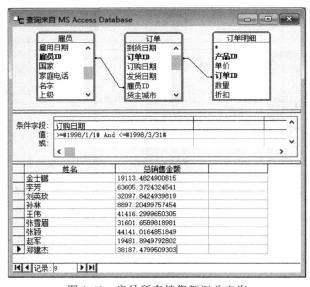

图 1-49　雇员所有销售额汇总查询

　　【例 1-13】　利用"ABC 公司销售数据.xlsx"文件,查询 2019 年不同省份、不同类别产品的净销售额总计值。

　　【解】　本例的分类字段有两个,分别是"省份"和"类别"字段;汇总字段是"净销售额"。

　　(1) 选择"ABC 公司销售数据.xlsx",打开"添加表"对话框。

　　打开"选择数据源"对话框,选择"数据库"选项卡中的"Excel Files *"数据源,如图 1-50 所示。

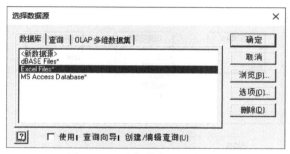

图 1-50 "选择数据源"对话框

在"选择工作簿"对话框的"数据库名"中选择"ABC 公司销售数据.xlsx"文件,如图 1-51 所示,单击"确定"按钮。

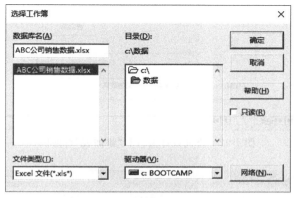

图 1-51 "选择工作簿"对话框

(2) 选择所要查询的表。

在"添加表"对话框中分别选择"销售省份$"表、"销售明细$"表和"产品类别$"表,添加到查询设计窗口的表窗格中,如图 1-52 所示。

注意:如果在"添加表"对话框中"表(T)"下是空的,单击"选项"按钮,勾选"系统表"选项,文件中所有表将出现在"添加表"对话框中。

(3) 建立表之间的联系。

单击"产品类别$"表中"类别 ID"字段,然后按住鼠标左键拖动鼠标,将随后出现的一个小矩形块拖动到"销售明细$"表中"类别 ID"字段上,松开鼠标左键,即可在"产品类别$"表和"销售明细$"表之间建立联系。使用同样的方法在"销售明细$"表和"销售省份$"表之间通过"省份 ID"字段建立联系,各表之间的连线表示表与表之间的联系。

(4) 选择所需查询的字段。

在表窗格中分别双击"销售省份$"表中"省份"字段、"产品类别$"表中"类别"字段和"销售明细$"表中"净销售额"字段,就可以在查询结果窗格中看到它们的值。

(5) 设置查询条件。

单击"视图/条件"命令,并如图 1-53 所示设置查询条件。

(6) 对"净销售额"字段求和并显示汇总结果。

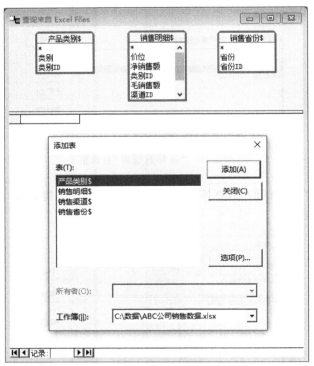

图 1-52　查询设计窗口和"添加表"对话框

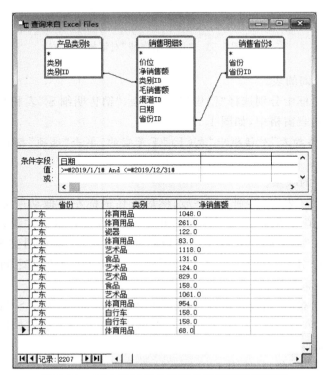

图 1-53　2019 年各省各类商品销售额明细查询

双击"净销售额"字段的列标,在"编辑列"对话框的"列标"文本框中输入"净销售额总计",在"总计"下拉列表中选择"求和"汇总方式,单击"确定"按钮,汇总结果如图 1-54 所示。

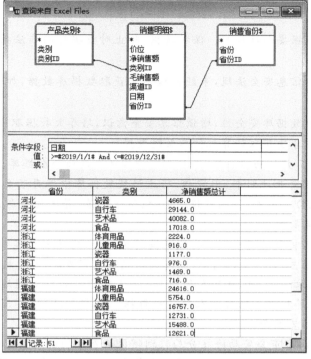

图 1-54　2019 年各省各类商品销售额汇总查询

例 1-13 介绍了如何在 Excel 中调用 Microsoft Query 应用程序查询 Excel 数据文件中的多张表,而本章数据查询的其他示例使用的都是 Northwind.accdb 数据库文件,是 Access 的数据库。通过这些示例不难看出,当使用 Microsoft Query 应用程序进行数据查询时,可以采用一种通用的方法对不同类型的数据库进行查询,而不需要了解这些数据库本身在结构及查询方法上的区别。

本章小结

观看视频

本章首先阐述数据库方面的一些基本概念,包括数据库、数据库管理系统、数据模型、表、主键、表之间联系等;然后介绍 Northwind 示例数据库中各表之间的具体联系;最后通过若干循序渐进的示例,介绍单表和多表查询(内连接和外连接)、计算字段和汇总查询等的基本方法。

本章所有数据查询都是利用 Excel 的获取外部数据功能,调用 Microsoft Query 应用程序进行,这是 Excel 获取数据的渠道。读者在阅读本章之后可以充分体会利用 Microsoft Query 进行数据查询的优点,只要掌握一种工具就可以查询各种不同类型的数据库。

观看视频

数据库安全案例

知识切入点：数据安全性控制。保护数据，防止对数据库的非法操作所引起的数据的丢失、泄露和破坏。

思政元素：遵守信息安全法规，未经授权不能获取数据库数据，加强社会责任感，树立正确的职业道德。

数据库安全案例资料来源

教育目的：理解数据库安全性，增强信息安全意识，培养大数据职业操守。

案例：巧达科技非法获取计算机信息系统数据

成立于2014年7月的巧达科技，号称拥有中国最大的简历数据库。在一份巧达科技给客户的商务合作BP(商业计划书)中宣称，巧达科技数据库中保存了2.2亿自然人的简历，简历累计总数37亿份。另外，还拥有超过10亿份通讯录，并掌握着与此相关的社会关系、组织关系和家庭关系数据。

这些信息是怎么获取的呢？一位巧达科技前员工说，巧达科技在智联、猎聘等网站上，建立了上千个企业账户，每天访问智联、猎聘的网站次数百万次，都是机器在模拟人工操作。

利用10亿通讯录和2.2亿自然人简历库，以及从外部获取的超过千亿条其他用户数据，巧达科技计算出了超过8亿自然人的认知数据。也就是说，超过57%的中国人的信息都在巧达科技的数据库里面。

2018年10月，北京市公安局海淀分局接到辖区某互联网公司报案称，发现有人在互联网上兜售疑似为该公司的用户信息。获得了这条线索后，警方对该公司服务器日志进行了调取、梳理、分析，初步还原了数据被窃取的全过程。警方发现，巧达科技利用大量代理IP地址、伪造设备标识等技术手段，在未经授权的情况下，绕过该公司服务器防护策略，恶意窃取用户数据，并将其用于盈利。2019年3月14日，巧达科技被查封，相关涉案人员被警方抓获归案。

案例思考：

1. 用爬虫抓取数据的方式是否违法？

2. 因研究所需是否可以批量下载数据库数据？

3. 大数据时代，个人信息如何保护？

4. 互联网企业如何保护用户数据安全？

习题

1.1 利用 Northwind.accdb 数据库完成如下查询。

(1) 查询所有运货商的公司名称和电话。

(2) 查询所有客户的公司名称、电话、传真、地址、联系人姓名和联系人头衔。

(3) 查询单价介于10~30元的所有产品的产品ID、产品名称和库存量。

(4) 查询单价大于20元的所有产品的产品名称、单价及供应商的公司名称、电话。

（5）查询上海和北京的客户在1996年订购的所有订单的订单ID、所订购的产品名称和数量。

（6）查询华北客户的每份订单的订单ID、产品名称和销售金额。

（7）按运货商的公司名称，统计订购日期为1997年的订单的总数目。

（8）统计订购日期在1997年上半年的每份订单的总销售金额。

（9）统计各类产品的平均进货单价。

（10）统计各地区的客户总数目。

1.2 "学生选课.xls"文件包含如下3张表，完成以下操作。

"选课"表

学号	课程号	成绩
02010101	C01	85
02010103	C01	75
01030101	C02	80
01030203	C02	90
01030205	C02	60
01030303	C02	50
01030203	C03	80
01030303	C03	90
01030304	C03	95
02020103	C04	50
02020104	C04	85
02020104	C05	95
01020103	C05	70

"学生"表

学号	姓名	性别	年龄	系号
02010101	张清一	男	19	01
02010103	李 纹	女	19	01
02020103	吴 冰	男	19	02
02020104	江 婷	女	19	02
01020103	张萍萍	女	20	02
01030101	刘兰清	男	20	03
01030203	周 玲	女	20	03
01030205	杜 玲	女	20	03
01030303	陈 新	男	20	03
01030304	方 骏	男	20	03

"课程"表

课程号	课程名
C01	计算机应用
C02	数据库
C03	高等数学
C04	会计学原理
C05	市场营销

（1）查询年龄大于19岁的学生的姓名、性别和所在的系号。

（2）查询所有学生的姓名、课程名及成绩。

（3）查询各系学生的总人数。

（4）查询各门课程的总成绩和平均成绩。

1.3 利用ABC公司销售数据库完成如下的汇总查询。

（1）按省份统计净销售额的平均值。

（2）按产品类别和价位统计净销售额的平均值。

（3）按销售渠道和产品类别统计2019年净销售额和毛销售额的总计值。

第 2 章

数据分类汇总分析

　　企业在日常业务活动中,将大量反映生产经营状况的数据保存在数据库中。随着计算机处理、存储和信息采集技术的飞速发展,企业收集和保存的数据也越来越多,例如,沃尔玛公司每小时收集和保存的数据量已经达到 2.5PB。几乎所有类型的企业,都会在各项活动中收集和保存数据,如电商企业会收集和保存访客每次在页面点击的相关信息;销售企业会收集和保存每次销售的产品代码、单价、数量、折扣、客户代码和销售发生的时间等信息;生产企业会收集和保存库存、生产加工和设备信息;等等。

　　企业有时需要从这些大数据中获取具体或零散的数据,例如,一次销售的产品代码、单价和销量,某个客户的编号、公司名称和联系电话等。这些信息有助于企业了解某一方面业务的具体情况。第 1 章介绍的数据查询方法,有效帮助企业获得这些信息。

　　与此同时,企业也需要获取汇总数据,支持日常业务活动和战略决策。例如,获取各地区的销售额、往年各月销量或产品销量的频率分布等。只有经过汇总和分析,企业才能从大数据中获得管理所需要的宝贵信息,有效帮助管理人员找出生产经营的规律,预测未来发展趋势,或发现问题、解决问题,抓住发展机遇。Microsoft Excel 为数据分类汇总提供了一种重要的技术手段。本章介绍如何利用 Excel 的各种功能进行数据分类汇总分析。

　　本章主要介绍利用数据透视表/图对数据进行分类汇总的方法。首先介绍利用数据透视表/图进行汇总的基本方法,其次介绍数据透视表/图汇总调整的灵活性,重点介绍数据透视表/图的各种应用,最后介绍利用 Power Pivot 工具和数据透视表/图对多来源数据合并汇总和展示的方法。

2.1　数据透视表/图分类汇总方法

　　管理工作中经常需要使用汇总数据,如销售部门需要了解各地区的销售额和销售数量才能决定如何进行营销活动,生产部门需要了解各月生产量和库存情况才能制订生产计划。只有对详细业务数据进行分类汇总,才能得到这些汇总数据。第 1 章介绍的 ABC 公司在销售过程中收集了大量明细数据,销售经理在制订新的销售计划前,希望了解过去总的销售情况,例如,如图 2-1 所示的不同省份各类别产品的净销售额,或不同地区、各价位产品、零售与批发渠道的销售情况等。这些信息都需要经过数据分类汇总才能获得。

2018年ABC公司各省各类别产品的净销售额						
	安徽	广东	广西	河北	江苏	天津
儿童用品	39686	524	40255	24367	2044	8948
服装	16255			47196		2406
食品	32855	472	16404	19269	2856	4563
体育用品	10850	1080	13970	3869	5113	3905
艺术品	42009	2893	43932	24990	4119	2501
自行车	12522	746	20383	24728	4211	2998

图 2-1 ABC 公司 2018 年各省各类别产品的净销售额

数据分类汇总是要对一些变量或字段参考其他字段的值汇总其总计值。需要计算总计值的变量或字段,称为**汇总字段**。对汇总字段进行汇总时,需要以某个或某些变量或字段的不同值为参考,而作为参考的变量或字段,称为**分类字段**或**参考字段**。例如,在图 2-1 中参考“省份”与“类别”字段的值汇总“净销售额”,“净销售额”是汇总字段,“省份”与“类别”是分类字段。又如,参考生产人员的“姓名”汇总“工作时间”,“工作时间”是汇总字段,“姓名”是分类字段。对汇总字段求其统计值,可以采用不同的统计**汇总方式**,可以是求和、平均值或最大、最小值等。

数据透视表是一种汇总统计工具,能够对工作表或数据库中的数据进行汇总和重新组织。它具有强大的交互性,可以通过布局改变,从不同角度动态地统计和分析数据,从大量数据中快速提取所需要的信息,同时也避免了使用公式计算大量数据时运算效率低、容易出错的问题。

数据透视表既可以对存放在 Excel 工作表中的数据或导入的数据进行汇总,也可以对外部数据,如存放在数据库文件或文本文件中的数据进行汇总。

2.1.1 数据透视表/图

利用数据透视表汇总数据可以采用两种方法:第一种是对 Excel 中的数据或导入的数据进行汇总;第二种是利用数据透视表查询外部数据并汇总。下面通过例 2-1 介绍这两种方法。

【例 2-1】 ABC 公司的管理人员希望了解 2018 年各省各类产品的净销售额,如安徽省儿童用品 2018 年的销售额是多少,以帮助管理人员进一步制订安徽地区儿童用品的销售计划。

【解】 该例题可以采用两种方法进行汇总数据。

方法一:导入数据,利用数据透视表进行汇总数据。

(1) 导入数据,创建数据透视表。

利用第 1 章所学的查询方法,查询 ABC 公司 2018 年的销售数据,包括“日期”“类别”“省份”“渠道”“价位”“净销售额”“毛销售额”等字段,并保存在工作表中。这里多获取一些字段是为了后续例题进一步分析的需要。将工作表命名为“ABC 公司 2018 年销售数据”,结果如图 2-2 所示。

	A	B	C	D	E	F	G
1	日期	类别	省份	渠道	价位	净销售额	毛销售额
2	2018/5/1 0:00	服装	河北	批发	中	90	90
3	2018/11/1 0:00	服装	河北	批发	中	90	90
4	2018/8/1 0:00	食品	河北	零售	中	45	45
5	2018/9/1 0:00	食品	河北	零售	中	68	68
6	2018/8/1 0:00	艺术品	河北	批发	高	303	303

图 2-2 返回 Excel 的 ABC 公司 2018 年的销售数据

选中数据区域的任意单元格,选择"插入"→"图表"→"数据透视表"。在弹出的"创建数据透视表"对话框中单击"选择一个表或区域"的"表/区域"文本框,显示"表_查询来自_Excel_Files"。因为 Excel 自动识别出该数据是来自一个 Excel 文件的查询。在"选择放置数据透视表的位置"窗格中单击"新工作表"单选项,单击"确定"按钮;如果光标不在数据区域,则选择"插入"→"图表"→"数据透视表",在弹出的"创建数据透视表"对话框中单击"选择一个表或区域"的"表/区域"文本框,输入"ABC 公司销售数据!A1:E1151"即可。

在当前工作表之前,Excel 自动插入一张新工作表。该工作表的左侧显示"数据透视表1""图表 1",用来放置数据透视表。右侧显示"数据透视表字段列表"窗口,其中包括"日期""省份""类别"等字段名。

选中"数据透视表字段"窗口中的"类别"字段,按住鼠标左键不放,拖至该窗口的"行"区域,松开鼠标左键。选中"省份"字段,拖至"列"区域。选中"净销售额"字段,拖至"Σ值"区域,得到如图 2-3 所示的数据透视表。

图 2-3   拖动类别、省份和净销售额到行、列和Σ值区域

可以对"数据透视表字段"窗口的大小进行调整,即鼠标对准该窗口的四个角之一,当光标变为双向箭头时,按住鼠标左键不放进行拖动,即可改变窗口的大小。也可以对"数据透视表字段"窗口中两个窗格之间的分隔线进行拖动,以改变两个窗格的大小。单击窗口右上角的工具按钮,可以改变该窗口的布局。单击"分析"→"显示/隐藏"→"字段列表",可以显示或隐藏该窗口。

(2)取消行列总计。

选中数据透视表任意单元格,右击,在弹出的快捷菜单中选择"数据透视表选项"命令,在弹出的"数据透视表选项"对话框中选择"汇总和筛选"选项卡,取消勾选"显示行总计"和"显示列总计"复选框,单击"确定"按钮,得到不包含行列总计的数据透视表。

(3)绘制数据透视图。

选中数据透视表任意单元格,选择"插入"→"图表"→"插入柱形图或条形图",在下拉菜单中选择"二维柱形图"的"簇状柱形图"。对图中的数据系列进行格式化,得到如图 2-4 所示的数据透视表和数据透视图。

观察数据透视图,可以发现对数据透视表所做的任何调整,都会反映到数据透视图中;

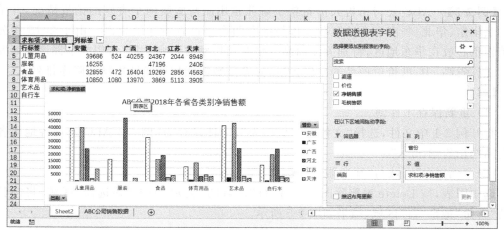

图 2-4 经过格式化的数据透视表和数据透视图

对数据透视图所做的任何调整，也都会反映到数据透视表中。

方法二：利用数据透视表获取外部数据的功能，获取外部数据并汇总数据。

（1）启动数据透视表向导。

添加一个新的工作表，命名为"直接汇总外部数据"。选中单元格 A1，按 Alt＋D＋P 组合键（按 Alt 键，再依次按下 D 键和 P 键），启动数据透视表的创建向导。

目前工作表内没有任何数据，需要从外部导入数据，因此在"数据透视表和数据透视图向导—步骤 1（共 3 步）"对话框中，指定待分析的数据源类型为"外部数据源"，所需创建的报表类型指定为"数据透视表"，单击"下一步"按钮。

（2）查询数据。

在"数据透视表和数据透视图向导—第 2 步（共 3 步）"对话框中单击"获取数据"按钮，随后 Excel 启动 Microsoft Query 软件，弹出"选择数据源"窗口。

按照第 1 章的方法，获取"日期""省份""类别""净销售额""毛销售额"等字段（此处多选一些字段，如"价位""渠道"等，便于以后多角度地汇总数据），设定查询条件为 2018 年。在 Query 菜单中选择"文件"→"将数据返回 Microsoft Excel"。

返回"数据透视表和数据透视图向导—第 2 步（共 3 步）"对话框，在"获取数据"按钮的右侧显示"已检索到数据字段"，表明已成功地把数据导入 Excel，单击"下一步"按钮。

（3）创建数据透视表。

在"数据透视表和数据透视图向导—步骤 3（共 3 步）"对话框中，规定数据透视表显示位置为现有工作表的单元格＄A＄3，单击"完成"按钮。随后，将"数据透视表字段"窗口的"类别"拖至"行"区域，"省份"拖至"列"区域，"净销售额"拖至"Σ值"区域，取消行列总计，得到与图 2-3 相同的数据透视表。

2.1.2 数据透视表的灵活性

数据透视表不仅创建方便，而且还具有很强的灵活性，可以进行各种旋转和调整，变换汇总角度。因为数据透视表提供的灵活性，使其成为管理人员工作的重要工具之一。掌握该工具将增强管理人员处理数据的能力，提高工作效率，为决策提供有力的数据支持。

【例2-2】 ABC公司销售人员希望了解儿童用品与服装两个类别的销售情况,并希望能按照华东、华北、华南三个地区和零售与批发两个渠道查看净销售额。由于2018年公司的销售重心放在华东地区,特别关注商品价格对销售额的影响,因此希望能掌握该地区安徽省与江苏省高、中、低价位商品的净销售额,并希望数据能按照净销售额的降序排列。

【解】

(1) 重新保存工作簿。

打开例2-1中文件,选择"文件"→"另存为",文件保存为"例2-2 ABC公司各地区各价位商品净销售额.xlsx"。

(2) 设定"行"区域与"筛选器"区域。

选中图表,按Delete键删除图表。将"行"区域的"类别"拖至"筛选器"区域,将"列"区域的"省份"拖至"行"区域,结果如图2-5所示。

图 2-5 将"省份"拖至"行"区域、"类别"拖至"筛选器"区域

目前安徽省的净销售额为154177,是指所有类别的净销售额。如果仅查看儿童用品和服装的情况,可以对"类别"的值加以筛选。单击"类别"下拉列表(单元格B1的三角形按钮),如图2-6所示,首先勾选"选择多项"复选框,然后取消"全部"复选框,最后勾选"儿童用品"和"服装"复选框,单击"确定"按钮,得到如图2-7所示报表。

图 2-6 选择部分类别

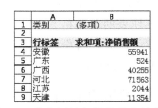

图 2-7 儿童用品与服装的净销售额

(3) 创建三个组——华东、华北与华南地区。

希望将六个省份划分为三个地区——华东、华北与华南,分别了解三个地区的销售情况。其中,华东地区包括安徽和江苏;华北地区包括河北和天津;华南地区包括广东和广西。

为了将两个省份的净销售额合并,需要先把两个省份放在相邻的单元格。右击"江苏",即单元格 A8,在弹出的快捷菜单中选择"移动"→"将'江苏'上移"。将"江苏"移到"安徽"下方,即单元格 A5。

移动行字段的值也可以采用拖动的方式。选中"河北",即单元格 A8,鼠标光标对准单元格 A8 边框处(不要对准右下角),当光标变为四个方向箭头时,按住鼠标左键不放,将"河北"拖至"江苏"下方,即单元格 A6。采用同样的方法,将"天津"拖至"河北"下方,即单元格 A7。

选中单元格 A4:A5,右击,在弹出的快捷菜单中选择"创建组";选中单元格 A7:A8,右击,在弹出的快捷菜单中选择"创建组";选择 A10:A11,右击,在弹出的快捷菜单中选择"创建组"。选中单元格 A4,输入"华东";选中单元格 A7,输入"华北";选中单元格 A10,输入"华南",结果如图 2-8 所示。

类别	(多项)
行标签	求和项:净销售额
华东	
安徽	55941
江苏	2044
华北	
河北	71563
天津	11354
华南	
广东	524
广西	40255

图 2-8　华东、华北与华南地区的净销售额

此时,"数据透视表字段"窗口中,在"行"区域出现了字段名"省份2",这是省份组合后出现的新字段。单击"省份2",选择"字段设置",在"字段设置"对话框的"自定义名称"文本框中输入"地区",该字段被重新命名为"地区"。

(4)添加"价位""渠道"字段。

在"数据透视表字段"窗口,将"价位"拖至"行"区域的"省份"下方,"渠道"拖至"列"区域。

(5)折叠与展开数据。

如果不需要查看华北地区两省的分价位数据,可以将其折叠。单击数据透视表中"河北"和"天津"前面的减号,即可折叠。单击"华南"前面的减号,该地区只显示地区总计值,分省数据被折叠。也可以采用另一种方法折叠数据,右击"华南"单元格,在弹出的快捷菜单中选择"展开/折叠"→"折叠"。如需将数据展开,单击"华南"前的加号即可。

可以看到,安徽省各个价位净销售额的最上方单元格 B6,有三个价位净销售额的总计值。若要取消该总计值,可以选中"安徽"单元格,选择"设计"→"布局"→"分类汇总"→"不显示分类汇总"。或右击,在弹出的快捷菜单中取消勾选"分类汇总'省份'"。

(6)按照各价位净销售额的总计值降序排序。

选中数据透视表任意单元格,选择"设计"→"布局"→"总计"→"仅对行启用",使透视表每行都显示两个销售渠道的总计值。选中"总计"列下方的单元格 D7,选择"开始"→"编辑"→"排序和筛选"→"降序",即可得到经过排序的数据透视表,结果如图 2-9 所示。

数据透视表不仅汇总方便,还可以对汇总数据的分类字段、分类字段值和汇总字段等进行各种灵活调整,也可以对数据透视表的外观进行各种设置。

1.分类字段的调整

分类字段包括位于"筛选器"区域、"行"区域、"列"区域的字段,它们是数据汇总的分类依据。

1)利用"筛选器"区域筛选数据

利用"筛选器"区域对数据进行筛选,具有很强的灵活性,包括以下几方面。

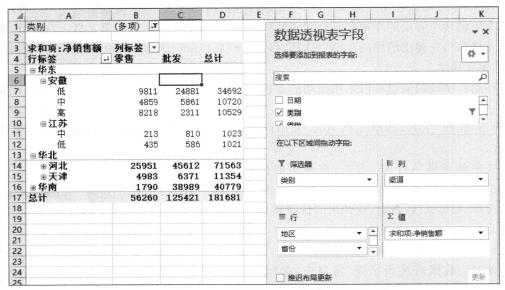

图 2-9　按地区、省份和价位汇总的数据透视表

（1）"数据透视表字段"窗口中的字段可以直接拖至"筛选器"区域。

（2）可以从"行"区域或"列"区域拖动字段至"筛选器"区域。

（3）"筛选器"区域可以放置一个或多个字段,例如,可将"类别"和"渠道"字段都拖至"筛选器"区域。

（4）可以改变"筛选器"区域多个字段的排列位置,例如,可将"渠道"拖至"类别"上方。

（5）位于"筛选器"区域的字段,可以挑选一个或多个值进行筛选,也可以显示"全部"。

（6）可以将"筛选器"区域的字段拖至其他区域。

（7）可以删除"筛选器"区域的字段,将"筛选器"区域的字段拖出该区域,或单击选中字段,右击,在弹出的快捷菜单中选择"删除字段",即可实现删除。

2）"行""列"区域字段的调整

数据透视表可以方便地新增、删除、修改"行""列"区域的字段,其调整的灵活性包括以下几方面。

（1）在"数据透视表字段"窗口中,把所需增加的分类字段拖至对应的"行""列"区域,即可增加分类字段。

（2）在"数据透视表字段"窗口中,将"行""列"区域的字段拖出,即可删除分类字段。

（3）可以将多个字段拖至"行""列"区域作为分类字段,也可以删除多个分类字段。

（4）多个"行""列"区域内的字段可以改变位置。例如,图 2-10 中的"行"区域有两个字段,分别为"省份"和"价位","省份"在上,"价位"在下。汇总时首先分为不同的省份,在每个省的下方再细分为高、中、低三个价位。将"省份"拖至"价位"的下方(或右击"省份",在弹出的快捷菜单中选择"移动"),数据将首先按照价位汇总,同一个价位下再细分为不同的省份。

（5）"行""列"区域的字段,可以由"行"区域拖至"列"区域,由"列"区域拖至"行"区域,由"行""列"区域拖至"筛选器"区域,或由"筛选器"区域拖至"行""列"区域。

（6）可以修改"行""列"区域字段的名称,如例 2-1 中将"省份 2"改为"地区"。

图 2-10 "省份"在上,"价位"在下

（7）分类字段的分类汇总,可以显示在组的顶部或底部,也可以取消显示。选择"数据"→"分类汇总"→"汇总结果显示在数据下方",得到如图 2-11 所示的数据透视表。

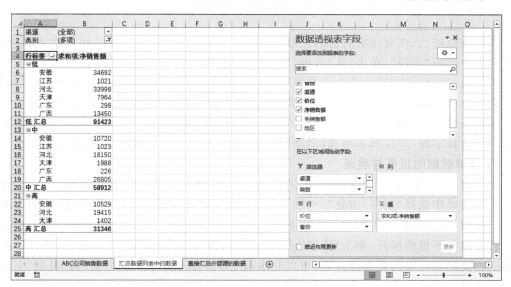

图 2-11 在组的底部显示分类汇总

2. 分类字段值的调整

可以对分类字段的值进行调整,如进行筛选、组合、折叠或改变位置。

1）分类字段值位置的改变

在例 2-2 中,将"江苏"拖至"安徽"的下方,改变了分类字段"省份"值的位置。

2）分类字段值的组合

在例 2-2 中,将"安徽""江苏"两省组合为一个数据组,重新命名为"华东"。选择组合后的"华东",右击,在弹出的快捷菜单中选择"取消组合";或选中"华东",选择"分组"→"取消组合",都可以取消组合。

3)分类字段值的筛选

"行""列"区域字段值的筛选,是指"行""列"区域的字段值可以全部显示,也可以有选择性地显示。

例如,在图2-11所示的数据透视表中,单击"行标签"右侧的下拉按钮,在"选择字段"下拉列表中选择"省份";在"省份"值处,选中"安徽"和"河北",单击"确定"按钮,数据透视表则只显示"安徽"和"河北"两省的净销售额,其他省份被隐藏,结果如图2-12所示。

	A	B
1	渠道	(全部)
2	类别	(多项)
3		
4	行标签	求和项:净销售额
5	中	
6	安徽	10720
7	河北	18150
8	中 汇总	28870
9	高	
10	安徽	10529
11	河北	19415
12	高 汇总	29944
13	低	
14	河北	33998
15		34692
16	低 汇总	68690

图2-12 部分省份的净销售额

若要清除筛选,恢复所有省份的汇总,可单击"行标签"右侧的下拉按钮,在"选择字段"下拉列表中选择"省份",单击"从'省份'中清除筛选"即可清除筛选。

若要显示"净销售额"的值大于或等于10000的省份,其他省份被隐藏,可单击"行标签"右侧的下拉按钮,在"选择字段"下拉列表中选择"省份",选择"值筛选"→"大于或等于",即设定筛选条件为净销售额大于或等于10000。若要清除筛选,可单击"行标签"右侧的下拉按钮,在"选择字段"下拉列表中选择"省份",单击"从'省份'中清除筛选"即可清除筛选。

4)详细数据的折叠与展开

如果要了解"中"价位、"安徽"省的销售日期,则在数据透视表中选择"安徽",右击,在弹出的快捷菜单中选择"展开/折叠"→"展开",在"显示明细数据"对话框中选择"日期",单击"确定"按钮。此时,在原数据透视表的基础上,"行"区域新增一个字段"日期",如图2-13所示。若要取消所做的展开,单击"安徽"前面的减号,即可隐藏日期的明细数据,只显示汇总数据。若要回到原来的数据透视表,可以利用前文所介绍删除字段的方法,将"日期"字段拖出"行"区域即可。

3. 汇总字段的调整

汇总字段的调整,包括新增、删除和修改汇总字段,改变汇总字段的汇总方式和显示汇总字段值的详细信息等。

1)新增、删除和修改汇总字段

汇总字段可以新增一个或多个汇总字段,也可以删除或修改汇总字段。

(1)新增汇总字段。将"数据透视表字段"窗口中的"毛销售额"拖至"∑值"区域,同时汇总净销售额、毛销售额,结果如图2-14所示。

图 2-13　安徽省各销售日期的净销售额

图 2-14　同时汇总净销售额、毛销售额

（2）改变汇总字段的位置。将"数据透视表字段"窗口中的"求和项：毛销售额"拖至
"求和项：净销售额"上方，可将"毛销售额"显示在前（左侧），"净销售额"显示在后（右侧）。

（3）修改汇总字段名称。单击"数据透视表字段"窗口中的"求和项：净销售额"，选择
"值字段设置"，在"值字段设置"对话框中的"自定义名称"文本框中输入"净销售额总计"，单
击"确定"按钮，即可改变汇总字段的名称。

（4）删除汇总字段。将"数据透视表字段"窗口中的"净销售额总计"拖出"∑值"区域，
即可删除汇总字段。

2）改变汇总字段的汇总方式

数据透视表对汇总字段提供了多种汇总方式。例如，在图 2-14 中，双击"求和项：毛销售额"或单击"数据透视表字段"窗口中的"求和项：毛销售额"，选择"值字段设置"，在"值汇总方式"选项卡中"值字段汇总方式"的"选择用于汇总所选字段数据的计算类型"列表框中，选择汇总方式为"平均值"，即对"毛销售额"计算平均值。或右击数据透视表的"求和项：毛销售额"，选择"值汇总依据"→"平均值"。

Excel 提供的汇总方式包括求和、计数、平均值、最大值、最小值、乘积、数值计数、标准偏差、总体标准偏差、方差和总体方差等。

3）显示汇总字段值的详细信息

在图 2-14 数据透视表中，选中"中"价位"安徽"省的净销售额"10720"，右击，在弹出的快捷菜单中选择"显示详细信息"，Excel 在当前工作表之前插入一张新工作表，显示构成该汇总值的详细数据。

4. 数据透视表选项卡的功能

Excel 创建数据透视表时，会自动启动"数据透视表工具"的两个选项卡："分析"和"设计"，提供了数据透视表的常用功能，增强了数据汇总和展示的灵活性。

如图 2-15 所示的"分析"选项卡提供了各种功能，例如，修改数据透视表名称，设置选中字段，向下或向上钻取，数据的组合与取消组合，插入切片器和日程表，刷新和更改数据源，清除和移动数据透视表，字段计算，插入数据透视图，显示与关闭字段列表，显示与关闭折叠，显示与关闭字段标题，等等。

图 2-15　数据透视表工具的"分析"选项卡

如图 2-16 所示的"设计"选项卡提供了各种功能，例如，显示与取消分类汇总，显示与取消行列总计，设定报表布局，设定每行是否加入空行，设定数据透视表样式，等等。

图 2-16　数据透视表工具的"设计"选项卡

Excel 2016 和 Excel 2010 的数据透视表与 Excel 2003 的数据透视表相比，有较大的变化，如果用户习惯 Excel 2003 的操作方式，可以选择"数据透视表工具"的"分析"→"数据透视表"→"选项"，在"数据透视表选项"对话框中选择"显示"选项卡，设定显示形式为"经典数据透视表布局(启用网格中的字段拖放)"。数据透视表将转换为 Excel 2003 的形式，可以在数据透视表上直接拖放字段。

2.1.3 数据透视图的灵活性

与数据透视表类似,数据透视图也有很强的灵活性。数据透视图中的"轴(类别)"区域相当于数据透视表的"行"区域;"图例(系列)"区域相当于数据透视表的"列"区域。注意,数据透视表与数据透视图是相关联的,数据透视表所做的任何变动都会反映到数据透视图上,反之亦然。

按 Alt+D+P 组合键,启动"数据透视表和数据透视图向导",也可以创建数据透视图。在"所需创建的报表类型"处,选择"数据透视图(及数据透视表)",可同时创建数据透视表与数据透视图。数据透视图分类字段和汇总字段的调整方式与数据透视表相同。

2.2 数据透视表/图的应用

观看视频

数据透视表/图在企业管理方面有广泛的应用,可以帮助管理人员生成时间序列数据、统计频率分布、计算各类数据占比等。

2.2.1 生成时间序列

企业可以对生产与销售的各种数据按照时间进行汇总,如按月汇总销售额或按年汇总产量。这些汇总数据可以为企业提供反映经营状况的信息。按照一定时间间隔汇总的数据序列,称为**时间序列**。时间序列可以帮助企业了解经营状况、预测未来的变化趋势。由于数据透视表能从多种角度汇总数据,所以它也是生成时间序列的有力工具之一。

【例 2-3】 Northwind 公司经理希望分产品观察月销售额的变化规律,同时也希望能观察整个公司月销售额的变化规律。

【解】

(1) 导入数据,创建数据透视表。

按照前文所介绍的方法,从 Northwind 数据库查询所需数据,并返回保存在 Excel 工作表中。数据包括"订购日期""销售额""产品名称"等字段。将该工作表命名为"Northwind 销售数据"。

选中工作表"Northwind 销售数据"单元格 A1:C2158 中的任意单元格,选择"插入"→"数据透视表"。在"创建数据透视表"对话框中,无须修改"表/区域",直接选定数据透视表放置位置为"新工作表",单击"确定"按钮。将该工作表命名为"数据透视表"。将"数据透视表字段"窗口中的"订购日期"拖至"行"区域,将"销售额"拖至"Σ 值"区域,将"产品名称"拖至"筛选器"区域,结果如图 2-17 所示。单击单元格 A4 中"1996 年"前面的＋号,可以看到数据是按照"年""季度""月"的形式组织起来的,因为"订购日期"是日期类型的字段,Excel自动为其创建了日期类型的组。

(2) 修改分组,按月汇总销售额。

此例题并不需要按季度汇总,所以需要对创建的组进行修改。

选中数据透视表"行标签"下单元格 A4:A6 中的任意单元格,右击,在弹出的快捷菜单中选择"创建组"(或选择 "数据透视表工具"→"分析"→"将所选内容分组"),在"组合"对话框中可以发现当字段类型为日期时，在“步长”列表框中显示为“秒”“分”“时”“日”“月”“季”“年”等。选中“月”和“年”作为分组依据。

单击“数据透视表字段”窗口“行”区域的“订购日期”，选择“字段设置”，在“自定义名称”文本框中输入“订购月”。选中单元格 B5∶B30，选择“开始”→“数字”→“减少小数位数”，将小数点后保留 0 位，得到如图 2-18 所示的数据透视表。

	A	B	C
1	产品名称	(全部)	
2			
3	订购月	求和项:销售额	
4	1996年	208083.9698	
5	1997年	617085.2029	
6	1998年	440674.5657	
7	总计	1265843.7383	
8			

图 2-17　按时间和产品名称汇总销售额

	A	B	C
1	产品名称	(全部)	
2			
3	行标签	求和项:销售额	
4	⊟1996年		
5	7月	27862	
6	8月	25485	
7	9月	26381	
8	10月	37516	
9	11月	45600	
10	12月	45240	
11	⊟1997年		
12	1月	61258	
13	2月	38484	

图 2-18　经过格式化的数据透视表

(3) 制作数据透视图，添加趋势线。

选中数据透视表任意单元格，选择“插入”→“图表”→“折线图和面积图”→“带数据标记的折线图”。右击图表上的数据系列，在弹出的快捷菜单中选择“添加趋势线”，在“设置趋势线格式”对话框中的“趋势线选项”处，选中“线性”“显示公式”“显示 R 平方值”，结果如图 2-19 所示，反映了 Northwind 公司所有产品的销售额随时间推移的变化情况。

	A	B
1	产品名称	(全部)
2		
3	行标签	求和项:销售额
4	⊟1996年	
5	7月	27861.89
6	8月	25485.27
7	9月	26381.40
8	10月	37515.72
9	11月	45600.04
10	12月	45239.63
11	⊟1997年	
12	1月	61258.07
13	2月	38483.63
14	3月	38547.22
15	4月	53032.95
16	5月	53781.29
17	6月	36362.80

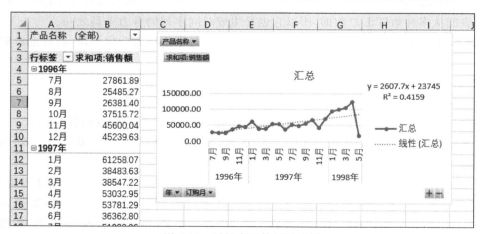

图 2-19　时间序列数据透视图

(4) 不完整数据的处理。

观察图 2-19，可以发现 1998 年 5 月份销售额有较大下降。这是因为 1998 年 5 月份的数据收集到 5 月 6 日即截止，所以该月销售额较少。如果时间序列包含该销售额，则无法真实反映变化的趋势。为了解决这个问题，需要把终止时间设定为“1998/4/30”，并将“1998/4/30”以后的销售数据隐藏。选中“行标签”下单元格 A4∶A29 中的任意单元格，右击，在弹出的快捷菜单中选择“创建组”，在“组合”对话框中将“终止于”设定为“1998/4/30”，单击“确定"按钮。在数据透视表中,单击"行标签"的下拉按钮,在"选择字段"下拉列表中选择"月",在下面的值区域取消选中"＜1996-7-4"与"＞1998-4-30",此时数据透视图中少了1998年5月的数据点,且趋势线的方程也发生了变化。

(5)空数据项的处理。

将筛选器的产品名称选中"白米",可以发现缺少1998年8月的数据行,这是因为"白米"在1998年8月的销售额为"0",数据被隐藏。但我们希望观察所有月份的销售情况,即使销售额为"0"也应如实显示。选中"行标签"下的任意单元格,右击,在弹出的快捷菜单中选择"字段设置"→"布局和打印",选中"显示无数据的项目",单击"确定"按钮,得到新的数据透视表。选中新的数据透视表的任意单元格,右击,在弹出的快捷菜单中选择"数据透视表选项"→"布局和格式",在"对于空单元格,显示"文本框中输入"0"。即,如果没有销售额则显示为0,结果如图2-20所示。

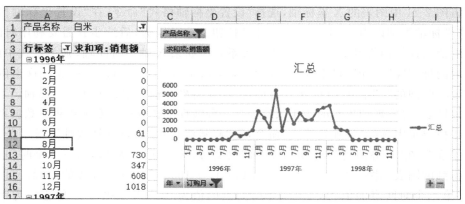

图2-20 显示无数据项

(6)准备作图数据,重新绘制时间序列图表。

观察图2-20,可以发现公司尚未开始销售时(1996年1—6月)的销售额被认为是0,这样得到的销售趋势无法真实反映情况。因此,需要对数据进一步处理,仅将真正的销售数据取出。

首先,将产品名称选为"全部"。为了方便后续计算,需修改数据透视表的显示方式。选中数据透视表任意单元格,选择"设计"→"布局"→"报表布局"→"以表格形式显示",得到的数据透视表如图2-21所示。"行标签"中的两个字段,"年"与"月"分置两列,并且去掉了每年的空行。

在单元格E2:E23填写从1996年7月到1998年4月的日期。在单元格F2输入公式"＝C10",将单元格F2的公式向下一直复制到单元格F23,得到的作图数据如图2-21所示。

选择单元格E1:F23,选择"插入"→"图表"→"插入折线图或面积图"→"折线图"→"带数据标记的折线图",在数据透视表中选择"类别名称"为"全部","产品名称"为"全部",得到如图2-21所示的图表。该图表配合数据透视表,可以观察不同产品的销售额时间序列。

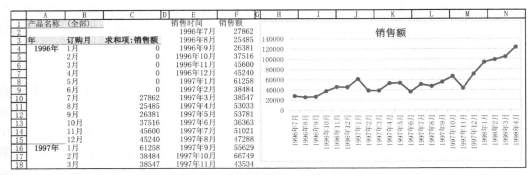

图 2-21　销售额时间序列数据和图表

（7）添加趋势线。

右击图 2-21 中图表的 X 坐标轴，选择"设置坐标轴格式"命令，在"设置坐标轴格式"窗口中，将坐标轴类别设为"文本"，单击"关闭"按钮。这是因为，后续步骤需要利用时间点与销售额的值去计算销售额随时间点变化的关系式。如果 X 轴为时间轴，则关系式中的截距需要将时间推到"0"。计算机系统时间的"0"，是 1900 年 1 月 1 日的前一天。这道例题，我们只需要将时间的"0"推到 1996 年 6 月即可，因此将坐标轴类型改为文本坐标轴。

观察图表，可发现销售额的变化大致存在一种线性增长规律。右击销售额数据系列，在弹出的快捷菜单中选择"添加趋势线"命令，在"趋势线选项"中，选择"线性""显示公式""显示 R 平方值"，在"趋势预测"中设定前推"1"周期（即按照线性规律预测下一个时间点的销售额），得到的图表如图 2-22 所示。"$y = 3456.9x + 16951$"是该趋势线的方程。自变量 x 为时间（第一个时间点的值为 1，第二个时间点的值为 2，以此类推），因变量 y 为销售额。R^2 描述该趋势线回归方程拟合的好坏，其值越接近 1 拟合得越好。R^2 的概念将在第 3 章详细讲解。这里 R^2 的值接近于 0.7，可以说 Northwind 公司的销售额是随时间变化大体呈现一种线性变化的规律。因此，可以利用该线性方程预测未来的销售额。观察趋势线，可以看到未来一个月销售额的预测值大约为 96000 元。

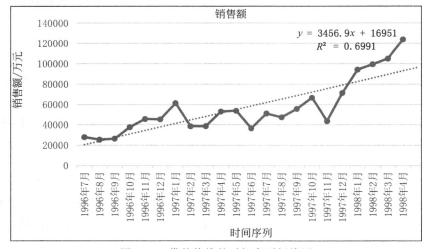

图 2-22　带趋势线的时间序列折线图

2.2.2 统计频率分布

管理人员比较关注各种事件的发生频率。频率信息可以帮助管理人员预测未来情况，合理安排生产和销售活动。利用数据透视表的"创建组"功能，企业可以按照销量、销售额或次品数量等信息分组，统计事件发生的频率。

【例 2-4】 Northwind 公司的营销经理希望了解各月、各产品在各销量组销售次数的频率分布情况，以帮助制订促销计划。

【解】

（1）导入数据，创建数据透视表。

按照前文所介绍的方法，从 Northwind 公司数据库中查询"产品名称""订购日期""销量"等字段，将数据返回到 Excel，将工作表命名为"Northwind 公司销售数据"。

选中导入数据中的任意单元格，选择"插入"→"图表"→"数据透视表"，单击"确定"按钮，创建一个数据透视表。在"数据透视表字段"窗口，将"产品"拖至"筛选器"区域，将"订购日期"拖至"行"区域，将"数量"拖至"∑值"区域。

（2）将数据透视表按销量分组。

因为"订购日期"为日期型字段，Excel 自动将其分组为"年""季度""订购日期"，将位于"行"区域的"订购日期"通过"字段设置"中的"自定义名称"将其改为"月"。将"季度"从"行"区域拖出，将位于"行"区域的"年"和"月"拖至"筛选器"区域。

在"数据透视表字段"窗口，把"数量"拖至"行"区域。选中单元格 A6:A60 中的任意单元格，右击，在弹出的快捷菜单中选择"创建组"，"组合"对话框如图 2-23 所示，设定"步长"为 10，结果如图 2-24 所示。

▲	A	B	C
1	年	(全部) ▼	
2	月	(全部) ▼	
3			
4	行标签 ▼	求和项:数量	
5	1-10	3979	
6	11-20	10650	
7	21-30	11150	
8	31-40	8065	
9	41-50	5937	
10	51-60	4249	
11	61-70	2609	
12	71-80	1511	
13	81-90	528	
14	91-100	1091	
15	101-110	330	
16	111-120	960	
17	121-130	260	
18	总计	51319	

图 2-23 "组合"对话框　　　　图 2-24 经过销量分组的数据透视表

（3）计算各销量组销售次数的频率分布。

单击"数据透视表字段"窗口中的"求和项：数量"，在弹出的快捷菜单中选择"值字段设置"。在"值字段设置"对话框中，将计算类型改为"计数"，单击"确定"按钮，结果如图 2-25 所示。单元格 B5 中的"610"表示销售额在 1～10 的销售共发生 610 次。

修改值字段的计算类型，也可以采用其他方法。一种方法是选中数据透视表中的"求和

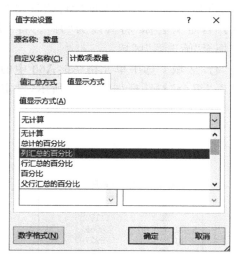

图 2-25　按销量计数

项：数量"，选择"分析"→"活动字段"→"字段设置"，在"值字段设置"对话框中修改；另一种方法是单击"数据透视表字段"中的"求和项：数量"，在弹出的快捷菜单中选择"值字段设置"，即可进行修改。

可以看到，各销量组中销售发生的次数是不同的。销售数量在 10 件以内的销售业务发生了 610 次，而销售数量超过 120 件的销售业务只发生了 2 次。若想进一步了解 610 次在总的销售次数（2157 次）中所占的比重，则需要进一步计算。

右击数据透视表的"计数项：数量"，在弹出的快捷菜单中选择"值字段设置"。在"值字段设置"对话框中选择"值显示方式"选项卡，单击"值显示方式"列表框，选择"列汇总的百分比"，如图 2-26 所示，即可统计不同销量组中各销售业务发生次数在总次数中所占的比重，即频率分布，结果如图 2-27 所示。

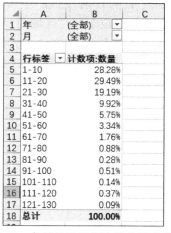

图 2-26　设置值显示方式　　　　图 2-27　各销量组销售次数的频率分布

（4）制作各销量组的频率分布图。

将"产品名称"拖至"筛选"区域。选中数据透视表任意单元格，选择"插入"→"图表"→"插入柱形图或条形图"→"二维柱形图"，对柱形图进行格式化，得到的图表如图 2-28 所示。图 2-28 反映出白米各销量组的销售频率分布，观察数据可以发现大部分单笔销售数量小于 40 件，大于 40 件的销售量非常少。

选择"插入"→"筛选器"→"切片器"，在"插入切片器"对话框中选择"产品名称"，单击"确认"按钮。选择"插入"→"筛选器"→"日程表"，选中"月"，结果如图 2-29 所示。切片器和日程表能够和 Excel 的表格和数据透视表配合使用，使用户筛选数据更为方便。

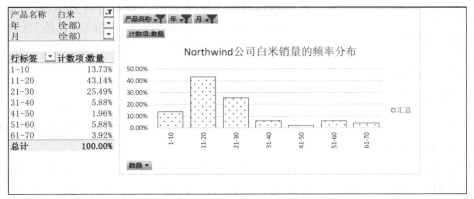

图 2-28 各销量的频率分布图

图 2-29 直方图、切片器和日程表

2.2.3 计算各类数据占比

企业也需要计算某类客户销售额占总销售额的百分比,或者某些员工生产量占总生产量的百分比,从而了解哪些客户或员工对企业赢利的贡献更大。数据透视表提供的计算占同行或同列数据总和百分比的功能,可以帮助企业获得这些信息。

【例 2-5】 Northwind 公司计划按照客户销售额把客户划分为不同级别。销售额在20000 元以上的客户为 VIP 客户,销售额在 10000～20000 元的客户为重要客户,销售额在10000 元以下的客户为普通客户。他们希望了解不同级别客户的销售情况,如各级客户的销售额、销售额占总销售额的百分比和销售次数占总销售次数的百分比。

【解】

(1) 创建数据透视表。

在一个空白的工作簿中,按 Alt＋D＋P 组合键,启动数据透视表和数据透视图向导,选择"外部数据源",从 Northwind 数据库中查询 "公司名称""订单 ID""订购日期""销售额"等字段的数据。

为了在后续的数据透视表中能够计算销售次数(一张订单即一次销售),需要在Microsoft Query 中把同一张订单的多个订单明细数据合并为一个记录,即一张订单汇总为一条记录。在 Microsoft Query 软件中,将"销售额"的汇总方式设定为"求和",然后将数据返回到 Excel 中。

	A	B	C
1			
2			
3	行标签	总销售额	
4	1996年	208083.9698	
5	1997年	617085.2029	
6	1998年	440674.5657	
7	总计	1265843.7383	
8			

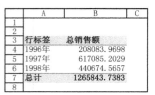

图 2-30　按日期汇总销售额

出现数据透视表框架后，在“数据透视表字段”窗口中，将“订购日期”拖至“行”区域，将“销售额”拖至“∑值”区域，Excel 自动为日期类型的“订购日期”字段分组，数据透视表如图 2-30 所示。

(2) 按年分组。

因为只需要按年观察数据，所以将自动分组产生的“季度”和“订购日期”从“行”区域拖出，将“年”拖至“筛选器”区域。

(3) 将客户分组。

把“公司名称”拖至“行”区域。为了解不同级别客户销售情况，需要对客户进行分组。首先，按照销售额排序，把销售额超过 20000、10000～20000、10000 以下的客户集中在一起。选中数据透视表单元格 B4:B92 中的任意单元格，选择“开始”→“编辑”→“排序与筛选”→“降序”，销售额按照从大到小降序排序。

在数据透视表中，选中销售额超过 20000 元的客户的公司名称，即单元格 A4:A21。右击，在弹出的快捷菜单中选择“创建组”，选中“数据组 1”所在的单元格，在公式编辑栏中输入“VIP 客户”，按 Enter 键。

Excel 在排序方面不如人意，为了能够重新排序，需要选择“设计”→“布局”→“分类汇总”→“在组的顶部显示所有分类汇总”。选中单元格 B20(即 VIP 客户的总销售额)，右击，在弹出的快捷菜单中选择“排序”→“降序”，“公司名称”按照“销售额”从高到低重新排序，结果如图 2-31 所示。

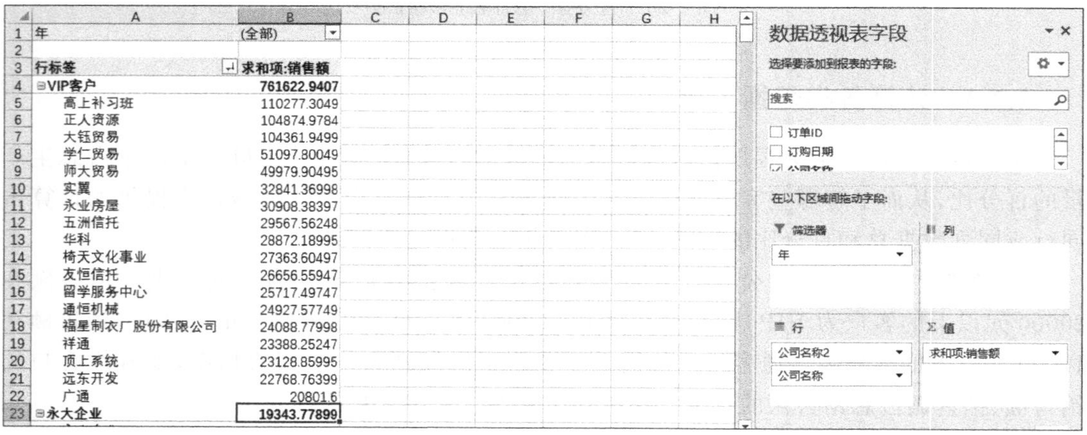

图 2-31　重新对销售额排序

在图 2-31 数据透视表中，选中销售额为 10000～20000 元的客户的公司名称，右击，在弹出的快捷菜单中选择“创建组”，得到 “数据组 2”。选中“数据组 2”所在单元格 A5，将其改名为“重要客户”。同样，为销售额在 10000 元以下的客户创建一个组，将其改名为“普通客户”。在“数据透视表字段”窗口，将“公司名称”拖出“行”区域，将字段名“公司名称 2”改为“客户级别”，将“求和项：销售额”改为“总销售额”，对总销售额所在单元格减少小数位数，结果如图 2-32 所示。

(4) 汇总销售额占总销售额的百分比和销售次数占总销售次数的百分比。

	A	B
1	订购年	(全部)
2		
3	**行标签**	**总销售额**
4	VIP客户	761622.9407
5	重要客户	298225.5012
6	普通客户	205995.2963
7	**总计**	**1265843.7383**

图 2-32 各级客户销售额

从图 2-32 所示的数据透视表中,可以了解三个级别客户的总销售额。

在"数据透视表字段"窗口中,将"销售额"拖至"Σ值"区域。单击"Σ值"区域的"求和项:销售额2",在弹出的快捷菜单中选择"值字段设置"。将"值显示方式"设定为"列汇总的百分比"。在"自定义名称"文本框中输入"销售额百分比"。

在"数据透视表字段"窗口中,将"订单ID"拖至"Σ值"区域。单击"Σ值"区域的"求和项:订单ID",在弹出的快捷菜单中选择"值字段设置"。在"值字段设置"对话框中将"值汇总方式"设定为"计数","值显示方式"设定为"列汇总的百分比"。在"自定义名称"文本框中,将名称改为"销售次数百分比",得到如图 2-33 所示的数据透视表。

	A	B	C	D
1	订购年	(全部)		
2				
3	**行标签**	**总销售额**	**销售额百分比**	**销售次数百分比**
4	VIP客户	761623	60.17%	38.43%
5	重要客户	298226	23.56%	25.06%
6	普通客户	205995	16.27%	36.51%
7	**总计**	**1265844**	**100.00%**	**100.00%**

图 2-33 各级客户的总销售额、销售额百分比、销售次数百分比

图 2-33 中的数据透视表反映出各级客户的总销售额、销售额占总销售额的百分比,以及销售次数占总销售次数的百分比。可以发现,"VIP客户"虽然销售次数仅占到总次数的38.43%,但销售额却占到总销售额的60.17%。对企业盈利有重大影响,应是企业工作的重点。而"普通客户"虽然购买次数多,但单笔销售额小,对企业的盈利影响有限。

(5)绘制数据透视图。

选中数据透视表任意单元格,选择"插入"→"图表"→"插入柱形图或条形图"→"二维柱形图"→"簇状柱形图",创建数据透视图。

"销售额百分比"与"销售次数百分比"两个数据系列的值较小,在当前 Y 轴刻度单位(一格为 100000)下无法显示。这两个数据系列需要使用另一个坐标轴。选中"销售额百分比"系列(如果选不中,则先选中"销售额"系列,然后按方向键选中该系列),选择"格式"→"当前所选内容"→"设置所选内容格式",在"设置数据点格式"窗口中选择"系列选项",设定"系列绘制在"为"次坐标轴"。也可以选中数据透视图,选择"格式"选项卡,在选项卡左上角的下拉列表中选择"系列'销售额百分比'",单击"设置所选内容格式",在"设置数据点格式"窗口中进行设定。

利用同样的方法设定"销售次数百分比"系列。经过格式调整,得到如图 2-34 所示的数据透视图,同时反映三个级别客户的总销售额、销售额百分比和销售次数百分比的情况。

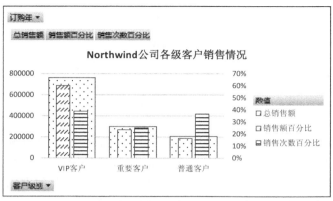

图 2-34　各级别客户的总销售额、销售额百分比和销售次数百分比

2.3　Power Pivot 合并汇总方法

从 Office 2016 开始,Excel 新增了 Power Pivot 功能。Power Pivot 是 Excel 的加载工具,支持数据分析与复杂数据模型的创建,可以在一个 Excel 文档中处理多个数据来源的大量数据。在 Excel 中选择"文件"→"选项"→"加载项",在"管理"下拉列表中选择"COM 加载项",单击"转到"按钮,在弹出的"加载宏"对话框中选中 Microsoft Power Pivot for Excel,单击"确定"按钮,即可在选项卡栏加载 Power Pivot 选项卡。

Power Pivot 的功能。

(1) 可以存储大量数据,数据行可以达到数亿行,原本 Excel 本身只能存储一百多万行数据。

(2) 可以导入不同来源的数据,如 SQL Server 数据库、Access 数据库、Excel 文件或 txt 文件。也可以选择导入全部数据或筛选部分数据,并且可以将不同来源的数据合并在一起。

(3) Power Pivot 可以作为 Excel 工作簿报表的数据来源,例如,为数据透视表/图和 CUBE 等功能提供数据。

(4) 可以对字段进行计算,例如,利用单价 * 数量 * (1－折扣)计算销售额,也可以使用 Power Pivot 提供的 DAX(Data Analysis Expressions)函数进行计算。

(5) 支持创建度量值,度量值可用于数据透视表/图。

Power Pivot 和数据透视表(Pivot Table)可以配合使用,Power Pivot 负责存储数据和构建数据模型,数据透视表负责汇总和展示汇总结果,通过以下两个例题介绍 Power Pivot 的功能。

2.3.1　利用 Power Pivot 汇总数据

观看视频

企业经常希望了解当年同去年相比销售额或利润有哪些变化,或实际销售情况同计划相比有哪些变化。下面介绍利用 Power Pivot 的度量值功能实现汇总的方法。度量值是根据行列以及筛选结果确定的数据子集计算出来的。

利用 Power Pivot 与数据透视表汇总数据,一般包括 4 个步骤:①导入数据;②建立表之间的联系;③生成计算字段或度量值;④利用数据透视表汇总数据。

【**例 2-6**】 ABC 公司希望了解各省 2018 年和 2019 年的净销售额,以及 2019 年比 2018 年增量多少,并以条形长度反映该增量的大小。

【**解**】

(1) 利用 Power Pivot,导入 ABC 公司销售数据。

在一个空白的 Excel 工作簿中选择 Power Pivot→"数据模型"→"管理",如图 2-35 所示。Excel 打开了一个新的窗口——Power Pivot 窗口,窗口菜单如图 2-36 所示。

图 2-35 Power Pivot 选项卡

图 2-36 Power Pivot 窗口菜单

选择"开始"→"获取外部数据"→"从其他源",在"表导入向导"对话框中选择"Excel 文件",单击"下一步"按钮。在"连接到 Microsoft Excel 文件"窗口的"Excel 文件路径"文本框右侧单击"浏览"按钮,在"打开"对话框中找到"ABC 公司销售数据.xlsx"文件,勾选"使用第一行作为列标题"复选框,单击"下一步"按钮。

在"选择表和视图"窗口,选中 4 个表,如图 2-37 所示。"预览并筛选"按钮,可以筛选数据,选择满足条件的记录。作用类似于 Microsoft Query 中的设定查询条件。因为汇总需要所有数据,此处不做筛选,单击"完成"按钮。

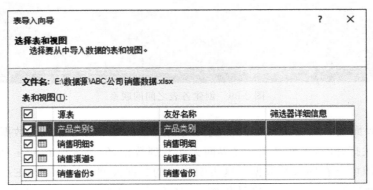

图 2-37 选择导入数据的表

经过一段时间的等待,Excel 导入了 4 张表,单击"关闭"按钮,结果如图 2-38 所示。

	日期	省份ID	渠道ID	类别ID	价位	净销售额	毛销售额
1	2017/1...	1	1	1	中	90	90
2	2017/1...	1	1	2	中	99	99
3	2017/1...	1	1	3	中	113	113
4	2017/1...	1	1	4	中	158	158
5	2017/1...	1	2	1	中	68	68
6	2017/1...	1	2	2	中	79	79
7	2017/1...	1	2	3	中	68	68
8	2017/1...	1	2	4	中	79	79
9	2017/2...	1	1	1	中	122	122
10	2017/2...	1	1	2	中	99	99
11	2017/2...	1	1	3	中	99	99
12	2017/2...	1	1	4	中	158	158
13	2017/2...	1	2	1	中	79	79

产品类别 | 销售明细 | 销售渠道 | 销售省份

记录 |◄ 第5行，共3,783个

图 2-38　导入 Power Pivot 的 4 张表

（2）利用 Power Pivot，创建表和表之间的联系。

选择 Power Pivot 窗口的"开始"→"查看"→"关系图视图"（或"设计"→"关系"→"创建关系"），可以看到导入的 4 张表，以及表包含的字段名。

选中"产品类别"表的"类别 ID"字段，拖至"销售明细"表的"类别 ID"上方，即可在两个表之间按照"类别 ID"相等的原则，创建一对多的联系。采用同样的办法，按照"渠道 ID"相等的原则，创建"销售渠道"表和"销售明细"表之间的联系，按照"省份 ID"相等的原则，创建"销售省份"表和"销售明细"表之间的联系。结果如图 2-39 所示。选择 Power Pivot 窗口的"开始"→"查看"→"数据视图"，可以重新观察数据。

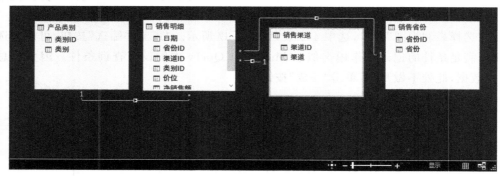

图 2-39　创建各表之间的联系

在 Excel 界面或 Power Pivot 界面，选择"保存"，Power Pivot 导入的数据即可保存。当文件关闭并再次打开时，虽然从 Excel 界面无法看到数据，但是选择 Power Pivot→"数据模型"→"管理"，即可查看导入的数据。这表明创建的数据模型已经保存在 Excel 文件中。

（3）创建度量值——2018 年净销售额、2019 年净销售额和 2019 年的增量。

Power Pivot 中的度量值支持使用公式和 DAX 函数，使汇总数据更为方便。DAX 函数提供很多在 Excel 中可以使用的函数，包括日期和时间、数学和三角函数、统计、文本、逻辑和筛选器等类别函数。DAX 函数的用法与 Excel 中函数的用法类似。

首先,创建"2018 年净销售额"度量值。选择 Power Pivot→"计算"→"度量值"→"新建度量"。在"表名"下拉列表中选择"销售明细"(即,在"销售明细"表中建立一个度量值),"度量值名称"文本框中输入"2018 年净销售额",随后在"公式"文本框中输入"=CALCULATE(sum('销售明细'[净销售额]),year('销售明细'[日期])=2018)"。

当输入到"=CALCULATE(sum('"时,Excel 自动弹出可供使用的工作表和字段。可以看到,表名是以英文的单引号作为分隔符,字段名用方括号作为分隔符。例如,'销售明细'[净销售额],是指"销售明细"表中的"净销售额"字段。输入完成后的公式如图 2-40 所示,单击"确定"按钮。

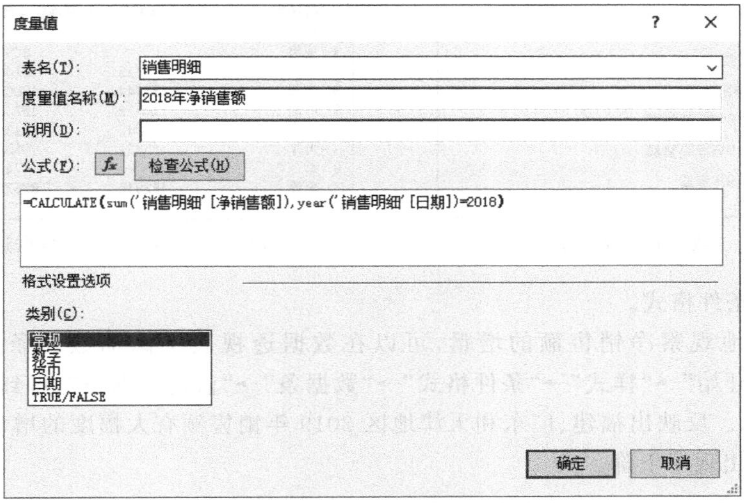

图 2-40 2018 年净销售额的度量值公式

CALCULATE 函数模仿了 Excel 中的 SUMIF、COUNTIF 和 AVERAGEIF 函数。公式"=CALCULATE(sum('销售明细'[净销售额]),year('销售明细'[日期])=2018)"的作用是统计日期的年份值为 2018 的记录的净销售额总和。其语法为 CALCULATE(汇总函数名(汇总字段),汇总条件 1,汇总条件 2,汇总条件 3,…)。这里只使用了一个汇总条件。

使用同样的方法,创建度量值"2019 年净销售额"。公式为"=CALCULATE(sum('销售明细'[净销售额]),year('销售明细'[日期])=2019)"。创建度量值"2019 年增量",公式为"=[2019 年净销售额]-[2018 年净销售额]"。

可在 Excel 中选择 Power Pivot→"计算"→"度量值"→"管理度量",进行度量值的新建、编辑和删除。

(4) 制作数据透视表。

选中 Excel 单元格 A1,选择"插入"→"表格"→"数据透视表"(或 Power Pivot→"数据模型"→"管理"→"开始"→"数据透视表")。此时,"创建数据透视表"对话框中自动勾选了"使用此工作簿的数据模型"复选框,单击"确定"按钮,得到数据透视表框架及"数据透视表字段"窗口。

选择"数据透视表字段"窗口中"销售明细"表左侧的小三角形,可以展开显示表中的字段及三个度量值，如图 2-41 所示。将三个度量值依次拖至“Σ值”区域，将“销售省份”表的“省份”拖至“行”区域，得到的数据透视表如图 2-42 所示。

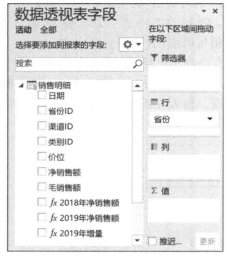

图 2-41　“数据透视表字段”窗口

	A	B	C	D
1	行标签	2018年净销售额	2019年净销售额	2019年增量
2	安徽	154177	167487	13310
3	福建		87967	87967
4	广东	5715	131437	125722
5	广西	134944	120055	-14889
6	河北	144419	163395	18976
7	江苏	18343	51398	33055
8	天津	25321	106538	81217
9	浙江		7478	7478
10	总计	482919	835755	352836
11				

图 2-42　2019 年增量数据透视表

(5) 添加条件格式。

为了直观地观察净销售额的增量，可以在数据透视表中添加数据条。选中单元格 D2:D9，选择“开始”→“样式”→“条件格式”→“数据条”→“蓝色数据条”，得到的数据透视表如图 2-43 所示。反映出福建、广东和天津地区 2019 年销售额有大幅度的增长，而广西壮族自治区销售额出现了下降。

	A	B	C	D	E	F
1	行标签	2018年净销售额	2019年净销售额	2019年增量		
2	安徽	154177	167487	13310		
3	福建		87967	87967		
4	广东	5715	131437	125722		
5	广西	134944	120055	-14889		
6	河北	144419	163395	18976		
7	江苏	18343	51398	33055		
8	天津	25321	106538	81217		
9	浙江		7478	7478		
10	总计	482919	835755	352836		
11						

图 2-43　经过条件格式的 2019 年增量数据透视表

以这种形式的汇总信息，进行对比同期数据，让管理人员更容易发现工作中存在的问题。

观看视频

2.3.2　利用 Power Pivot 汇总数据绘制地图

Power Pivot 和数据透视表提供的汇总数据支持绘制三维地图，可以帮助企业了解不同地理区域的经营状况。下面介绍利用 Power Pivot 汇总数据并制作三维地图的方法。

【例 2-7】 利用 Northwind 公司的销售数据，为销售经理提供反映在各省各类别产品的销售情况的地图。在地图上添加时间，制作动态地图，并展示销售额随时间的变化情况。

【解】 为了能够按照省份绘制地图并反映各省销售情况,需要将 Northwind 公司的数据和存放在 CSV 文件中的省份城市对照表导入 Power Pivot。在 Power Pivot 中构建数据模型,计算销售额。最后利用 Power Pivot 提供的汇总数据绘制三维地图。

(1) 利用 Power Pivot,导入 Northwind 公司销售数据。

在一个空白的 Excel 工作簿中,选择 Power Pivot→"数据模型"→"管理",在弹出的 Power Pivot 窗口中选择"开始"→"获取外部数据"→"从数据库"→"从 Access"。在"表导入向导"对话框中,单击"数据库名称"文本框右侧的"浏览"按钮,找到 Northwind 公司销售数据库文件,单击"下一步"按钮。在"表导入向导"对话框中勾选"表和视图"下拉列表中的选项,以便选择要导入的数据,单击"下一步"按钮。

在"表导入向导"对话框中选中 8 张表,分别为产品、供应商、客户、类别、订单、订单明细、运货商和雇员,单击"完成"按钮。随后 Excel 导入了 8 张表,单击"关闭"按钮。

单击 Power Pivot 窗口的"开始"→"查看"→"关系图视图"(或者"设计"→"关系"→"创建关系"),可以看到 8 张表和表中的字段。观察发现,表和表之间已经建立了正确的联系。单击 Power Pivot 窗口的"开始"→"查看"→"数据视图",可以返回数据视图下观察数据。

(2) 导入省份城市对照表的数据。

在 Power Pivot 中选择"开始"→"获取外部数据"→"从其他源",在"表导入向导窗口"中选择"文本文件",单击"下一步"按钮。

在"表导入向导"对话框中单击"文件路径"右侧的"浏览"按钮,在弹出的"打开"对话框中单击"文件名"右侧的下拉列表,选择"逗号分隔的文件(*.csv)",找到文件"省份城市对照表",单击"打开"按钮。勾选"使用第一行作为列标题"复选框,单击"完成"按钮。在随后出现的安全警告窗口,单击"确定"按钮。随后 Excel 导入数据,单击"关闭"按钮。

(3) 创建表和表之间的联系。

单击 Power Pivot 窗口的"开始"→"查看"→"关系图视图"(或者"设计"→"关系"→"创建关系"),可以发现,新增加了省份城市对照表。选中省份城市对照表的"城市"字段,拖至客户表的"城市"字段上方,松开鼠标左键,即在两个表之间,按照"城市"字段的值相等的原则创建一对多的联系。这样,即可知道城市所属于的省份,比如,城市"大连"通过这种一对多的联系可以对应到省份"辽宁"。

(4) 增加计算字段"销售额"。

Power Pivot 支持创建计算字段。选择"开始"→"查看"→"数据图视图",在窗口左下角选中要创建新字段的"订单明细"表,选中"添加列",在 f_x 公式编辑栏中输入公式"=[单价]*[数量]*(1−[折扣])",按 Enter 键。在输入公式过程中,可以单击字段名进行引用,比如输入"=["后,单击字段名"单价",即实现引用。双击新增的列标题,将该列改名为"销售额"。

如此,数据模型就创建完成。在 Excel 或 Power Pivot 窗口中保存文件。

(5) 创建地图。

在 Power Pivot 中保存了数据模型,然而 Excel 三维地图又具有汇总能力,因此可以利用三维地图对 Power Pivot 中保存的数据模型进行汇总并绘制地图。如果 Excel 中没有三维地图,可以通过加载 Power Pivot 工具的方法进行加载。

在 Excel 工作表中选择任意单元格,单击"插入"→"演示"→"三维地图"→"打开三维地图"。在打开的三维地图窗口中单击"＋"或"－"按钮,可以实现对地图的推近和拉远,使用鼠标中间的滚轴,也可以实现推近和拉远;单击方向箭头,可以实现旋转地图,对准地球按住鼠标左键进行拖动,也可以旋转地图。

三维地图窗口有 3 个窗格,左侧为演示窗格,中间为地图窗格,右侧为图层窗格。Excel地图可以制作多个演示,左侧显示为"演示 1",单击"开始"→"视图"→"演示编辑器"可以将其关闭。单击"开始"→"视图"→"图层窗格"或"字段列表",可以关闭或打开对应的窗格。

(6) 设置和格式化地图。

三维地图支持多个图层,每个图层有个主题。这里我们只使用第一个图层。在图层窗格中的"数据"处,选中第一种图形,即"将可视化更改为堆积柱形图"。在"位置"处放置绘制地图的地理信息,单击"添加字段",选择省份城市对照表中的"省份"。在"高度"处添加字段,选择订单明细表的"销售额"。在"类别"处添加字段,选择类别表的"类别名称"。如此,每个省份的销售额采用叠加柱形图的形式显示,柱形越高,则销售额越高。

单击"开始"→"视图",取消选中"演示编辑器""字段列表"。在图层窗格中选中第 4 种图形,即"将可视化更改为区域"。选择"开始"→"地图"→"平面地图",并把鼠标对准地图上的山东省,各省份显示为不同的颜色。若鼠标对准山东省,弹出的数据卡则显示省份、类别名称和各类别的销售额。

在地图上添加时间,制作动态地图。在图层窗格,在"时间"处添加字段,添加订单表的"订购日期",在地图即可出现一个播放进度条。单击播放按钮,播放随着时间的推移各省销售额的变化情况。

(7) 将地图放入 Excel 工作表。

在三维地图中,删除图例并关闭图层窗格。选择"开始"→"演示"→"捕获屏幕",把地图复制到粘贴板中。关闭三维地图窗口,选中 Excel 工作表的任意单元格,右击,在弹出的快捷菜单中选择"粘贴"。该工作表不仅出现了地图,还出现了提示文字,提醒用户,可以选择"插入"→"演示"→"三维地图"进行观看或修改地图。

本章小结

观看视频

企业既需要了解详细的业务数据,也需要了解反映总体经营状况和代表经营活动规律的经过汇总的数据。本章介绍利用数据透视表/图获得汇总数据的方法。

数据透视表汇总数据非常方便,可以对汇总表进行各种"旋转",从不同角度查看数据,也能够对数据进行筛选、折叠或展开及分组等操作。数据透视表还提供了多种汇总方式:求和、计数、平均值、最大值、最小值等。数据透视表的汇总结果,可直接绘制数据透视图,提供多种图表类型:柱形图、折线图、散点图、条形图和饼图等。数据透视表与数据透视图是关联在一起的,数据透视表的任何调整,都会在数据透视图中得以体现,反之亦然。

数据透视表/图有着广泛的应用,可以生成时间序列、统计频率分布和计算各类数据占比等。这些汇总的数据,经常用于企业管理的预测与决策。

在 Excel 2016 中新增了 Power Pivot 功能。它存储的数据量达到数亿行,而且能够导入不同来源的数据,将不同来源的数据合并在一起,构建数据模型。它还可以为数据透视表和三维地图汇总提供数据支持。

习题

　　2.1　利用 Northwind 公司的销售数据,制作如图 2-44 所示的数据透视表,汇总各地区的客户数,并绘制对应的饼图。

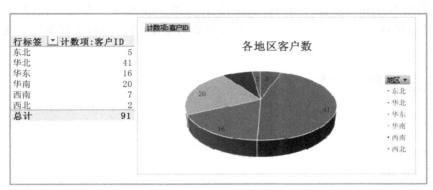

图 2-44　习题 2.1

　　2.2　利用 Northwind 公司的销售数据,制作如图 2-45 所示数据透视表,汇总"点心"与"谷类/麦片"类别中销售额最高的两种产品的总销售额与平均销售额,并绘制对应的柱形图。注意,为了显示总销售额和平均销售额,在数据透视图中可以将平均销售额对应到次坐标轴。

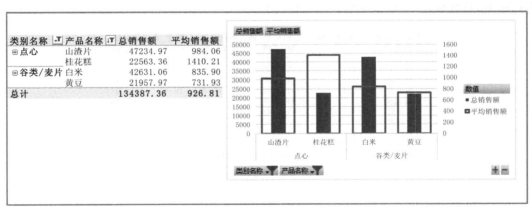

图 2-45　习题 2.2

　　2.3　利用 Northwind 公司的销售数据,制作如图 2-46 所示数据透视表。分别汇总1996 年、1997 年和 1998 年三个运货商的物流运输情况,反映货主地区为东北与华北的订单数和订单数百分比。

　　2.4　利用 Northwind 公司的销售数据,制作如图 2-47 所示数据透视表,汇总 1996—1998 年"金士鹏"和"李芳"的销售情况。

年	1997年		
	值	货主地区	
	订单数		订单数百分比
公司名称	东北 华北		东北 华北
急速快递	14	60	18.92% 81.08%
联邦货运	10	52	16.13% 83.87%
统一包裹	9	76	10.59% 89.41%
总计	33	188	14.93% 85.07%

图 2-46 习题 2.3

求和项:销售额	列标签		
	⊞1996年	⊞1997年	⊞1998年
行标签			
金士鹏	15232	60471	48865
李芳	18224	108026	76563
总计	33456	168497	125428

图 2-47 习题 2.4

2.5 利用 Northwind 公司的销售数据,制作如图 2-48 所示数据透视表,汇总各客户所在地区的月订单数时间序列,制作图表反映订单数的变化,并添加趋势线描述变化规律。

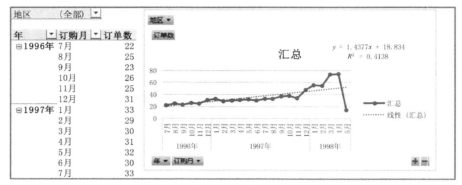

图 2-48 习题 2.5

2.6 利用 Northwind 公司的销售数据,制作如图 2-49 所示数据透视表,汇总"热销类"和"普通类"的总销售额及其百分比,总数量及其百分比。其中,总数量在 7000 以上的产品为热销类,总数量在 7000 以下的产品为普通类。

热销与普通	类别名称	总销售额	销售额百分比	总数量	数量百分比
⊟热销类		801738	63.3%	34279	66.8%
热销类	饮料	267892	21.2%	9534	18.6%
热销类	日用品	234339	18.5%	9137	17.8%
热销类	点心	168245	13.3%	7927	15.4%
热销类	海鲜	131262	10.4%	7681	15.0%
⊟普通类		464106	36.7%	17040	33.2%
普通类	调味品	105148	8.3%	5276	10.3%
普通类	谷类/麦片	95783	7.6%	4563	8.9%
普通类	肉/家禽	163190	12.9%	4211	8.2%
普通类	特制品	99985	7.9%	2990	5.8%
总计		1265844	100.0%	51319	100.0%

图 2-49 习题 2.6

2.7 利用 Northwind 公司的销售数据,制作两个如图 2-50 所示的数据透视表,分别汇总高、中、低三种价位产品的销售额和各客户地区的销售额。插入"年份"切片器,观察各年销售额。其中,产品单价大于或等于 40 元的产品为高价位,大于或等于 20 元且小于 40 元的产品为中价位,低于 20 元的产品为低价位。注意,为了使切片器控制两个数据透视表,可以选中切片器,右击,在弹出的快捷菜单中选择"报表连接"加以设定。

2.8 利用 Northwind 公司的销售数据,制作如图 2-51 所示数据透视表,汇总"饼干"和"蛋糕"两类商品销量大于或等于 50 的订单 ID 和数量。

行标签 ▼	求和项:销售额		行标签 ▼	求和项:销售额		年	≡↓ ▼
高	200343		东北	2307		1996年	
中	141071		华北	161516		1997年	
低	99261		华东	107842		1998年	
总计	440675		华南	84469		<1996/7/4	
			西北	2909		>1998/5/7	
			西南	81632			
			总计	440675			

图 2-50　习题 2.7

2.9　利用 Northwind 公司的销售数据，制作如图 2-52 所示的数据透视表，数据显示各类别商品 1998 年 3 月和 4 月的销售额，同上月相比 4 月的销售额增量百分比，并使用数据条直观显示该数据。

销量等级	>=50	▼
产品名称 ▼	**订单ID** ▼	**求和项:数量**
⊟饼干	10263	60
	10359	56
	10795	65
	10984	55
⊟蛋糕	10418	55
总计		291

图 2-51　习题 2.8

行标签 ▼	1998年3月销售额	1998年4月销售额	1998年4月的增量
点心	26097	20425	-17.0%
谷类/麦片	6531	12082	16.6%
海鲜	12800	13385	1.8%
日用品	23414	40456	51.0%
肉/家禽	7082	25231	54.4%
特制品	16708	20185	10.4%
调味品	12418	15631	9.6%
饮料	38398	29436	-26.8%
总计	143449	176832	100.0%

图 2-52　习题 2.9

第 3 章
教学课件

第 3 章
例题解答

第 3 章

时间序列预测

企业管理的一个基本方面就是为未来制定规划。一个企业要取得长远的成功,它的管理决策部门必须能够较为准确地预测未来动态并以此为依据制定合理的策略。例如,要制订某种产品下月的生产计划,管理者必须对该产品下月的销量、原材料成本等做出正确的预测。然而,这是一件非常困难的事情,因为没有人能够准确地预测未来。但是,根据历史销售数据的变化规律和趋势,选择合适的统计预测方法可以对未来的销量做出较好的预测。

利用数据查询和分类汇总分析的一些方法,可以从历史销售数据中,汇总过去每一段时间的销量。将历史销量按月(年、季度、周、日等时间段)排列,构成月(年、季度、周、日等时间段)销量时间序列。通过对这些时间序列的分析,则可以确定销量的一般水平,以及是否存在上升或下降的趋势,是否存在季节性的波动等信息。

在了解时间序列的相关概念及组成,并且获得时间序列的相关信息后,本章主要介绍 4 种类型的时间序列的建模预测方法,包括围绕一个水平上下波动的时间序列,有线性趋势的时间序列,非线性趋势的时间序列,既存在趋势又存在季节性波动的时间序列。

3.1　时间序列预测概述

观看视频

时间序列是一个变量在一定时间段内的不同时间点上观测值的集合。这些观测值按时间顺序排列,时间点之间的间隔相等,可以是年、季度、月、周、日或其他时间段。常见的时间序列有按年、季度、月、周、日、时段统计的商品销量、销售额或库存量,按年统计的一个省市或国家的生产总值、人口出生率等。

预测方法可分为定性方法和定量方法。定性方法是基于专家判断的预测方法,在此不做讨论。定量方法包括时间序列外推预测法和因果预测法。时间序列外推预测法认为,一个时间序列在过去观测值中表现出来的变化规律或趋势将会延续到未来。因此,这种方法致力于找出时间序列观测值中的变化规律与趋势,然后通过对这些规律或趋势的外推来确定未来的预测值。而时间序列因果预测法则注重于寻找时间序列因变量观测值与自变量观测值之间的函数依赖关系,然后利用这种函数关系和自变量的预计值来确定因变量的预测值。

3.1.1 时间序列的成分

时间序列通常包括 4 种成分：趋势成分、季节成分、循环成分和不规则成分。

1. 趋势成分

趋势成分显示了一个时间序列在较长时期的变化趋势。通过观察，可以看出这种趋势是上升的还是下降的，是线性的还是非线性的。例如，一个国家的国内生产总值、居民收入水平和社会商品零售总额等都呈现出逐渐增长的趋势。

2. 季节成分

季节成分反映了时间序列在一年中有规律的变化，它是由一年中的特殊季节或节假日引起的，每年重复出现。这种成分在许多工商业时间序列中存在。例如，烟花爆竹的销售额在春节期间非常高；电的需求量在冬季增大，春季减少，夏季增大，秋季又减少。我们所指的季节并非一定是自然的春夏秋冬四季，它可以是一年中的 12 个月或其他的时间段。对于集中在一年中某段时间内销售的商品来说，如烟花爆竹，也许季节性的差异可以用两个季节来描述：一是春节那个月的高峰期；二是一年中其他的月份。季节成分也可以用来描述任何持续时间小于一年的、有规律的、重复的变化。例如，每天的交通流量数据显示一天内的"季节"变化：上、下班时刻出现高峰，中午和傍晚出现中等流量，午夜至清晨出现小流量。

3. 循环成分

循环成分反映了时间序列在超过一年的时间段内有规律的变化，即时间序列在数年的时间内呈现规律的变化。循环变动通常是由经济状况的变动引起的，波峰出现在经济扩张期，波谷出现在经济收缩期。包含循环成分的时间序列由于跨越较长的时间段，而且循环的长度是变化的，因此难以预测，此处不讨论。

4. 不规则成分

不规则成分指的是不能归因于上述 3 种成分的时间序列的变化。这种成分是由那些影响时间序列短期的、不可预期的或不重复出现的随机因素引起的，是不可预测的。大多数预测方法通过平均或平滑来消除不规则成分。商业领域内所有的时间序列都包含不规则成分，因而呈现随机起伏的形态。

3.1.2 时间序列预测的步骤

时间序列预测分为 4 个步骤。分析时间序列包含的成分，确定时间序列的类型；选择适合此类时间序列的预测方法，在 Excel 工作表中建立预测模型；评价模型的准确性，确定最优模型参数；在最优模型参数的基础上计算预测值。

（1）确定时间序列的类型。

时间序列的类型由它所包含的成分决定。如前文所述，所有的时间序列都包含不规则成分，而循环成分由于其复杂性本书不做讨论，因此需要确定的只有趋势成分和季节成分。

① 趋势成分。

可以根据时间序列观测值，绘制时间序列观测值随时间变化的曲线图。通过在曲线图中加入趋势线来判断时间序列是否存在趋势成分，以及这种成分是线性的还是非线性的。图 3-1～图 3-3 显示了几种可能趋势的图形。

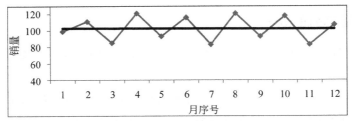

图 3-1　没有趋势的时间序列

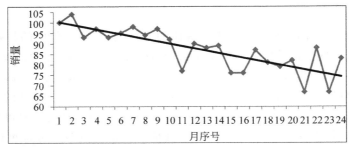

图 3-2　线性趋势的时间序列

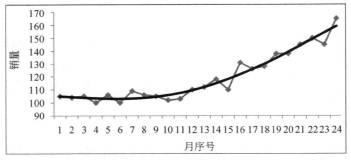

图 3-3　非线性趋势的时间序列

② 季节成分。

要确定季节成分,至少需要两年的数据,而且时间序列观测值的时间间隔必须小于一年,如季度、月、周或天。为了观察季节成分,可以把两年的数据以两条曲线的方式绘制在以一年为时间轴的图中。图 3-4 所示的销售额时间序列明显存在季节成分,即销售额在夏季增加,冬季减少。

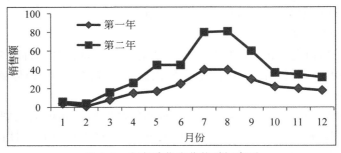

图 3-4　含有季节成分的时间序列

（2）选择合适的方法建立预测模型。

如果一个时间序列既没有趋势成分，也没有季节成分，那么可以使用移动平均或指数平滑预测方法；如果一个时间序列含有趋势成分，则可以使用趋势预测方法；如果一个时间序列含有季节成分，则可以使用季节指数预测方法。相关方法的模型在后续章节中详细介绍。

（3）评价模型准确性，确定最优模型参数。

许多预测模型都会用到一些参数。例如，移动平均预测模型中的移动平均跨度，指数平滑预测模型中的平滑常数，等等。选择不同的参数值会得到不同的预测值，从而影响预测的准确性。如果用 F_t 表示时刻 t 的预测值，Y_t 表示时刻 t 的观测值，那么预测模型在时刻 t 造成的预测误差是

$$e_t = Y_t - F_t \qquad (3\text{-}1)$$

式（3-1）是单个预测值的误差。要得到预测模型的总体预测误差，一种可用的方法是计算均方误差（MSE）。它等于时间序列每一个时刻预测误差的二次方的均值，计算公式如下：

$$\text{MSE} = \frac{1}{n}\sum_{t=1}^{n} e_t^2 = \frac{1}{n}\sum_{t=1}^{n}(Y_t - F_t)^2 \qquad (3\text{-}2)$$

MSE 越小，模型预测越准确。因此这一步的目标是找出使 MSE 极小的模型参数。可用的方法包括规划求解法、查表法、图表法、公式法等。这些方法都将在后续章节中详细介绍。

（4）按要求进行预测。

求出最优模型参数后，就可以在此基础上计算未来时期的预测值。

3.2　移动平均预测和指数平滑预测

移动平均模型和指数平滑模型适用于既没有趋势成分，也没有季节成分的时间序列的预测，即这两个模型适用于围绕一个水平上下波动的时间序列的预测。

3.2.1　移动平均预测

观看视频

移动平均（Moving Average）预测将时间序列中最近几个时期的观测值加以平均，以使每一个观测值所包含的随机因素在一定程度上相互抵消，从而得到时间序列观测值的稳定水平。可以把这个平均数作为下一个时期的预测值。例如，用第 1～3 个月实际销量的平均数作为第 4 个月销量的预测值，而用第 2～4 个月实际销量的平均数作为第 5 个月销量的预测值，以此类推。因此，预测值的计算公式为

$$F_{t+1} = \frac{1}{N}\sum_{i=1}^{N} Y_{t-i+1} \qquad (3\text{-}3)$$

式中，移动平均跨度 N 的选择应该使 MSE 尽可能小。

下面通过一个示例来说明在 Excel 工作表中，如何建立和使用移动平均预测模型。

【例 3-1】　某汽油批发商在过去 12 周内汽油的销量如表 3-1 所示。利用移动平均预测模型，并在 Excel 工作表中建立该模型预测第 13 周的汽油销量。

表 3-1　12周内汽油的销量　　　　　　　　　　　　　单位：L

周	销　　量	周	销　　量
1	17	7	22
2	21	8	18
3	19	9	22
4	23	10	20
5	18	11	17
6	20	12	22

【解】　使用式(3-3)和表单控件建立"移动平均预测"模型，在不同的移动平均跨度下求出每周的汽油销量预测值。

(1) 确定时间序列的类型，判断所选择的预测模型是否合适。

将表 3-1 中的数据输入 Excel 工作表的单元格 A1：B13 中，利用这些数据绘制折线图。选中"数据系列"后，右击，在弹出的快捷菜单中选择"添加趋势线"，即可得到汽油销量的线性趋势线，如图 3-5 所示。从图 3-5 中可以看出，汽油销量的趋势线几乎是水平的，也就是说，汽油销量时间序列不包含趋势成分，而是围绕一个稳定的水平上下波动。因此，可采用移动平均预测模型进行预测。

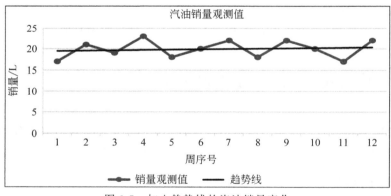

图 3-5　加入趋势线的汽油销量变化

(2) 建立移动平均预测模型，如图 3-6 所示。

在单元格 H1 中假定移动平均跨度等于 3，这意味着从第 4 周开始有预测值。因此，在单元格 C5 中输入计算平均值的公式"＝AVERAGE(B2：B4)"，并复制到单元格 C6：C13 中，得到各月汽油销量的估计测值。在单元格 D5 中输入公式"＝B5－C5"，并复制到单元格 D6：D13 中，得到每个月的预测误差。在单元格 E5 中输入公式"＝(B5－C5)^2"，并复制到单元格 E6：E13 中，得到每个月的误差二次方。最后在单元格 H2 中输入公式"＝AVERAGE(E2：E13)"，得到 MSE。

接下来需要确定使 MSE 极小的移动平均跨度。根据 Excel 公式的特性，如果计算 MSE 的公式(单元格 H2 中的公式)是以移动平均跨度(单元格 H1 中的值)为自变量，那么只需要修改单元格 H1 中的值，就可以在单元格 H2 中得到相应的 MSE。但是从上述计算

	A	B	C	D	E	F	G	H	I
1	周	销量观测值	移动平均预测值	预测误差	误差二次方		移动平均跨度	3	
2	1	17					MSE	5.62963	
3	2	21							
4	3	19							
5	4	23	19.00	4.00	16.00				
6	5	18	21.00	−3.00	9.00		移动平均跨度=3		
7	6	20	20.00	0.00	0.00		MSE=5.63		
8	7	22	20.33	1.67	2.78				
9	8	18	20.00	−2.00	4.00				
10	9	22	20.00	2.00	4.00				
11	10	20	20.67	−0.67	0.44				
12	11	17	20.00	−3.00	9.00				
13	12	22	19.67	2.33	5.44				
14	13		19.67						

图 3-6　汽油销量时间序列移动平均预测模型

过程中可以看出,MSE 的计算与移动平均跨度(单元格 H1 中的值)没有关系。也就是说,这个模型只能计算移动平均跨度等于 3 时的 MSE,而不能得到随移动平均跨度变化的 MSE。因此需要对这个模型做一些修改,即在单元格 C5、D5、E5 中分别输入公式"＝IF(A5 ≤＄H＄1,"",AVERAGE(OFFSET(C5,－＄H＄1,－1,＄H＄1,1)))""＝IF(C5="","",B5−C5)""＝IF(C5="","",D5^2)",并将这些公式分别复制到单元格 C2:C14、D2:D13、E2:E13 中。

单元格 C5 的公式中＄H＄1 是绝对引用,当公式复制到其他单元格时,绝对引用的单元格保持不变。没有"＄"的单元格和相对引用,复制公式时,单元格的行号和列号会根据相对位置变化。

单元格 C5 中公式的含义如下:首先用 IF()函数判断 A5(周次)是否小于或等于 H1(移动平均跨度),如果是,则 C5(预测值)为空白,即这一周没有预测值;如果不是,则 C5 应该有预测值,这个预测值仍然用 AVERAGE()函数计算,只不过参与平均的范围是一个由OFFSET()函数求出的可变区域。OFFSET()函数的功能是以指定的范围为参照系,通过给定偏移量得到新的范围。返回(求出)的范围可以为一个单元格或单元格区域。并可以指定返回的行数或列数。OFFSET()函数需要 5 个参数,第 1 个参数是作为参照系的基准位置;第 2 个参数是相对于这个基准位置向上(用负数表示)或向下(用正数表示)偏移的行数;第 3 个参数是相对于这个基准位置向左(用负数表示)或向右(用正数表示)偏移的列数,这样就确定了返回数据区域的起始位置;第 4 个参数是要返回数据范围的行数;第 5 个参数是要返回数据范围的列数。事实上,前 3 个参数指定了要返回数据范围的起始单元格。具体到这个示例中,单元格 C5 中的 OFFSET()函数返回的是以单元格 C5 为起点,向上偏移 3行,再向左偏移 1 列得到的单元格 B2 开始的,3 行 1 列的一个范围(即单元格 B2:B4),即前3 周的观测值。当单元格 H1 中的值(即移动平均跨度)变为 2 时,这个范围会变成 B3:B4,即前两周的观测值。这正是移动平均模型的预测公式所要求的观测值。

单元格 D5 和 E5 中公式的含义是:如果单元格 C5(即预测值)是空白,那么单元格 D5和 E5 也是空白,否则单元格 D5 和 E5 分别计算预测误差和误差二次方。

这样就得到了能够随移动平均跨度变化的预测模型。

(3)确定合适的移动平均跨度。

在单元格 H1 中制作一个 2~6,以 1 为步长变化的数值调节钮,控制单元格 H1 中移动平均跨度的变化。具体方法是:在"文件"选项卡中选择"选项",在弹出的"Excel 选项"对话框中左侧选中"自定义功能区",在"自定义功能区"窗格中的"从下列位置选择命令"下拉列表中选择"主选项卡",在右侧窗格中勾选"开发工具"复选框,单击"确定"按钮,即可在Excel 的菜单栏显示"开发工具"选项卡。选中"开发工具"→"控件"→"插入"→"表单控件"→"数值调节钮(窗体控件)",在单元格 H1 中按住鼠标左键拖曳绘制数值调节钮,右击,在弹出的快捷菜单中选择"设置控件格式",在"设置控件格式"对话框中做如图 3-7 所示的设置。单击"确定"按钮,即可直观地看出移动平均跨度取 2～6 中任何一个整数时的 MSE。对这些 MSE 作比较,即可得出使 MSE 极小的最优移动平均跨度。

另外一个求最优移动平均跨度的方法是利用 Excel 的规划求解工具。这是一个从函数值所要达到的目标出发,反过来确定为达到这个目标自变量应取什么值的工具。规划求解的步骤是:在"文件"选项卡中选择"选项",在弹出的"Excel 选项"对话框中左侧选择"加载项",单击"转到"按钮,弹出如图 3-8 所示的"加载宏"对话框。

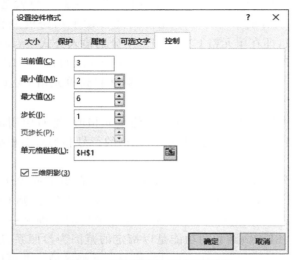

图 3-7 "设置控件格式"对话框

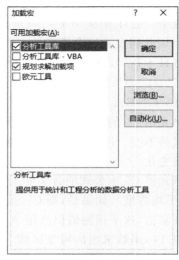

图 3-8 "加载宏"对话框

在"加载宏"对话框中勾选"规划求解加载项"复选框,单击"确定"按钮,将会在"数据"选项卡下方的"分析"组中出现"规划求解"选项。单击"规划求解",在弹出的对话框中做如图 3-9 所示的设置,单击"求解"按钮,就会在单元格 H1 中显示出使 H2 中的 MSE 极小的整数跨度。在本例中,最优移动平均跨度是 5。

注意:"规划求解"工具不一定每次都能找到整数解。

(4) 在最优移动平均跨度的基础上,预测各周的汽油销量。

将单元格 C2:C14 中的数据作为新系列复制粘贴到如图 3-5 所示的图表中,即可在图 3-5 中添加一条预测值曲线,结果如图 3-10 所示。这条曲线中第 5 周的值突然下降,这是因为当移动平均跨度为 5 时,前 5 周没有预测值而造成的,但这并不影响观察预测值曲线。可以看出,它是一条波动较小的曲线,代表了汽油销量的平均水平。

图 3-10 还是一个可调图形,它直观地表现了不同移动平均跨度下 MSE 和预测值的变化。其中包括一个对移动平均跨度进行调节的数值调节钮,以及一个显示移动平均跨度值的文本框和其对应 MSE 的文本框。这两个文本框的值分别等于单元格 G6 和 G7,单元格 G6 中的公式是"="移动平均跨度="&H1",单元格 G7 中的公式是"="MSE="

图 3-9 "规划求解参数"对话框

&ROUND(H2,2)"。

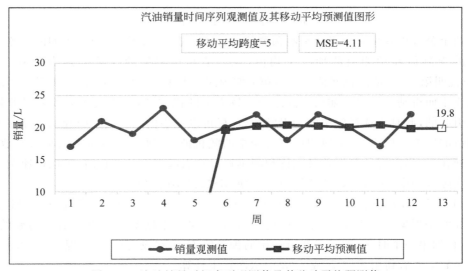

图 3-10 汽油销量时间序列观测值及其移动平均预测值

这里主要通过式(3-3)和表单控件建立"移动平均预测"模型,在不同的移动平均跨度下求出每周(包括第 13 周)的预测值。

除这种方法外,还可以利用"数据分析"中的"移动平均"来进行预测,但是这种方法只能得到指定移动平均跨度下的预测值。在其所生成的预测值数据的基础上不能计算出最优移动平均跨度。

3.2.2 指数平滑预测

观看视频

在移动平均预测模型中,计算移动平均数时每个观测值都使用相同的权数,即认为时间序列在其跨度内各个时期的观测值对下一时期值的影响是相同的。而一种更合理的认识是,越近时期的观测值对下一时期值的影响越大,越远时期的观测值对下一时期值的影响越小。因此,最近时期的观测值应取最大权数,较远时期观测值的权数应依次递减,所有权数相加等于1。为移动平均预测模型中的每一个观测值加上不同的权数,得到加权移动平均(Weighted Moving Average)预测模型。

加权移动平均预测的一种特殊方法是指数平滑(Exponential Smoothing)预测法。这种方法将过去所有时期的观测值的加权移动平均数作为下一时期的预测值,计算公式如下:

$$F_{t+1} = \alpha Y_t + \alpha(1-\alpha)Y_{t-1} + \alpha(1-\alpha)^2 Y_{t-2} + \cdots \quad (3\text{-}4)$$

式中,α 被称为平滑常数($0 \leqslant \alpha \leqslant 1$)。

容易证明,式(3-4)中的权数随着期数的前推而减小,并且权数之和等于1。

$$\alpha > \alpha(1-\alpha) > \alpha(1-\alpha)^2 > \alpha(1-\alpha)^3 > \cdots \quad (3\text{-}5)$$

$$\alpha + \alpha(1-\alpha) + \alpha(1-\alpha)^2 + \alpha(1-\alpha)^3 + \cdots = 1 \quad (3\text{-}6)$$

因此,指数平滑预测法在预测时更重视近期的观测数据,而 α 决定了这种重视的程度,α 越大近期观测值对预测的影响越大,α 越小近期观测值对预测的影响越小。

式(3-4)可以变换为以下两种迭代公式:

$$F_{t+1} = \alpha Y_t + (1-\alpha)F_t \quad (3\text{-}7)$$

或

$$F_{t+1} = F_t + \alpha(Y_t - F_t) \quad (3\text{-}8)$$

这两个公式更容易实现指数平滑预测值的计算。式(3-7)说明第 $t+1$ 期的预测值等于第 t 期的观测值和预测值的加权平均值,观测值和预测值的权数分别为 α 和 $1-\alpha$。式(3-8)说明第 $t+1$ 期的预测值等于以第 t 期预测误差乘以 α 作为修正值,对第 t 期的预测值加以修正而得到的结果。如果时间序列有较大的随机波动,说明大多数预测误差是由随机因素引起的,此时应选择较小的平滑常数,这样可以减小由随机因素引起的预测误差对下期预测值的影响。反之,如果时间序列有较小的随机波动,则应选择较大的平滑常数,这样做的好处在于,当出现预测误差又允许预测迅速反映引起误差的变化时,可以迅速调整预测值。在实际模型中,平滑常数的选择应遵循使 MSE 极小的原则。

在利用式(3-7)或式(3-8)计算预测值时,有了 α、Y_t 和 F_t 就可以计算出 F_{t+1},那么 F_t 从何而来呢?是根据 Y_{t-1} 和 F_{t-1} 计算得到的,而 F_{t-1} 又是根据 Y_{t-2} 和 F_{t-2} 计算得到的,以此类推,一直到第一个时刻,即必须知道初始的预测值 F_1。在没有 F_1 的情况下,可以令 F_1 为空,$F_2 = Y_1$,然后利用式(3-7)或式(3-8)依次往下计算。

下面通过一个示例说明在 Excel 工作表中,如何通过式(3-7)式(3-8)与一维模拟运算表相结合来建立"指数平滑预测"模型,以便找到最优的平滑常数。

【例 3-2】 利用例 3-1 的数据在 Excel 工作表中建立一个指数平滑预测模型来预测第 13 周的汽油销量。

【解】

（1）输入观测值。

在例 3-1 中，我们已经观察到汽油销量时间序列不包含趋势成分和季节成分，因此可以用指数平滑预测法进行预测。在 Excel 工作表的单元格 A1:B13 内输入 1~12 周的汽油销量，如图 3-11 所示。

	A	B	C	D	E	F	G	H
1	周	销量观测值	指数平滑预测值		平滑常数α	0.3	8	平滑常数=0.3
2	1	17			MSE	6.95112013		MSE=6.95
3	2	21	17					
4	3	19	18.2		MSE极小值	6.95112013		
5	4	23	18.44		最优平滑常数	0.3		
6	5	18	19.808		第13周销量预测值	20.072101		
7	6	20	19.2656					
8	7	22	19.48592			6.95112013		
9	8	18	20.240144			0.1	8.4527403	
10	9	22	19.5681008			0.2	7.1475219	
11	10	20	20.29767056			0.3	6.95112013	
12	11	17	20.20836939			0.4	7.17462807	
13	12	22	19.24585857			0.5	7.63372803	
14	13		20.072101			0.6	8.27397961	
15						0.7	9.08316473	
16						0.8	10.0676292	

图 3-11　汽油销量时间序列指数平滑预测模型

（2）给出任意的一个平滑常数并计算均方误差。

在单元格 F1 中输入一个任意的平滑常数（如 0.3）。在单元格 C3 中输入公式"＝B2"，作为第 2 周的预测值（F_2）。在单元格 C4 中输入公式"＝＄F＄1＊B3＋(1−＄F＄1)＊C3"。

在例 3-1 中，我们计算 MSE 时，是利用其定义进行的。即先计算出每一时期的预测误差二次方，再将它们加以平均。利用 SUMXMY2() 函数和 COUNT() 函数计算均方误差。SUMXMY2() 函数的功能是返回两数组中对应数值之差的二次方和。它需要 2 个参数，第 1 个参数是第一个数组或数值区域，第 2 个参数是第二个数组或数值区域。COUNT() 函数的功能是计算某一范围内包含数字的单元格的个数。因此在单元格 F2 中输入公式"＝SUMXMY2(B2:B13,C2:C13)/COUNT(C2:C13)"。

（3）确定最优平滑常数。

利用规划求解工具计算出使 MSE 极小的平滑常数，按照图 3-12 所示进行设置，求解后在单元格中即可得到最优平滑常数。

另外一个求最优平滑常数的方法是查表法，即构造一个不同平滑常数和 MSE 的对照表，在这个表中找出 MSE 的极小值，然后找出其所对应的平滑常数。构造平滑常数和 MSE 的对照表可以利用模拟运算表功能，即在单元格 E8:F16 内将 MSE（单元格 F2）关于平滑常数（单元格 F1）做一个一维灵敏度分析。在单元格 E9:F16，放置平滑常数的一系列给定值（0.1~0.8），在单元格 F8 输入公式"＝F3"。（注意该公式的位置。使用一维的模拟运算表时，需要 Excel 计算的公式或函数，应该放置在比所有自变量给定值高一行右边一列的单元格）。选中单元格 E8:F16，执行"数据"→"模拟分析"→"模拟运算表(T)"，在随即弹出框的"输入引用列的单元格(C)"后面的输入框中单击单元格 F2，单击"确定"按钮。Excel 自动将单元格 E9:E16 的平滑常量给定值依次代入单元格 F2，计算出单元格 F8 对应的函数值，并将结果依次放在单元格 F9:F16，如图 3-11 所示。用 MIN() 算出 MSE 的极小值，再利用

图 3-12 平滑常数规划求解参数对话框

INDEX()函数和 MATCH()函数的组合来查表找到使 MSE 达到极小的平滑常数 α。

MATCH()函数的功能是查找指定数值在指定范围内的位置。它需要 3 个参数,第 1 个参数是要查找的指定数值(或其所在的单元格),第 2 个参数是指定的范围,第 3 个参数是匹配类型(0、1、-1)。如果第 3 个参数为 0 表示精确匹配,即要查找的指定数值必须出现在指定范围内,此时 MATCH()函数返回的是指定数值在指定范围内的序号;如果第 3 个参数为 1 表示要查找的指定数值可能不在指定范围内,同时指定范围内的数字是递增序列,此时 MATCH()函数返回的是小于或等于指定数值的最大值在指定范围内的序号;如果第 3 个参数为-1 表示要查找的指定数值可能不在指定范围内,同时指定范围内的数字是递减序列,此时 MATCH()函数返回的是大于或等于指定数值的最小值在指定范围内的序号。

在单元格 F4 中输入公式"=MIN(F9:F16)",求出 MSE 极小值。在单元格 F5 中输入公式"=INDEX(E9:E16,MATCH(F4,F9:F16,0))"。其中的 MATCH()函数找出单元格 F4 中的 MSE 极小值(6.9511201)在单元格 F9:F16 中的序号,这个序号等于 3,然后 INDEX()函数再在单元格 E9:E16 内找出序号等于 MATCH()函数计算结果所对应的单元格的值 0.3,即 MSE 极小值所对应的平滑常数。如果想提高平滑常数的精度,可将模拟运算表自变量值的间隔变小,例如,从 0.27 到 0.34 间隔为 0.01,单元格 F5 中的最优平滑常数将变为 0.28。

(4) 预测第 13 周的汽油销量。

在单元格 A14 中输入 13,同时将单元格 F1 中开始设置的数值更改为 0.3,否则预测值将产生一定的误差,再将单元格 C13 中的公式复制到单元格 C14,求出第 13 周的汽油销量预测值。也可以用单元格 F5 中的最优平滑常数在单元格 F6 中输入第 13 周的预测公式。

利用单元格 A2:C14 中的数据可以绘制汽油销量观测值曲线和指数平滑预测值曲线。

在其中添加一个对平滑常数进行调节的微调项,以及显示平滑常数值和 MSE 值的文本框,得到如图 3-13 所示的可调图形。这里的微调项有一点特殊,它控制的是一个小数。而 Excel 提供的微调项只能控制在 0~30000 中变化的整数,所以在制作时利用间接控制的技术,即用微调项控制单元格 G1 中的数字在 1~8,以 1 为步长变化,再在单元格 F1 中输入公式"＝G1/10",这样单元格 F1 中的数字就在 0.1~0.8,以 0.1 为步长变化。

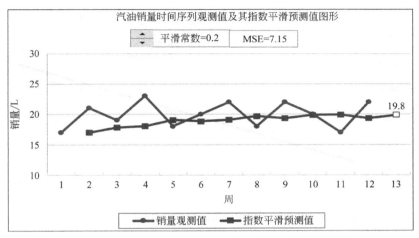

图 3-13　汽油销量时间序列观测值及其指数平滑预测值

3.3 趋势预测

3.3.1 线性趋势预测

对于含有线性趋势成分的时间序列,预测变量随时间的推移递增或递减,可以将预测变量在每一个时期的值 Y_i 和其对应时期 X_i 之间的线性依赖关系表示为

$$Y_i = a + b X_i + \varepsilon_i \tag{3-9}$$

式中,ε 表示随机因素。由于其不可预测,因此线性趋势方程可表示为

$$F_i = a + b X_i \tag{3-10}$$

只要能确定截距 a 和斜率 b,对于每一个 X_i,就能求出其对应的预测值 F_i。截距 a 和斜率 b 的确定仍应遵循使 MSE 极小的原则。

【例 3-3】 某航空公司 10 年间的年总收入数据如表 3-2 所示,试建立线性趋势预测模型并预测第 11 年的年总收入。

表 3-2　某航空公司 10 年间的年总收入数据

年　序　号	总收入(万元)	年　序　号	总收入(万元)
1	2428	6	4264
2	2951	7	4738
3	3533	8	4920
4	3618	9	5318
5	3616	10	6715

【解】

（1）用 4 种不同的方法建立该线性趋势预测模型。

方法一：利用添加趋势线的方法预测。

将总收入数据输入 Excel 工作表的单元格 A1:B11 中,然后利用这些数据绘制出总收入数据变化折线图,并在图中添加一条趋势线,结果如图 3-14 所示。

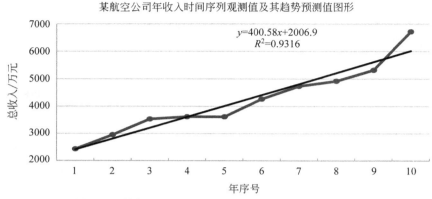

某航空公司年收入时间序列观测值及其趋势预测值图形

图 3-14　某航空公司年收入时间序列观测值及其趋势线

从图 3-14 中可以看出,总收入数据呈线性递增的趋势。图中的公式是年总收入的线性趋势方程。R^2 近似等于 0.93,说明该趋势方程较好地表示了总收入数据和时间之间的线性依赖关系,因此可以用线性趋势方程进行预测。一般情况下,如果 R^2 大于 0.9,则用线性趋势来做预测;如果 R^2 小于 0.9,则线性预测结果仅供参考;如果 R^2 小于 0.5,就需要寻找其他非线性模型进行预测。

从线性趋势图上可以看出参数 a、b 和 R^2 的值,可以用 $a + b \times A12$ 的值计算第 11 周的年总收入预测值。

方法二：利用线性趋势方程做预测。

在单元格 A12 中输入序号"11",在单元格 I2 中输入公式"=INTERCEPT(B2:B11,A2:A11)",算出线性趋势预测模型的参数 a(截距);在单元格 I3 中输入公式"=SLOPE(B2:B11,A2:A11)",算出线性趋势预测模型的参数 b(斜率)。在单元格 C2 中输入公式"=\$I\$2+\$I\$3*A2",并复制到单元格 C3:C12 内,即可求出第 11 年的总收入预测值,如图 3-15 中的单元格 C12 所示。

此外,获得线性趋势预测模型的参数 a 和 b,还可以使用 Excel 的内建函数 LINEST(),该函数可以同时获得参数 a 和 b。LINEST()函数是一个数组函数,它的输出为一系列回归分析结果,包括回归系数的值、标准误差、判定系数等一系列统计量(详见 Excel 的帮助文件)。通常只用 LINEST()函数计算回归系数,在此情况下,它的参数设置与 INTERCEPT()和 SLOPE()函数相同。具体方法如下。

同时将两个相邻单元格 H7 和 I7 选中,输入公式"=LINEST(B2:B11,A2:A11)"后按 Ctrl+Shift+Enter 组合键完成数组函数的输入。这时 H7 和 I7 两个单元格的编辑栏中会出现相同的公式"=LINEST(B2:B11,A2:A11)"。而在单元格 H7 和 I7 中会分别得到斜率 b 和截距 a 的值 400.6 和 2006.93。注意,由于 Excel 把 LINEST()函数的输出格式设

置成 b 在前、a 在后，从左到右排列，因此必须在两个左右并列的单元格中建立此公式。

方法三：利用 Excel 的内建函数 FORECAST( )计算预测值。

FORECAST( )函数需要 3 个参数，第 1 个参数是一个新的时间点，第 2 个参数是一组已知的预测变量观测值，第 3 个参数是对应时间点的集合。因此在单元格 D2 中输入公式"=FORECAST(A2,$B$2:$B$11,$A$2:$A$11)"，并复制到单元格 D3:D12 内，如图 3-15 中 D 列单元格所示。实际上要求的预测值是单元格 D12 的值，但是这个方法可以求出每个月的预测值。

方法四：利用 Excel 的内建函数 TREND( )计算预测值。

TREND( )函数需要 3 个参数，第 1 个参数是一组已知的预测变量观测值，第 2 个参数是对应时间点的集合，第 3 个参数是一个新的时间点。因此在单元格 E2 中输入公式"=TREND($B$2:$B$11,$A$2:$A$11,A2)"，并复制到单元格 E3:E12 内，结果如图 3-15 中 E 列单元格所示。

	A	B	C	D	E	F	G	H	I
1	序号	年总收入	函数法	预测函数	趋势函数			内建函数intersept( )与slope( )	
2	1	2428	2407.5091	2407.50909	2407.509			截距	2006.933333
3	2	2951	2808.0848	2808.08485	2808.085			斜率	400.5757576
4	3	3533	3208.6606	3208.66061	3208.661				
5	4	3618	3609.2364	3609.23636	3609.236			内建函数linest( )	
6	5	3616	4009.8121	4009.81212	4009.812			斜率	截距
7	6	4264	4410.3879	4410.38788	4410.388			400.58	2006.933333
8	7	4738	4810.9636	4810.96364	4810.964				
9	8	4920	5211.5394	5211.53939	5211.539				
10	9	5318	5612.1152	5612.11515	5612.115				
11	10	6715	6012.6909	6012.69091	6012.691				
12	11		6413.2667	6413.26667	6413.267				

图 3-15 某航空公司年收入时间序列

（2）利用单元格 B2:C12 内的数据可以绘制线性趋势预测图形。

从图 3-15 可以看出，以上几种方法所得到的预测值大致相同。我们可以取一列（C 列、D 列或 E 列）与观测值（B 列）绘制如图 3-16 所示的线性趋势预测图，并可对最后一个预测点做必要的格式设置，使其明确地显示未来的预测值，这是添加趋势线方法所无法实现的。

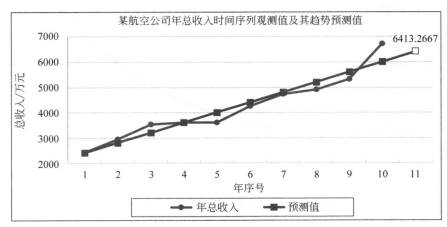

图 3-16 某航空公司年总收入时间序列观测值及其趋势预测值

对于具有线性趋势预测模型的数据,也可以用第 4 章介绍的线性回归分析方法进行预测。

3.3.2 非线性趋势预测

观看视频

前文所讨论的线性趋势预测方法是一种简单而有效的方法,但是在很多实际问题中,时间序列更多呈现出非线性的变化趋势,这时候如果坚持用线性趋势预测方法进行预测则无法取得最佳效果,必须采用非线性趋势预测方法。

简单地说,非线性趋势预测可以采用添加趋势线的方法,根据观测值的特点,趋势线可以选择指数曲线、对数曲线、幂函数曲线和多项式曲线等。如果数据与这些趋势线曲线不相符,也可以用其他函数曲线方程做趋势预测。下面通过一个示例介绍这两种方法的使用。

【例 3-4】 某食品公司以往 6 年的年销售额数据如表 3-3 所示,针对该数据表,建立时间序列趋势预测模型,并预测该公司第 7 年的年销售额。

表 3-3 某食品公司年销售额数据

年 序 号	年销售额(元)	年 序 号	年销售额(元)
1	23100	4	92000
2	57300	5	160000
3	59000	6	220000

【解】

(1)用两种不同的方法建立非线性趋势预测模型。

方法一:利用添加趋势线的方法预测。

① 输入各年销售额,绘制趋势图。

将各年销售额输入到 Excel 工作表的单元格 A1:B7 中,然后利用这些数据绘制出年销售额变化折线图。在图中添加一条合适的趋势线,如图 3-17 所示。

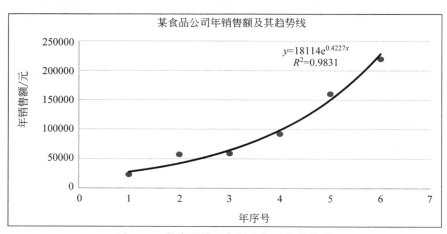

图 3-17 某食品公司年销售额及其趋势线

从图 3-17 中可以看出,年销售额呈指数递增的趋势。图中的公式是年销售额的指数趋势方程。R^2 近似等于 0.98，说明该趋势方程较好地表示了年销售额数据和时间之间的依赖关系，因此可以用它来做预测。

注意，该指数趋势线是以 e 为底，对应的公式为

$$F_i = a\,e^{bX_i} \tag{3-11}$$

② 从指数趋势图中可以看出参数 a、b 和 R^2 的值，将参数 a 和 b 的值代入指数模型式(3-11)即可得到第 7 年的年销售额预测值，如图 3-18 中单元格 C8 所示。

	A	B	C	D	E	F	G
1	年序号	销售额	预测值1	预测值2			
2	1	23100	27643.348	27642.106		函数法LOGEST()	
3	2	57300	42185.861	42183.177		1.526	18113.525
4	3	59000	64378.847	64373.547			
5	4	92000	98247.04	98237.114		MSE1	82663332
6	5	160000	149932.49	149914.54		MSE2	82612286
7	6	220000	228808.43	228776.76			
8	7		349179.15	349124.28			

图 3-18 某食品公司年销售额时间序列

方法二：利用 Excel 内建函数 LOGEST() 的方法预测。

LOGEST() 函数是一个数组函数，该函数可以同时获得参数 a 和 b。**LOGEST()** 函数计算最符合数据的指数拟合曲线，并返回描述该曲线的数值数组。因为此函数返回数值数组，所以必须以数组公式的形式输入。此曲线的公式为

$$Y_i = bm^{X_i} + \varepsilon_i \tag{3-12}$$

式中，因变量 Y_i 与自变量 X_i 是指数函数关系；m 值是各指数 X_i 的底；b 是常量。

该函数带有 4 个参数，格式为 LOGEST(known_y's,known_x's,const,stats)，第 1 个参数为满足指数回归拟合曲线 $Y_i = bm^{X_i}$ 的一组已知的 Y_i 值；第 2 个参数为满足指数回归拟合曲线 $Y_i = bm^{X_i}$ 的一组已知的 X_i 值；第 3 个参数为一逻辑值，是可选参数，用于指定是否将常量 b 强制设为 1，如果 const 为 TRUE 或省略，则 b 将按正常计算；如果 const 为 FALSE，则常量 b 将设为 1，而 m 的值满足公式 $Y_i = bm^{X_i}$；第 4 个参数为一逻辑值，指定是否返回附加回归统计值。在本例中具体操作如下：

同时将两个相邻单元格 F3 和 G3 选中，输入公式"=LOGEST(B2:B7,A2:A7,TRUE,FALSE)"，按 Ctrl+Shift+Enter 组合键完成数组函数的输入。这时单元格 F3 和 G3 的编辑栏中都会出现相同的公式"=LOGEST(B2:B7,A2:A7,TRUE,FALSE)"，而在单元格 F3 和 G3 中会分别得到参数 m 和 b 的值 1.526 和 18113.53。注意，由于 Excel 把 LOGEST() 函数的输出格式设置成 m 在前、b 在后，从左到右排列，因此必须在两个左右并列的单元格中建立此公式。

利用单元格 F3 和 G3 中得到的参数值，利用式(3-12)，在单元格 D2 中输入公式"=\$G\$3*\$F\$3^A2"，并复制到单元格 D3:D8 中，即可得到预测值，如图 3-18 中 D 列所示。

从图 3-18 中可以看出，两种预测方法得到的数据之间有一定的误差，这是因为同样是指数预测模型，但底数不一样导致的差异。通过单元格 F5:F6 中计算的 MSE 可以看出，由式(3-12)得到的预测结果比由式(3-11)得到的预测结果精度稍高一点，这是因为式(3-12)选择的是最适合的底数。

（2）利用单元格 B2:D8 内的数据绘制如图 3-19 所示的图形。

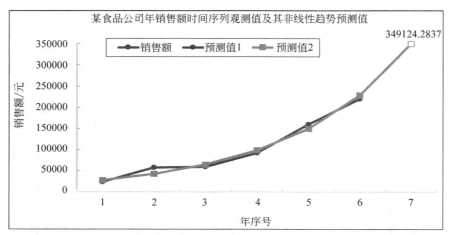

图 3-19 某食品公司年销售额时间序列观测值及其非线性趋势预测值

观看视频

3.4 季节指数预测

许多时间序列不仅含有趋势成分,还含有季节成分。例如,用电量会在夏季和冬季上升,而在春季和秋季下降,但是长期来看,它可能是增加的。因此,对于这一类型的时间序列,首先需要剔除季节影响,然后再看这个消除季节影响的时间序列是否存在长期趋势。如果存在线性趋势,那么就可以用线性趋势预测模型进行预测,然后用估计的季节影响对预测值作出调整。事实上,这是一种对时间序列进行分解的方法,一般建立在下列乘法模型的基础上:

$$Y_t = T_t \times S_t \times I_t \tag{3-13}$$

式中,T_t 表示趋势成分,S_t 表示季节成分,I_t 表示不规则成分。

由于不规则成分的不可预测性,因此预测值可表示为趋势成分和季节成分的乘积。季节指数预测法的一般步骤如下:

（1）计算每一季（每季度、每月等）的季节指数 S_t。

（2）用时间序列的每一个观测值除以适当的季节指数,消除季节影响。

（3）为消除了季节影响的时间序列建立适当的趋势模型并用这个模型进行预测。

（4）用预测值乘季节指数,计算最终的带季节影响的预测值。

季节指数预测法是根据呈现季节变动的时间序列观测值,用求算术平均值的方法计算各月或各季的季节指数,据此达到预测目的的一种方法。

计算平均季节指数预测法的一般过程如下。

（1）求出各年同月或同季观察值的平均数(用 A 表示)。

（2）求历年间所有月份或季度的平均值(用 B 表示)。

（3）计算各月或各季度的季节指数,即 $C = A/B$。

(4) 根据未来年度的全年趋势预测值,求出各月或各季度的平均趋势预测值,然后乘以相应季节指数,即得到未来年度内各月和各季度包括季节变动的预测值。

下面举例说明怎样在 Excel 工作表中建立和使用季节指数模型。

【例 3-5】 某工厂以往 4 年各季度的电视机销量如表 3-4 所示。数据具有明显的季节性波动,试用季节指数预测法预测第 5 年各个季度的电视机销量[1]。

表 3-4 以往 4 年内各季度的电视机销量

年	季　度	销量(万台)	年	季　度	销量(万台)
1	1	4.8	3	1	6
	2	4.1		2	5.6
	3	6		3	7.5
	4	6.5		4	7.8
2	1	5.8	4	1	6.3
	2	5.2		2	5.9
	3	6.8		3	8
	4	7.4		4	8.4

【解】

(1) 输入观测值并绘制电视机销量变化图。

在 Excel 工作表单元格 A1:C17 内输入电视机销量,如图 3-20 所示。图中隐藏了第 6～13 行。把每一年的数据作为一个单独的数据系列绘制在图 3-21 中。可以看出,以往 4 年的数据呈现出规律性的变化,即第一、二季度减少,第三、四季度增加。从图 3-22 中也可以看出这种规律,并且销量逐年递增。但是要判断这个时间序列存在什么样的趋势,必须等消除了季节影响之后才能得出结论。由于存在季节成分,所以可以用季节指数法进行预测。

	A	B	C	D
1	年	季度	销量	
2	1	1	4.8	
3		2	4.1	
4		3	6	
5		4	6.5	
14	4	1	6.3	
15		2	5.9	
16		3	8	
17		4	8.4	
18				

图 3-20 电视机季度销量时间序列

(2) 计算季节指数。

将每年各季度的销量平均值放置在单元格 J2:J5 中,在单元格 J2 中输入公式"=

[1] 戴维 R.安德森,等. 商务与经济统计[M]. 张建华,等译. 北京:机械工业出版社,2000:575.

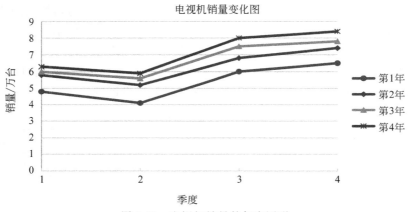

图 3-21　电视机销量的年度图形

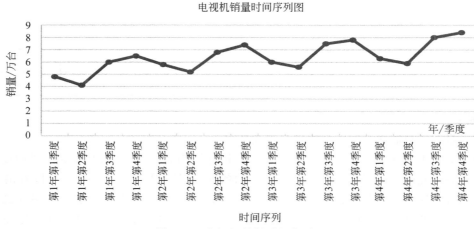

图 3-22　电视机销量时间序列图

AVERAGE(C2,C6,C10,C14)"，并复制到单元格 J3:J5 中。在单元格 K2 中输入公式"＝AVERAGE(C2:C17)"，并选中单元格 K2:K5，将它们合并成一个单元格，且将数值居中显示。在单元格 L2 中输入公式"＝J2/＄K＄2"，并复制到单元格 L3:L5 中，得到 4 个季度的季节指数，结果如图 3-23 所示。

	I	J	K	L
1	季度	各季度的平均值	所有季度的平均值	季节指数
2	1	5.73		0.90
3	2	5.20	6.38	0.81
4	3	7.08		1.11
5	4	7.53		1.18

图 3-23　电视机销量的季节指数

（3）消除季节影响。

选中单元格 E2:E5，输入公式"＝C2:C5/＄L＄2:＄L＄5"，按 Ctrl＋Shift＋Enter 组合键，并将公式复制到单元格 E6:E17 中，得到消除了季节影响的各个季度的趋势值。

利用单元格 C2:C17 和 E2:E17 内的数据绘制出图 3-24。从图中可以看出，消除季节影响的销量值体现了电视机销量的稳定水平,即在一定程度上消除了电视机销量时间序列的不规则成分。

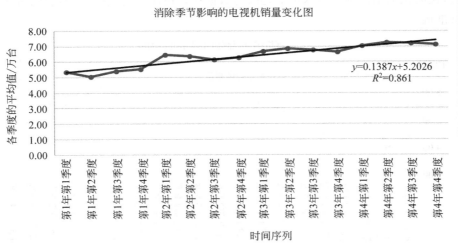

图 3-24　电视机销量时间序列及其消除季节影响的电视机销量变化图

（4）进行趋势预测。

在单元格 F2:F5 中输入公式"＝FORECAST(D2:D5,\$E\$2:\$E\$17,\$D\$2:\$D\$1117)",然后按 Ctrl＋Shift＋Enter 组合键,并将公式复制到单元格 F6:F21 中,其中单元格 F18:F21 中的数值即为第 5 年各季度的趋势预测值。

（5）还原季节影响。

在单元格 G2:G5 中输入公式"＝F2:F5 * \$L\$2:\$L\$5",然后按 Ctrl＋Shift＋Enter 组合键,并将公式复制到单元格 G6:G21 中,得到带季节成分的各季度的销量预测值,其中单元格 G18:G21 中的数值即为第 5 年各季度的带季节影响的预测值,结果如图 3-25 所示。

| | 年 | 季度 | 销量 | 序号 | 消除季节影响的销量 | 趋势预测值 | 带季节成分的预测值 | | 季度 | 各季度的平均值 | 所有季度的平均值 | 季节指数 |
	A	B	C	D	E	F	G	H	I	J	K	L
2	1	1	4.8	1	5.35	5.34	4.79		1	5.73		0.90
3		2	4.1	2	5.03	5.48	4.47		2	5.20	6.38	0.81
4		3	5.41	3	5.41	5.62	6.23		3	7.08		1.11
5		4	6.5	4	5.51	5.76	6.79		4	7.53		1.18
6	2	1	5.8	5	6.46	5.90	5.29					
7		2	5.2	6	6.38	6.03	4.92					
8		3	6.8	7	6.13	6.17	6.84					
9		4	7.4	8	6.28	6.31	7.44					
10	3	1	6	9	6.69	6.45	5.79					
11		2	5.6	10	6.87	6.59	5.37					
12		3	7.5	11	6.76	6.73	7.46					
13		4	7.8	12	6.61	6.87	8.10					
14	4	1	6.3	13	7.02	7.01	6.28					
15		2	5.9	14	7.24	7.14	5.82					
16		3	8	15	7.28	7.28	8.07					
17		4	8.4	16	7.12	7.42	8.75					
18	5	1		17		7.56	6.78					
19		2		18		7.70	6.27					
20		3		19		7.84	8.69					
21		4		20		7.98	9.41					

图 3-25　电视机销量时间序列季节指数预测模型

（6）绘制图形。

利用单元格 B2:C21 和 G2:G21 内的数据绘制出图 3-26。可以看出,预测值都落在观测值附近,说明预测很准确。但这可能是因为数据比较规律而造成的,并不能说明这个模型本身非常准确。

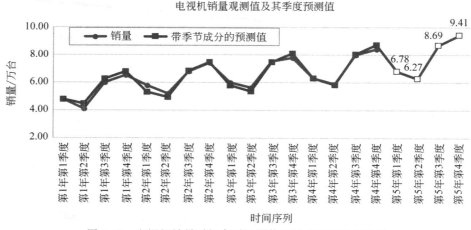

图 3-26　电视机销量时间序列观测值及其季节指数预测值

本例是以季度数据说明季节指数的计算。如果预测时的数据是月度数据,这个模型要做一些调整。即在（2）的计算中,用 12 个月的移动平均数代替 4 个季度的移动平均数,然后计算每个月的季节指数,其他步骤的计算方法和本例相同。

观看视频

本章小结

本章主要目的是讲解时间序列的应用理论和方法,使读者能够用时间序列的基本方法处理简单的时间序列数据。因此,本章主要介绍了一些时间序列分析和预测的定量方法及其 Excel 建模方法。虽然这些方法并不能对未来趋势做出完美的预测,但是它们还是有一定科学依据的,总体来说比猜测要准确得多。

时间序列是在等间隔时点上记录下来的变量的数据。它通常由趋势、季节、循环和不规则成分 4 种独立组组成。通过分析时间序列的组成成分,可以确定适用的预测方法对未来趋势作出预测。

本章介绍的预测过程分为 4 步:确定时间序列的类型;选择合适的方法建立预测模型;评价模型准确性确定最优参数;在最优模型基础上做预测。

对没有明显趋势、季节和循环成分的时间序列可以用"数据分析"中的移动平均和指数平滑来进行估计或预测,也可以建立移动平均模型或指数平滑模型进行估计或预测;对只有长期线性趋势的时间序列,可以用线性趋势预测模型进行预测;对具有非线性趋势的时间序列,可以用非线性趋势预测模型进行预测;对既有线性趋势又有季节成分的时间序列可以用季节指数模型进行预测;此外,还有一种比较简单的预测方法,就是使用添加趋势线的预测方法。

一种衡量预测模型总体准确性的指标是均方误差(MSE),它也是我们选择模型参数时的依据。MSE越小,模型预测结果越准确。

本章所用到的Excel内建函数主要包括OFFSET( )、SUMXMY2( )、COUNT( )、INDEX( )、MATCH( )、INTERCPT( )、SLOPE( )、LINEST( )、TREND( )、FORECAST( )、LOGEST( )等。所用到的技术包括"规划求解"工具、"数据分析"工具、可调图形的制作等。

习题

3.1 2001年1月—2002年12月全国柴油产量(单位是万吨,数据由国家统计局网站公布)的数据如图3-27所示。

时间序列	产量/万吨	时间序列	产量/万吨	时间序列	产量/万吨	时间序列	产量/万吨
2001年1月	538.05	2001年7月	611.36	2002年1月	779.42	2002年7月	625.86
2001年2月	1076.84	2001年8月	635.15	2002年2月	553.04	2002年8月	611.6
2001年3月	600.36	2001年9月	627.19	2002年3月	553.04	2002年9月	647.22
2001年4月	637.04	2001年10月	657.71	2002年4月	671.32	2002年10月	664.38
2001年5月	690.82	2001年11月	625.08	2002年5月	703.72	2002年11月	650.9
2001年6月	651.1	2001年12月	596.81	2002年6月	631.3	2002年12月	682.4

图 3-27 习题 3.1

要求:

(1) 在Excel工作表中建立移动平均模型,预测2003年1月的柴油产量;

(2) 在Excel工作表中建立指数平滑模型,预测2003年1月的柴油产量;

(3) 基于MSE比较(1)和(2)两种方法哪种更好?

3.2 利用"ABC公司销售数据.xlsx"文件中ABC公司的数据,生成2009年1月—2011年12月该公司通过零售渠道所销售商品的月净销售额时间序列,并用趋势预测模型预测未来4个月的净销售额。

3.3 某商品连续21年的进出口贸易量(万台),如图3-28所示,根据图中的数据,预测下一年的进出口贸易量。

年序	第1年	第2年	第3年	第4年	第5年	第6年	第7年
出口贸易量/万台	21	22.2	20.5	35.9	27.2	30.8	38.2
年序	第8年	第9年	第10年	第11年	第12年	第13年	第14年
出口贸易量/万台	46.5	42.5	62.1	82	83.9	92	121.5
年序	第15年	第16年	第17年	第18年	第19年	第20年	第21年
出口贸易量/万台	149.2	151	183.2	183.9	195.3	250.1	267.8

图 3-28 习题 3.3

3.4 图3-29所示为某商品连续16年的年底价,根据表中的数据预测下一年的年底价。

年序	第1年	第2年	第3年	第4年	第5年	第6年	第7年	第8年
年底价/元	125	166	223	323	381	388	453	425
年序	第9年	第10年	第11年	第12年	第13年	第14年	第15年	第16年
年底价/元	395	369	451	482	421	396	389	356

图 3-29 习题 3.4

3.5 Costello 音乐公司在过去 4 年中的电子琴季度销量资料如图 3-30 所示。

季度\年序	1季度/万台	2季度/万台	3季度/万台	4季度/万台
1	6	4	4	5
2	10	3	5	14
3	12	9	7	16
4	18	10	13	22

图 3-30 习题 3.5

试利用这些数据建立季节指数模型预测未来 4 个季度的电子琴销量[1]。

3.6 图 3-31 所示为某上市公司 7 年间各季度的每股收益,试建立一个合适的模型,预测第 8 年各季度的每股收益(元)。

季度\年序	1	2	3	4
1	0.361	0.365	0.635	0.387
2	0.372	0.395	0.638	0.436
3	0.411	0.438	0.715	0.585
4	0.533	0.618	0.785	0.597
5	0.545	0.675	0.815	0.685
6	0.669	0.726	0.881	0.785
7	0.759	0.798	0.892	0.935

图 3-31 习题 3.6

---

[1] 戴维 R.安德森,等 . 商务与经济统计[M]. 张建华,等译 . 北京:机械工业出版社,2000:588-589.

第 4 章

回 归 分 析

管理决策经常是建立在两个或多个决策变量之间的依赖关系基础上的,例如,在找到广告投入和销售额两者之间的函数依赖关系以后,市场部经理可以根据未来的广告预算预测销售额收入;又例如,机器设备的新旧程度会影响其工作效率和维护费用。对于这类情况,则可以使用因果关系法进行预测。因果关系法的特点是由若干变量的观测值确定这些变量之间的依赖关系,从而由相关变量的未来值和确定了的变量间的依赖关系,对某个变量进行预测。回归分析是因果关系法的一个主要类别,它采用统计方法,根据变量的观测值确定描述变量间函数关系的数学方程式,从而建立预测模型。

本章在介绍回归分析的概念、相关性概念、最小二乘法和回归模型的统计检验等基本原理的基础上,重点介绍规划求解和回归分析报告等回归分析工具的使用方法;并结合一元线性回归问题、多元线性回归问题,以及一元非线性回归问题,讲解回归预测模型的建立方法。

4.1 回归分析方法概述

4.1.1 回归分析的概念

"回归"一词是由英国科学家和探险家 Francis Galton 在研究人体身高的遗传问题时首先提出的。他通过观察发现,尽管子辈的身高受父母身高的影响,但无论是高个子父辈还是矮个子父辈,他们子辈的身高从总体上看,非但没有向两极散开,却有着向中心点"回归"的趋向。现代回归分析继续沿用"回归"一词来表示描述 X 为自变量、Y 为不确定的因变量之间的关系。

回归分析方法是一种建立统计观测值之间的数学关系的方法。回归分析以求通过一个变量或一些变量(自变量)的变化来解释另一个变量(因变量)的变化,从而由自变量的取值预测因变量的可能值。

4.1.2 回归分析原理

如果我们的问题中涉及若干自变量 $X_1, X_2, \cdots, X_m$ 和因变量 Y,每一个自变量都有 n 个观测值,如自变量 X_k 的观测值有 $X_{k1}, X_{k2}, \cdots, X_{kn}$,所对应的因变量 Y 的 n 个观测值为 $Y_1, Y_2, \cdots, Y_n$。以 X_k 和 Y 分别作为横坐标和纵坐标而绘制的散点图体现出 X_k 和 Y 之间是密切相关的,如图 4-1(a)和(b)所示,而图 4-1(c)表明 Y 与 X_k 不相关。如果每个自变量都与因变量相关,则可以近似用一条多维曲线表示自变量 $X_1,X_2,\cdots,X_m$ 与因变量 Y 的这种相关关系,这条拟合曲线方程可表示为

$$Y=f(X_k,a,b_k),\quad k=1,2,\cdots,m$$

式中,a、b_k 称为拟合曲线方程的系数。

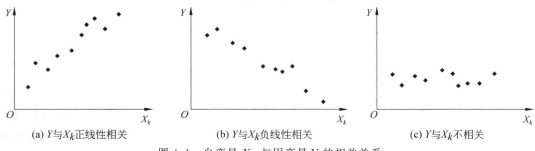

(a) Y与X_k正线性相关　　　　(b) Y与X_k负线性相关　　　　(c) Y与X_k不相关

图 4-1　自变量 X_k 与因变量 Y 的相关关系

单从散点图来看,这条曲线的选取似乎有多种可能,如图 4-2 所示。究竟应该取哪条呢? 也就是说,系数 a 和 b_k 的取值究竟应该为多少呢? 使用的原则是要使因变量 Y 的观测值与利用曲线方程计算的预测值之间的均方误差为极小。

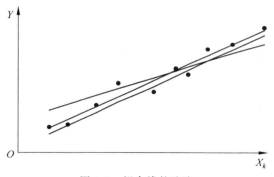

图 4-2　拟合线的选取

最简单的一种情况是,问题只涉及两个统计变量,即只有一个自变量和一个因变量,且两个变量之间存在着线性相关关系。对这样问题的回归分析称为一元线性回归。这时就用一条直线方程来表示 X 和 Y 之间的关系。回归直线方程为

$$Y=a+bX \tag{4-1}$$

用回归直线方程即式(4-1)可以针对自变量 X 的任何一个观测值 X_i 计算对应的因变量预测值 Y'_i:

$$Y'_i=a+bX_i$$

预测值 Y'_i 通常与原来的观测值 Y_i 不一样。a、b 的取值要使 Y_i 与 Y'_i 二者之间的均方误差达到极小。

$$\mathrm{MSE}=\frac{1}{n}\sum_{i=1}^{n}(Y'_i-Y_i)^2=\frac{1}{n}\sum_{i=1}^{n}(a+bX_i-Y_i)^2$$

由于均方误差是 a、b 的函数,所以要使它达到极小,即要使 MSE 对于 a 和 b 的偏导数

分别等于零。把这样获得的两个以 a、b 为变量的方程联立求解，就可以求出 a 和 b 的取值，它们分别为

$$a = M_y - bM_x \qquad (4-2)$$

$$b = \frac{\sum_{i=1}^{n}(Y_i - M_y)(X_i - M_x)}{\sum_{i=1}^{n}(X_i - M_x)^2} \qquad (4-3)$$

式中，M_x 和 M_y 分别为自变量 X 和因变量 Y 的平均值。

通过使因变量预测值与观测值之间的均方误差达到极小来确定回归直线系数的方法称为最小二乘法（Method of Least Squares）。

利用式(4-2)和式(4-3)，就可以很容易地由 X 和 Y 的观测值计算出回归直线方程的系数 a 和 b。

在应用 Excel 进行回归分析时，因为我们的目标是使均方误差极小，所以原则上不需要代入公式计算，而可以利用 Excel 的规划求解工具确定系数值。此外，Excel 还通过一些内建函数和回归分析等工具提供了其他计算 a 和 b 的方法。

4.1.3　回归模型的检验

建立了回归模型，或找到一条回归线以后，还需要判断：这条回归线是否能够解释因变量 Y 的变化？因变量 Y 和任一自变量 X_k 之间究竟有没有真正的因果关系？自变量的全体是否可以起到有效解释因变量的作用？回归模型的检验就是要回答这些问题。

1. 判定系数[1]

对于一个单自变量的问题，一条回归直线拟合得好不好是一个比较直观的问题，如果它能够较好地解释因变量 Y 的变化，则说明它拟合得较好，而具体描述好到什么程度，即拟合优度，仍需要找到一种合理的度量方法。在回归分析中通常用判定系数说明拟合优度。

如图 4-3 所示，变量 Y 的任意观测值 Y_i 与其均值 M_y 的总离差 $(Y_i - M_y)$ 可以被分解为两部分：一部分是回归离差 $(Y'_i - M_y)$，其变动可以由回归线解释；另一部分是残差 $(Y_i - Y'_i)$，这部分差值是回归线无法解释的部分。对于线性问题，数学上可以证明总离差二次方和 $\mathrm{SST} = \sum(Y_i - M_y)^2$、回归离差二次方和 $\mathrm{SSR} = \sum(Y'_i - M_y)^2$、残差二次方和 $\mathrm{SSE} = \sum(Y_i - Y'_i)^2$ 三个量直接的关系为

$$\mathrm{SST} = \mathrm{SSR} + \mathrm{SSE}$$

显然，如果在总离差二次方和 SST 中，可以由回归线解释的部分 SSR 所占的比例越大，表明各观测值点与回归线越靠近，则回归线对观测拟合得就越好。于是定义

$$R^2 = \frac{\mathrm{SSR}}{\mathrm{SST}} = 1 - \frac{\mathrm{SSE}}{\mathrm{SST}}, \quad 0 \leqslant R^2 \leqslant 1$$

为判定系数（或可决系数），用它来判断回归方程的拟合优度。尽管在数值上没有严格的规定，但通常可以认为当 R^2 大于 0.9 时，所得到的回归直线拟合得较好；当 R^2 小于 0.5 时，所

---

[1] 李心愉. 应用经济统计学[M]. 北京：北京大学出版社，1999.

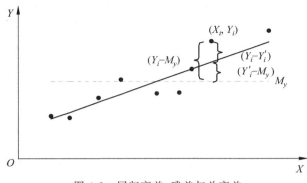

图 4-3　回归离差、残差与总离差

得到的回归直线则很难说明变量之间的依赖关系。

对于多元回归问题,由于 R^2 的大小与回归方程中自变量数目以及样本数目有关,每增加一个自变量,R^2 值就会有所增大,所以进行多元回归分析时,为了消除自变量数目不同而对 R^2 的影响,常采用调整后的 R^2 来判断拟合优度。

2. 回归系数的显著性检验——t 统计量

评价单个自变量对因变量的解释能力,可以用 t 统计量。t 检验(t-Test)可以用来确定因变量和每个自变量之间是否存在显著的关系。在实际应用中,通过 t 统计量的 P 值进行判断。在预先选取的显著水平下进行回归分析的统计检验,如果对于某个自变量,其 t 统计量的 P 值小于显著水平(1－置信度),则可认为该自变量与因变量是相关的。

3. 回归方程的显著性检验——F 统计量

F 检验(F-Test)可以用来确定自变量的全体与因变量之间的关系是否显著,即回归方程的解释能力如何。在实际应用中通过 F 统计量的 P 值进行判断。在预先选取的显著水平下进行回归分析的统计检验,如果对于自变量,其 F 统计量的 P 值小于显著水平(1－置信度),则可认为方程的回归效果显著。

在本章的后续部分,将结合具体示例说明回归方程和回归系数的统计检验问题。

4.1.4　回归预测的步骤与方法

如果建立的回归模型通过了各项检验,就可以用它进行预测了。其实建立回归模型的目的,主要是用来预测。这时,如果已经知道了各个自变量的取值,只要将这些数值代入回归方程,就可以求出因变量的预测值。

下面进一步介绍回归预测的步骤和方法。

(1) 获取自变量和因变量的观测值。

在实际运用时,进行回归分析的第一步应该是初步挑选模型涉及的变量。这通常需要在相关的经济学理论指导下,或在分析者实践经验的指导下进行。此外还应该考虑我们的最终目的是进行预测,因此所选取的自变量应该是可以控制,或预先有明确取值的量。例如,根据直接的或间接的经验我们知道,市场推广活动与产品的销量之间有一定的因果关系,就可以根据市场推广活动的性质选择广告投入金额、赠品数量或电视广告播放时间等作为自变量来分析它们与销量间有什么样的关系。如果能够发现或证实这种因果关系,而这些自变量的取值都是可以计划的,就可以根据计划情况预测未来的销量,或者针对销售目标反过来计划在市场推广活动上的投入。但是,如果把参与推广活动的人数选为自变量,那么即使可以有意识地收集这方面的历史数据,并建立回归模型,但增加自变量后的回归模型未必预测更准,所以在进行预测时确定自变量取值是很困难的。

变量的选取尽管是回归分析的基础,但这方面不是本书要解决的主要问题,因此在以下的内容中,我们都假定模型的变量已经确定,并且各变量的历史数据或观测值也是已知的。在此基础上做进一步的分析。

（2）绘制观测值的散点图。对于只有一个自变量的一元问题,只需绘制一个以自变量为横坐标、因变量为纵坐标的散点图。如果涉及多个自变量,则需分别针对每一个自变量绘制散点图。

（3）初步判断自变量与因变量间的函数关系,写出带未知参数的回归方程。4.4节将详细说明如何通过散点图判断函数类型以及相应的回归方程形式。

（4）依据方差最小原则,确定回归方程中参数的数值,从而得到回归方程。

（5）判断回归方程的拟合优度。

（6）根据得到的回归方程和给定的自变量值计算因变量的预测值,或者反过来,对于因变量的目标值,利用回归方程求自变量的值。

在本章的后续部分,都以 Excel 为工具完成上述步骤,并进行回归分析和预测。

4.2　一元线性回归分析

观看视频

一元线性回归是回归分析的基础,要解决的主要问题是如何确定回归直线的系数问题。我们将通过以下两个示例介绍如何利用 Excel 为工具来完成回归分析和预测。

【例 4-1】 "阿曼德披萨"是一家意大利披萨的餐饮连锁店,其主要客户群是在校大学生。为了研究各店铺销售额与店铺附近地区大学生数之间的关系,随机抽取了 10 个分店的样本,得到如表 4-1 所示的数据。

表 4-1　店铺销售额与店铺附近地区大学生数

店铺编号	大学生数/万人	季度销售额/万元	店铺编号	大学生数/万人	季度销售额/万元
1	0.2	5.8	6	1.6	13.7
2	0.6	10.5	7	2	15.7
3	0.8	8.8	8	2	16.9
4	0.8	11.8	9	2.2	14.9
5	1.2	11.7	10	2.6	20.2

根据表 4-1 建立回归模型并预测一个地区内大学生数为 1.8 万人的店铺的季度销售额[1]。

---

[1]　Anderson D R,等. 商务与经济统计[M]. 6 版(影印版). 北京:机械工业出版社,1998.

【解】

(1) 输入观测值并绘制自变量与因变量关系图。

以地区内大学生数为 X，季度销售额为 Y 绘制散点图，如图 4-4 所示。从散点图可以看出二者之间存在着大体上线性的依赖关系。

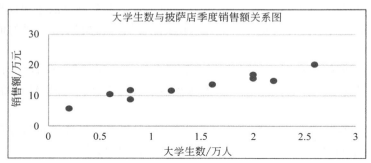

图 4-4　大学生数与披萨店销售额关系图

因此可以判断要解决的是一个线性回归问题。回归方程的形式为

$$Y = a + bX \tag{4-4}$$

(2) 求出回归系数 a 和 b 的取值，计算判定系数 R^2 并进行预测。

Excel 提供了几种不同的工具，如第 3 章学习的线性趋势预测模型最优参数的计算方法(趋势线法、函数法)等都可以应用于一元线性回归模型，这里不再赘述。本示例主要介绍另外两种方法，即规划求解工具与生成回归分析报告的方法来确定回归系数 a 和 b。

方法一：运用规划求解工具确定回归系数。

依据均方误差极小化原理，首先假定回归系数的值，然后用假定系数的回归直线方程对自变量的各观测值求出相应的因变量预测值，并计算出因变量预测值与观测值之间的均方误差，最后利用 Excel 的规划求解工具找到均方误差极小值所对应的回归系数的取值。具体过程如下：

在一个名为"方法一　规划求解"的工作表中完成下列工作，将已知数据安排在工作表的左上方。将回归系数的两个假定值(如两个 1)输入到单元格 G2 和 G3 中(见图 4-5(a))，分别作为回归直线方程中的 a 和 b。

用回归直线方程(4-4)以及店铺 1 区内学生数计算店铺 1 的季度销售额预测值，放在单元格 D2 中，即在 D2 中输入公式"＝＄G＄2＋＄G＄3＊B2"，将此公式复制到单元格 D3：D11 中，得到各店铺的季度销售额预测值。

在单元格 G5 中计算季度销售额观测值和预测值之间的 MSE，即在 G5 中输入公式"＝SUMXMY2(C2:C11,D2:D11)/COUNT(C2:C11)"。然后，启动规划求解工具，按如图 4-6 进行设置，并保存规划求解结果。

单击"求解"按钮，即得到使单元格 G5 中 MSE 达到极小的两个回归系数的值，回归直线的截距 a 和斜率 b 的值分别为 6.0 和 5.0，亦即回归方程为

$$Y = 6.0 + 5.0X$$

接下来计算判定系数 R^2。Excel 有一个专门用来计算一元线性回归判定系数的内建函数 RSQ()。RSQ()函数需要两个参数，第一个参数是因变量各观测值所在单元格的范围，第

	A	B	C	D	E	F	G
1	店铺编号	区内大学生数 (X)	季度销售额 (Y)	销售额估计值 (Y′)			
2	1	0.2	5.8	1.2		a (截距)	1.0
3	2	0.6	10.5	1.6		b (斜率)	1.0
4	3	0.8	8.8	1.8			
5	4	0.8	11.8	1.8		MSE	122.98
6	5	1.2	11.7	2.2			
7	6	1.6	13.7	2.6		R^2	0.903
8	7	2	15.7	3.0			
9	8	2	16.9	3.0		预测:	
10	9	2.2	14.9	3.2		大学生数	1.8
11	10	2.6	20.2	3.6		销售额	2.8

(a) 求解前工作表

	A	B	C	D	E	F	G
1	店铺编号	区内大学生数 (X)	季度销售额 (Y)	销售额估计值 (Y′)			
2	1	0.2	5.8	7.0		a (截距)	6.0
3	2	0.6	10.5	9.0		b (斜率)	5.0
4	3	0.8	8.8	10.0			
5	4	0.8	11.8	10.0		MSE	1.53
6	5	1.2	11.7	12.0			
7	6	1.6	13.7	14.0		R^2	0.903
8	7	2	15.7	16.0			
9	8	2	16.9	16.0		预测:	
10	9	2.2	14.9	17.0		大学生数	1.8
11	10	2.6	20.2	19.0		销售额	15.0

(b) 求解后工作表

图 4-5　回归参数求解前后的"方法一　规划求解"工作表

图 4-6　"规划求解参数"对话框

二个参数是自变量各观测值所在单元格的范围。将 R^2 的计算结果放在单元格 G7 中,即在 G7 中输入公式"＝RSQ(C2:C11,B2:B11)",得到 R^2 的值约为 0.903。这表明,回归方程较好地描述了店铺的季度销售额与所在地区内大学生数之间的关系,可以用此回归方程进行预测。

对于一个附近地区内大学生数为 1.8 万人的店铺,将此学生数输入到单元格 G10 中,在单元格 G11 中输入公式"＝G2＋G3 * G10",即计算出它的季度销售额预测值为 15.0 万元,结果见图 4-5(b)。

方法二:用回归分析报告完成一元线性回归分析。

在一个名为"方法二　回归分析报告"工作表中完成下列工作,输入各店铺数据,如图 4-7 所示。

	A	B	C	D
1	店铺编号	区内大学生数　(X)	季度销售额　(Y)	
2	1	0.2	5.8	
3	2	0.6	10.5	
4	3	0.8	8.8	
5	4	0.8	11.8	
6	5	1.2	11.7	
7	6	1.6	13.7	
8	7	2	15.7	
9	8	2	16.9	
10	9	2.2	14.9	
11	10	2.6	20.2	
12				

图 4-7　"方法二　回归分析报告"工作表的输入数据

选择"数据"→"分析"→"数据分析",在"数据分析"对话框中选择"回归",单击"确定"按钮,按照图 4-8 所示的参数进行设置。

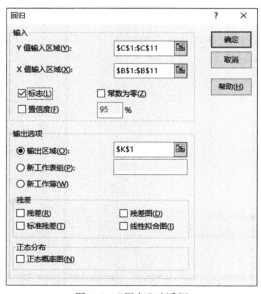

图 4-8　"回归"对话框

这时 Excel 自动生成回归分析报告,如图 4-9 所示。其中单元格 L17 和 L18 中分别列出回归系数 a 和 b 的取值,单元格 L5 中为判定系数 R^2 的值,与前面几种方法得到的结果相同。

	J	K	L	M	N	O	P	Q	R	S	T
1		SUMMARY OUTPUT									
2											
3		回归统计									
4		Multiple R	0.95012296								
5		R Square	0.90273363								
6		Adjusted R Square	0.89057533								
7		标准误差	1.38293167								
8		观测值	10								
9											
10		方差分析									
11			df	SS	MS	F	Significance F				
12		回归分析	1	142	142	74.24837	2.54887E-05				
13		残差	8	15.3	1.9125						
14		总计	9	157.3							
15											
16			Coefficients	标准误差	t Stat	P-value	Lower 95%	Upper 95%	下限 95.0%	上限 95.0%	
17		Intercept	6	0.922603	6.503336	0.000187	3.872471182	8.127529	3.872471	8.127529	
18		区内大学生数 (X)	5	0.580265	8.616749	2.55E-05	3.661905096	6.338095	3.661905	6.338095	
19											

图 4-9　回归分析报告

我们可以直接利用这些结果进行预测，如图 4-10 所示。

	D	E	F	G	H	I	J
2		由回归分析报告得：					
3		a（截距）	6.0		in F3：	=L17	
4		b（斜率）	5.0		in F4：	=L18	
5		R^2	0.903		in F5：	=L5	
6							
7		大学生数	1.8				
8		销售额预测值	15.0		in F8：	=F3+F4*F7	
9							

图 4-10　根据回归分析报告的结果进行预测

回归分析报告中还包含着一些其他统计信息，我们挑出几个常用的统计量加以简单说明。

（1）调整后 R^2（Adjusted R Square）：这个参数用于对几个自变量个数不同的回归方案进行比较时，代替 R^2 来判断拟合优度，对求解一元回归问题意义不大。

（2）标准误差 S_e：单元格 L7 中的标准误差为因变量的预测值与观测值之间的标准误差，其计算公式为 $S_e = \sqrt{\dfrac{\sum (Y - Y')^2}{n - 2}}$，其中 n 为观测点的个数，此处为 10，在单元格 L8 中显示。

（3）t 统计量：对于自变量"区内大学生数"，其 t 统计量为 8.62，其 P 值为 2.55×10^{-5}，表明自变量系数 b 的真实值为 0 的可能性只有 0.00255%，远远小于显著水平（显著水平 = 1 − 置信度），说明该自变量与因变量是相关的，回归方程有效。不过对于一元回归问题，只需要考查 F 统计量即可。

（4）F 统计量：F 统计量为 74.25，其 Significance F 值为 2.55×10^{-5}，远远小于显著水平 0.05，说明回归方程有效。

规划求解法与回归分析报告相比较，规划求解法的应用范围较广，不局限于线性问题，也不局限于一元问题,但除了可以直观看到拟合结果外,无法进行深入的统计分析;回归分析报告可以得到较为全面的回归分析结果,但主要用于线性模型。

【例 4-2】 在工作表的 A、B 和 C 三列中列出了 Northwind Trader 公司在 1996 年 7 月 4 日—1998 年 5 月 6 日期间各种商品的销售额数据(图 4-11)。根据这些数据建立线性回归模型并预测该公司 1998 年 5 月和 6 月的月销售额。

【解】

(1) 获得各月份所有商品的销售额总计值。

在名为"各月份销售额总计值"的工作表中运用第 3 章所学的知识建立数据透视表,将"订购日期"作为行字段,"销售额"作为统计项,对其求和。然后对订购日期进行年、月组合,即可得到 1996 年 7 月—1998 年 4 月各月份的销售额总计值,如图 4-11 所示。

	A	B	C
1	订购日期	产品名称	销售额/元
2	1996-7-4 0:00	猪肉	168.00
3	1996-7-4 0:00	酸奶酪	174.00
4	1996-7-4 0:00	糙米	98.00
5	1996-7-5 0:00	猪肉干	1696.00
6	1996-7-5 0:00	沙茶	167.40
7	1996-7-8 0:00	猪肉干	1261.40
8	1996-7-8 0:00	小米	222.30
9	1996-7-8 0:00	虾	77.00
10	1996-7-8 0:00	糯米	95.76
2155	1998-5-6 0:00	德国奶酪	72.20
2156	1998-5-6 0:00	饼干A	232.08
2157	1998-5-6 0:00	饼干B	33.85
2158	1998-5-6 0:00	白奶酪	32.00

图 4-11 Northwind Trader 公司销售额数据

(2) 去除不完整数据,获得进行预测所依据的观测值。

1998 年 5 月的数据不完整,去除 5 月的数据。选择 1996 年 7 月—1998 年 4 月的总销售额数据,并添加一列"月序号",对列标进行适当调整,如图 4-12 所示,得到了进行预测所依据的观测值。以月序号为自变量和月销售额为因变量进行回归分析,从而对未来月份的月销售额做出预测。

	A	B	C	D	E	F	G	H
1	月序号	年份	月份	月销售额	月销售额估计值			
2	1	1996	7	27861.89	20407.935		回归直线方程截距 a	16951.072
3	2		8	25485.27	23864.799		回归直线方程斜率 b	3456.864
4	3		9	26381.40	27321.663		判定系数 R^2	0.699
5	4		10	37515.72	30778.527		1998年5月预测值	96458.93811
6	5		11	45600.04	34235.390		1998年6月预测值	99915.80186
7	6		12	45239.63	37692.254			
8	7	1997	1	61258.07	41149.118			
19	18		12	71398.43	79174.619			
20	19	1998	1	94225.31	82631.483			
21	20		2	99415.29	86088.347			
22	21		3	104901.65	89545.211			
23	22		4	123798.68	93002.074			
24	23				96458.938			
25	24				99915.802			

图 4-12 计算回归参数工作表

（3）绘制销售额散点图。

用 Excel 内建函数 INTERCEPT（）和 SLOPE（）求回归系数，得到的回归直线的截距 a 和斜率 b 分别为

$$a = 16951.072, \quad b = 3456.864$$

由回归方程可计算出因变量月销售额的预测值，进而求出 1998 年 5 月和 6 月销售额预测值分别为 96458.94 和 99915.80，可以用 RSQ（）函数计算判定系数 R^2 的值，如图 4-12 中单元格 H4 所示。还可以用添加趋势线的方式在散点图中显示回归直线、回归直线方程和判定系数 R^2 值，结果如图 4-13 所示。

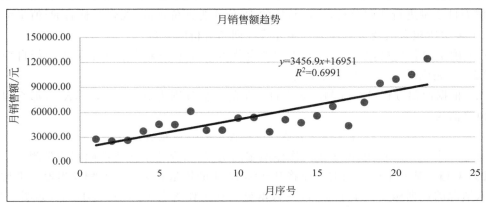

图 4-13　观测值散点图、回归直线和预测值

从判定系数 R^2 的值为 0.699 来看，尽管月份与销售额之间有一定的线性相关性，但这种线性相关性并不是特别强。事实上，在例 4-7 中可以看到，对于这个题目所给的观测值，用三次多项式回归更为适宜。

由上面的示例可以看出，解决一元线性回归问题的步骤比较简单。对于单自变量问题，一旦绘制出自变量与因变量观测值散点图，即可基本观察其是否属于一元线性问题。对于一元线性问题，根据观测值求出回归系数，得到回归直线，再通过计算判定系数 R^2 的值确定拟合优度以后，即可由回归直线方程进行预测。

在进行回归预测时应该注意到一个问题，以"阿曼德披萨"店铺的情况为例，由于在使用回归技术确定回归参数时提供样本数据的各店铺的区内学生数都在（0.2，2.6）区间内，因此在利用所得到的回归方程进行预测时，新店铺的区内学生数的取值要在该区间内或超出该区间不多时，才能获得比较可靠的季度销售额预测值。这是因为，在另一个自变量取值范围内，自变量和因变量之间不一定具有原来的线性关系。

4.3　多元线性回归分析

观看视频

在很多情况下，回归模型必须包含两个或更多自变量才能够适当地描述经济现象各相关量之间的联系，这就是多元回归要解决的问题。其中，多元线性回归模型是最基本的，其一般形式为

$$Y = a + b_1 X_1 + b_2 X_2 + \cdots + b_m X_m \tag{4-5}$$

式(4-5)中的 $X_1, X_2, \cdots, X_m$ 就是多元回归问题的 m 个自变量,$b_1, b_2, \cdots, b_m$ 是回归方程对应于各自变量的系数,又称偏回归系数。

进行多元线性回归预测涉及如下步骤。

(1) 获得候选自变量和因变量的观测值。

第 2~3 章介绍的数据查询与数据分类汇总方法可以获取各种变量的观测值,因此本章解决的问题中,一般假定已经获得了自变量和因变量的观测值。

(2) 从候选自变量中选择合适的自变量。有几种常用的方法,包括逐步回归法、向前增选法、向后删减法和最优子集法等。本书采用最优子集法,做法是分别以候选自变量的各个子集作为自变量进行回归分析,以调整后的 R^2 值作为评价标准,找到调整后 R^2 值最大的子集,该子集中所包含的变量就作为该多元线性回归分析的变量。

(3) 确定回归系数,判断回归方程的拟合优度。如果是采用最优子集法进行自变量选择,那么(2)完成以后,(3)也自然完成了。

(4) 根据回归方程进行预测。如果自变量的取值分别为 $X_{1i}, X_{2i}, \cdots, X_{mi}$,那么因变量 Y 的预测值为

$$Y'_i = a + b_1 X_{1i} + b_2 X_{2i} + \cdots + b_m X_{mi}$$

通过一个简单的示例,即子集的次序给定的情况下,介绍多元线性回归的预测。

【例 4-3】 某一生产空调的企业将其连续 15 年的销量和员工的薪酬及当地的平均户月总收入情况的数据做了一个汇总,这些数据显示在工作表单元格 A1:D16 中,如图 4-14 所示。该企业的管理人员试图根据这些数据找到销量与其他两个变量之间的关系,以便进行销量的预测,并为未来的预算工作提供参考。根据这些数据建立多元线性回归分析模型并预测未来某月员工薪酬总额为 250 千元,平均户月总收入为 33.4 千元,预测该年的销量。

	A	B	C	D	E	F	G
1	年	员工薪酬(千元)	平均户月总收入(千元)	销量(千台)			
2	1	275	24.5	1924		销量预测值:	
3	2	182	32.5	1402		回归方程截距	105.44
4	3	376	38	2666		斜率1(对应员工薪酬)	5.92
5	4	204	28.4	1572		斜率2(对应平均户总收入)	8.65
6	5	85	23.5	802		员工薪酬	250
7	6	267	37.8	2026		平均户总收入	33.4
8	7	96	30.1	970		销量预测值(千台)	1874.5
9	8	331	24.5	2305			
10	9	196	21.4	1393			
11	10	54	25.6	658			
12	11	432	40.2	3021			
13	12	373	44.3	2684			
14	13	235	26.6	1738			
15	14	156	20.9	1246			
16	15	372	26.1	2534			

图 4-14 生产空调的企业各数据及预测值

【解】

(1) 打开"回归"对话框,并按照图 4-15 所示参数进行设置,得到如图 4-16 所示的回归分析报告。

(2) 根据图 4-16 的回归分析报告,可以得出回归系数,并确定销量预测模型。

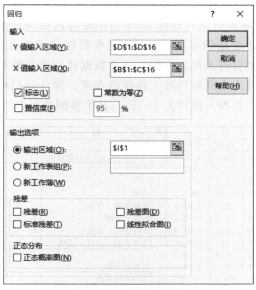

图 4-15　"回归"对话框

	I	J	K	L	M	N	O	P	Q
1	SUMMARY OUTPUT								
2									
3	回归统计								
4	Multiple *R*	0.9992							
5	*R* Square	0.9984							
6	Adjusted *R* Square	0.9981							
7	标准误差	31.685							
8	观测值	15							
9									
10	方差分析								
11		df	SS	MS	*F*	Significance *F*			
12	回归分析	2	7546071	3773036	3758.17	1.64017E-17			
13	残差	12	12047.5	1003.954					
14	总计	14	7558119						
15									
16		Coefficie	标准误差	*t*-Stat	*P*-value	Lower 95%	Upper 95%	下限 95.0%	上限 95.0%
17	Intercept	105.44	35.4313	2.975941	0.01157	28.24330877	182.639794	28.2433088	182.639794
18	员工薪酬/万元	5.9208	0.08761	67.57784	7.3E-17	5.729878086	6.1116676	5.72987809	6.1116676
19	平均户月收入/万元	8.6483	1.4119	6.125277	5.1E-05	5.57200312	11.7245235	5.57200312	11.7245235

图 4-16　员工薪酬和平均户总收入对销量影响的回归分析报告

$$Y' = 105.44 + 5.92X_1 + 8.65X_2 \qquad (4\text{-}6)$$

在利用式(4-6)进行具体预测时，将回归系数的值放在单元格 G3:G5，将已知的员工薪酬和平均户总收入放在单元格 G6:G7 中，然后在单元格 G8 中输入回归方程(4-6)的计算公式"=G3+G4＊G6+G5＊G7"即可得到预测值，如图 4-14 中单元格 F3:G8 所示。

本例是在子集次序给定的情况下的预测方法。但是大部分情况下子集次序是未知的，这时则不能用该方法进行预测，那么，如何进行多元线性回归的预测呢？下面通过一个具体的示例来加以说明。

【例4-4】 一家皮鞋零售店将其连续18个月的库存占用资金情况、广告投入的费用、员工薪酬和销售额等方面的数据做了一个汇总,这些数据显示在工作表单元格 A1:E19,如图 4-17 所示。该皮鞋店的管理人员试图根据这些数据找到销售额与其他 3 个变量之间的关系,以便进行销售额预测并为未来的预算工作提供参考。建立回归模型并预测如果未来某月库存资金额为 150 万元,广告投入预算为 45 万元,员工薪酬总额为 27 万元时该月的销售额。

	A	B	C	D	E	F	G	H	I	J
1	月序号	库存资金	广告	薪酬	销售额					
2	1	75.2	30.6	21.1	1090.4		自变量集		R^2	调整后R^2
3	2	77.6	31.3	21.4	1133		库存资金	X_1	0.891	0.884
4	3	80.7	33.9	22.9	1242.1		广告	X_2	0.837	0.827
5	4	76	29.6	21.4	1003.2		薪酬	X_3	0.710	0.691
6	5	79.5	32.5	21.5	1283.2		库存资金、广告	X_1、X_2	0.957	0.952
7	6	81.8	27.9	21.7	1012.2		广告、薪酬	X_2、X_3	0.870	0.852
8	7	98.3	24.8	21.5	1098.8		库存资金、薪酬	X_1、X_3	0.898	0.885
9	8	67.7	23.6	21	826.3		库存资金、广告、薪酬	X_2、X_2、X_3	0.957	0.948
10	9	74	33.9	22.4	1003.3					
11	10	151	27.7	24.7	1554.6		销售额预测:			
12	11	90.8	45.8	23.2	1199		回归方程截距		86.95	
13	12	102.3	42.6	24.3	1483.1		斜率1(对应库存资金)		7.11	
14	13	115.6	40	23.1	1407.1		斜率2(对应广告)		13.68	
15	14	125	45.8	29.1	1551.3		库存资金/万元		150	
16	15	137.8	51.7	24.6	1601.2		广告/万元		45	
17	16	175.6	67.2	27.5	2311.7		销售额预测值/万元		1769.1	
18	17	155.2	65	26.5	2126.7					
19	18	174.3	65.4	26.8	2256.5					

图 4-17 皮鞋店各数据及预测值

【解】

(1) 分别绘制 3 个候选自变量与因变量之间的关系图,并通过添加趋势线显示 R^2 值,如图 4-18 所示。

(2) 针对每一个候选自变量子集生成回归分析报告。

该问题候选自变量集合 $\{X_1, X_2, X_3\}$ 的子集一共有 7 个,分别是 $\{X_1\}$、$\{X_2\}$、$\{X_3\}$、$\{X_1, X_2\}$、$\{X_1, X_3\}$、$\{X_2, X_3\}$ 和 $\{X_1, X_2, X_3\}$,要挑出合适的自变量实际上就是要针对每个子集做回归分析,一共要生成 7 个报告,用自变量名来区别这些不同的回归分析报告,选出效果最好的,即调整后 R^2 值最大的那个子集。在选择自变量时,要遵循先看 P 值后看调整后 R^2 值,因为只有在满足 P 统计量的基础上,才去看调整后的 R^2 值是不是最大,最后选择变量。例如,对于以库存资金额(X_1)和员工薪酬总额(X_3)为自变量,销售额为因变量的回归分析报告,命名为"库存、薪酬回归分析报告",以此类推。

注意,Excel 的回归分析工具要求输入区域必须为相邻引用。也就是说,作为回归分析的自变量观测值必须列在相邻的行或列。这也是为什么在生成"库存、薪酬回归分析报告"之前,要将广告投入和员工薪酬的观测值位置进行对调,以便使库存和薪酬的数据相邻。

(3) 分析(2)中生成的回归分析报告结果,确定回归分析所要采用的自变量。

将报告中的 R^2 值和调整后的 R^2 值汇集,放在"多元线性回归模型"工作表的单元格 G2:J9 中。根据与调整后的 R^2 值比较的结果,以库存资金额和广告投入作为回归分析的自变量效果最优,因此"库存资金、广告回归分析报告"是最终的分析结果,如图 4-19 所示。从

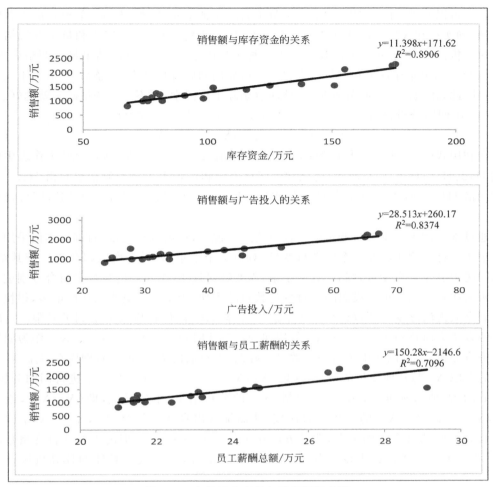

图 4-18 各候选自变量与销售额散点图

	A	B	C	D	E	F	G	H	I	J
1	SUMMARY OUTPUT									
2										
3	回归统计									
4	Multiple R	0.97843234								
5	R Square	0.95732984								
6	Adjusted R Square	0.95164049								
7	标准误差	97.1567227								
8	观测值	18								
9										
10	方差分析									
11		df	SS	MS	F	Significance F				
12	回归分析	2	3176686	1588343	168.2669	5.3202E-11				
13	残差	15	141591.4	9439.429						
14	总计	17	3318277							
15										
16		Coefficients	标准误差	t-Stat	P-value	Lower 95%	Upper 95%	下限 95.0%	上限 95.0%	
17	Intercept	86.9531904	75.11706	1.157569	0.265141	-73.155131	247.061512	-73.155131	247.061512	
18	库存资金	7.10892474	1.094992	6.492219	1.02E-05	4.77500415	9.44284533	4.77500415	9.44284533	
19	广告	13.6837314	2.824695	4.844321	0.000214	7.66303231	19.7044305	7.66303231	19.7044305	
20										

图 4-19 库存资金和广告对销售额影响的回归分析报告

这里我们可以发现,在现实中,如果感觉员工薪酬可能对销售额有影响,单独看员工薪酬和销售额,确实存在着大体上的线性依赖关系。但是,如果将库存资金、广告和员工薪酬结合起来看对销售额的影响,员工薪酬反倒成了一种干扰因素,回归分析的结果显示调整后 R^2 值等于 0.948,比用库存资金和广告两个自变量所做的回归分析结果(调整后 R^2 值等于 0.952)要差。因此,在做多元回归分析时,应该注意剔除干扰因素,而不是自变量越多就越好。

(4)由回归分析报告给出的回归系数值,建立起销售额预测模型:

$$Y' = 86.95 + 7.109X_1 + 13.68X_2 \qquad (4\text{-}7)$$

在利用式(4-7)进行具体预测时,将回归系数值放在"多元线性回归模型"工作表中的单元格 H12:H14,如图 4-17 所示,将已知的库存资金和广告投入金额放在单元格 H15:H16,在单元格 H17 中输入式(4-7)的计算公式"＝H12＋H13 * H15＋H14 * H16",即可得到预测值。

通过本示例进一步对自变量的筛选方法进行说明,在进行自变量筛选时,本例采用了最优子集法。这个问题涉及 3 个候选自变量,对应 7 个子集,要做 7 次回归分析比较其结果。如果问题中有 4 个自变量,则有 15 个子集,需要针对这 15 个不同的自变量组合分别进行回归分析后比较结果。可以设想随着自变量数目的增加,子集数以更快的速度增多,很快就会烦琐到令人无法忍受。所以说最优子集法尽管容易理解,但在应用上受到了局限。这时采用其他方法会简化筛选程序。例如,使用向前增选法时,在以 $\{X_1\}$、$\{X_2\}$、$\{X_3\}$ 作为回归自变量进行分析后,可以从中选出一个效果最好的(调整后的 R^2 值最大),即库存资金 X_1。以后只需考虑 X_1 与其他变量的组合,即以 $\{X_1,X_2\}$、$\{X_1,X_3\}$ 作为自变量进行回归分析,以调整后的 R^2 值为标准,选出三者(包括 $\{X_1\}$ 的分析结果)中的最优,即 $\{X_1,X_2\}$,最后将 $\{X_1,X_2\}$、$\{X_1,X_2,X_3\}$ 的分析结果比较,从而筛选出自变量集合 $\{X_1,X_2\}$。对于像本例中只有 3 个候选自变量的情形,两种方法在工作量上差别不大,但随着候选自变量数的增加,后者的优越性就愈发明显。当然,究竟哪种方法好,也取决于具体的计算机统计分析软件。

观看视频

4.4　一元非线性回归分析

在很多实际问题中,因变量与自变量间更多地表现出一种非线性关系。这时如果坚持用线性回归分析方法进行预测则无法取得最佳效果,必须采用非线性回归分析方法。

非线性回归分析方法是用一条曲线拟合因变量对于自变量的依赖关系。根据问题的性质,拟合曲线可以是指数曲线、对数曲线、平方根曲线和多项式曲线等。具体采用哪种曲线主要由两方面的因素决定:一方面是自变量与因变量之间本来就存在着一种内在函数依赖关系,而这种依赖关系是分析者根据自己的知识背景和经验已经了解的;另一方面是根据由自变量和因变量观测值作出的散点图,可以看出它们之间的依赖关系。

此外,对于非线性问题,在很多情况下,都可能通过对变量的适当变换,把非线性函数转化为线性函数,对新的变量作线性回归,然后再还原到原来的变量。表 4-2 列出了几种常见拟合曲线及其对应的变量替换方法。

表 4-2　常用拟合曲线及变量替换方法

函数类型及变量替换方法	曲 线 形 状
1. 幂函数 $Y = aX^b\,(a > 0)$ 设 $U = \ln X, V = \ln Y$ 则 $V = \ln a + bU$	$(b>0)$　　　$(b<0)$
2. 指数函数 $Y = a\,e^{bX}\,(a > 0)$ 设 $V = \ln Y$ 则 $V = \ln a + bX$	$(b>0)$　　　$(b<0)$
3. 对数函数 $Y = a + b\ln X$ 设 $U = \ln X$ 则 $Y = a + bU$	$(b>0)$　　　$(b<0)$
4. 双曲线函数 $Y = a + b\,\dfrac{1}{X}$ 设 $U = \dfrac{1}{X}$ 则 $Y = a + bU$	$(b>0)$　　　$(b<0)$
5. 二次多项式 $Y = a + bX + cX^2$ 及三次多项式 $Y = a + bX + cX^2 + dX^3$ 对于多项式回归,可以设 $X_1 = X,$ $X_2 = X^2,$ $\vdots$ $X_k = X^k$ 变换为多元线性问题 $Y = a + bX_1 + cX_2\cdots$	$(c>0)$　　　$(c<0)$

通过变量替换把问题转化为一元或多元线性回归问题,可以直接用线性回归分析的方法建立回归模型,并进行预测。

如此就可以有两种方法对非线性回归模型进行预测,即规划求解的方法与将其转化为线性回归模型的方法。下面通过两个比较典型的示例具体说明对于非线性模型如何进行预测的步骤,我们将在例 4-5 中采用规划求解法,在例 4-6 中采用变量替换法来解决非线性模型的预测问题。

【例 4-5】 表 4-3 列出了连续 13 年对某消费品年销售额 Y 的统计数据。试根据这些资料建立适当的模型,并预测第 14 年的销售额预测值。

表 4-3 销售额数据

年序号 t	年销售额 Y	年序号 t	年销售额 Y
1	3	8	36
2	8	9	32
3	12	10	57
4	10	11	70
5	25	12	115
6	14	13	150
7	18		

【解】 规划求解法。

首先假定 a 与 b 的取值(如取 1),在 C 列用指数模型 ae^{bt} 计算各观测点的销售额预测值与 MSE。然后用 Excel 的规划求解工具,即可求得使 MSE 极小的参数 a 和 b 的取值,如图 4-20 所示。同时也获得了回归方程和销售额预测值,即可绘制回归拟合曲线,如图 4-21 所示。

	A	B	C	D	E	F
1	年序号 t	年销售额 Y	年销售额估计值			
2	1	3	3.1		a	2.270062581
3	2	8	4.3		b	0.322215425
4	3	12	6.0		MSE	38.04382002
5	4	10	8.2			
6	5	25	11.4		年序号	14
7	6	14	15.7		年销售额预测值	206.6080135
8	7	18	21.7			
9	8	36	29.9			
10	9	32	41.3			
11	10	57	56.9			
12	11	70	78.6			
13	12	115	108.5			
14	13	150	149.7			

图 4-20 规划求解后模型各单元的数值

在图 4-20 中的单元格 F6 内输入 14,利用规划求解求得的最优参数 a 和 b 的值,在单元格 F7 内输入公式"＝F2＊EXP(F3＊F6)",即可求得第 14 年的销售额预测值。

【例 4-6】 某企业想了解公司某种产品的产量与收益之间的关系,为此收集整理了历

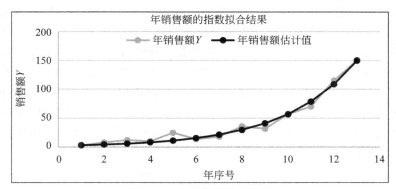

图 4-21　指数曲线拟合结果

年的产量、收益数据资料,如图 4-22 所示。试根据这些资料建立对数模型[1]。

产量X	收益Y	产量X	收益Y	产量X	收益Y	产量X	收益Y
473	1.47	1467	30.35	1136	15.39	1771	32.54
639	7.94	1474	27.46	1075	22.53	1837	37.15
741	7.28	1493	32.26	1240	24.58	1868	33.59
824	6.55	1523	33.75	1253	27.93	1884	29.95
874	9.18	1242	25.26	1281	24.51	1973	36.34
914	16.67	1568	29.42	1285	20.55	2021	32.89
939	14.9	1607	34.03	1319	23.31	2066	36.14
956	14.91	1611	30.17	1366	27.01	2154	32.52
972	15.81	1642	28.56	1403	30.3	2178	38.5
1024	19.63	1673	29.2	1407	29.52	2249	38.25
1055	17.41	1499	32.32	1443	29.39	2305	41.24
1056	17.42	1703	30.24	1457	32.36	2235	36.49
1132	22.51	1766	37.07				

图 4-22　公司某产品的产量与收益历史数据

【解】　首先用线性拟合优度函数 RSQ() 计算收益与产量的 R^2 值 0.8482(见图 4-23 中的单元格 G5),这个结果似乎非常令人满意。

	A	B	C	D	E	F	G
1	产量X	$U=\ln X$	收益Y	收益估计值			
2	473	6.159	1.47	−1.878		a	−164.24025
3	639	6.460	7.94	6.051		b	26.3612999
4	741	6.608	7.28	9.955		MSE	8.4053616
5	824	6.714	6.55	12.754		R^2	0.8482001
6	874	6.773	9.18	14.307			
7	914	6.818	16.67	15.487			
8	939	6.845	14.9	16.198			
9	956	6.863	14.91	16.671			
49	2249	7.718	38.25	39.223			
50	2305	7.743	41.24	39.871			
51	2235	7.712	36.49	39.058			

图 4-23　某企业数据及计算结果

[1]　本例题目数据取材于屈援著《市场预测理论与应用》中的例 4-10,并做了部分修改。

　　如果在生成回归分析报告时,在"回归"对话框中勾选"残差图"复选框,即可自动生成一个如图 4-24 所示的残差图,即反映作为拟合结果的收益预测值和收益观测值之差的所谓残差与产量自变量之间关系的散点图。如果拟合情况理想,对应残差图中各点应该较为均匀地分布于横坐标轴的上下方,图形呈水平"管"状。而在这里所得到的残差图,在产量为较小和较大处,各点多处于横坐标轴以下,而在产量取中间值时,各点多处于横坐标轴的上方。当残差图呈现这种两端低、中间高的拱桥状或两端高、中间低的秋千状时,都说明对应的拟合线(直线)不能反映自变量与因变量的函数关系。因此我们说,此问题用线性模型是不适宜的,应该建立非线性模型进行回归分析。

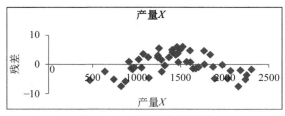

图 4-24　直线拟合残差图

　　以下按照非线性回归分析的一般步骤完成该问题的分析。

　　(1) 观察散点图,选择合适的拟合函数,建立含未知参数的回归方程。

　　仔细观察收益与产量散点图,可以注意到,收益随产量的增加而增大,且随着产量的增加收益增大的速率变缓,这是一个典型的对数曲线特征,因此可以用对数函数来拟合,即将收益 Y 与产量 X 之间的关系表述为

$$Y = a + b\ln X$$

其中的参数 a 和 b 的值待定。

　　(2) 用变量替换法确定参数 a 与 b 的值。

　　令 $U = \ln X$,对工作表中单元格 A2:A51 内产量 X 的观测值求自然对数得到 U 的观测值,放在工作表的单元格 B2:B51。将收益 Y 的观测值列在单元格 C2:C51。以 U 作为新的自变量,Y 作为因变量,回归方程则为

$$Y = a + bU$$

　　这就将问题变成了一个一元线性问题。对于一元线性问题,计算 a 和 b 的值有多种方法,这里用 Excel 的回归分析工具求解。由得到的回归分析报告可知参数 a 的值为 -164.2,b 的值为 26.36(图 4-23),再由 $Y = a + bU$ 计算收益 Y 的预测值,计算结果放在单元格 D2:D51。此外,还可由回归分析报告得到判定系数 R^2,其值为 0.905(图 4-25 单元格 L5)。由 R^2 值可以看出,用对数函数拟合得到的效果比线性拟合更好。

　　最后通过反变换,即可得到对数回归方程:

$$Y = -164.2 + 26.36\ln X$$

　　之所以放弃线性回归分析的结果而采用对数函数进行拟合,是因为观察到线性拟合所得到的残差图呈拱桥状,从而提示采用线性回归模型解决我们的问题不合适。用对数函数拟合,从各统计量(包括判定系数的值)来看结果不错,那么残差图会如何呢? 实际上,在生成回归分析报告时也可以同时生成一个残差图,如图 4-26 所示。这个新的残差图上各点的

	K	L	M	N	O	P	Q	R	S
1	SUMMARY OUTPUT								
2									
3	回归统计								
4	Multiple R	0.951384							
5	R Square	0.905131							
6	Adjusted R	0.903155							
7	标准误差	2.958984							
8	观测值	50							
9									
10	方差分析								
11		df	SS	MS	F	ignificance F			
12	回归分析	1	4009.727	4009.727	457.9622	3.39E-26			
13	残差	48	420.2681	8.755585					
14	总计	49	4429.995						
15									
16		Coefficients	标准误差	t-Stat	P-value	Lower 95%	Upper 95%	下限 95.0%	上限 95.0%
17	Intercept	−164.2402	8.903987	−18.4457	1.99E-23	−182.1429	−146.3376	−182.1429	−146.3376
18	$U=\ln X$	26.3613	1.231833	21.40005	3.39E-26	23.88453	28.83807	23.88453	28.83807

图 4-25　回归分析报告

分布正好满足所希望的管状,说明所选的拟合函数适宜。

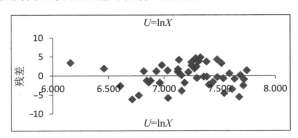

图 4-26　对数回归残差图

【例 4-7】　对例 4-2 中 Northwind Trader 公司的销售额进行非线性回归分析,并预测 1998 年 5 月和 1998 年 6 月的销售额。

【解】　由例 4-2 的解已经看到,对于这组数据,用线性回归的方法并不适合。根据月序号-月销售额散点图的特征,呈升高速率由快到慢又加快的 S 形,这种情况可以考虑采用三次多项式进行拟合。可以初步用在散点图上添加趋势线的方法来观察。在“设置趋势线格式”对话框中的“趋势线选项”中选择“多项式”单选按钮,并将右侧的“顺序”的值调为 3,勾选“显示公式”和“R 平方值”复选框,单击“确定”按钮,即可获得一条三次多项式拟合曲线,包括其曲线方程和拟合曲线的判定系数,如图 4-27 所示。从直观上看,曲线拟合效果很好,且 R^2 值达到了 0.9046。

用变量替换法进行回归分析和预测。作三次多项式拟合时,回归方程具有如下形式:

$$Y = a + b_1 X + b_2 X^2 + b_3 X^3$$

在求解系数 a、b_1、b_2 和 b_3 之前进行变量替换,令 $U=X^2$,$V=X^3$。以 X、U 和 V 为新的自变量,变换成为多元线性问题,可以用求解多元线性问题的方法求系数的值。下面利用 Excel 的回归分析报告工具求解。

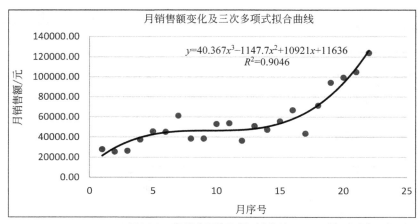

图 4-27　散点图上添加趋势线

在 A 列输入各时间点的序号,即"月序号",这组月序号是进行回归分析的自变量 X(时间)的观测值,单元格 F2:F23 中是因变量 Y(月销售额)的观测值。对月序号的值求二次方及三次方,分别获得另外两个自变量 U 和 V 的观测值。操作时,只需在单元格 B2 和 C2 中分别输入公式"＝A2^2"和"＝A2^3",并将两个单元格的公式分别复制到单元格 B3:B23 和单元格 C3:C23 中,结果如图 4-28 所示。

	A	B	C	D	E	F	G	H	I	J
1	月序号X	X^2(U)	X^3(V)	年份	月份	月销售额	月销售额估计值			
2	1	1	1	1996	7	27861.89	21450.02		截距 a	11635.911
3	2	4	8		8	25485.27	29210.97		X项系数 $b1$	10921.419
4	3	9	27		9	26381.40	35160.96		X^2项系数 $b2$	-1147.679
5	4	16	64		10	37515.72	39542.20		X^3项系数 $b3$	40.367
6	5	25	125		11	45600.04	42596.89		判定系数 R^2	0.905
7	6	36	216		12	45239.63	44567.22		调整后的 R^2	0.889
8	7	49	343	1997	1	61258.07	45695.41		1998年5月预测值	146850.06
9	8	64	512		2	38483.63	46223.64		1998年6月预测值	170718.48
23	22	484	10648		4	123798.68	126256.92			
24	23	529	12167		5		146850.06			
25	24	576	13824		6		170718.48			

图 4-28　回归模型及预测结果

在"回归"对话框中"输入"窗格的"Y 值输入区域"文本框中输入"＄F＄1:＄F＄23",将"X 值输入区域"文本框中输入"＄A＄1:＄C＄23",勾选"标志"复选框;在"输出选项"窗格中选择"新工作表组"单选按钮,单击"确定"按钮即可得到回归分析报告,并将此工作表命名为"回归分析报告",如图 4-29 所示。

回到"三次多项式回归模型"工作表,在单元格 J2:J7 中输入以下公式:

in J2:	=回归分析报告!B17	in J5:	=回归分析报告!B20
in J3:	=回归分析报告!B18	in J6:	=回归分析报告!B5
in J4:	=回归分析报告!B19	in J7:	=回归分析报告!B6

即可将回归分析报告的结果传送过来。由回归分析报告的结果得到多元线性回归方程:

$$Y = 11635.91 + 10921.42X - 1147.68U + 40.37V$$

	A	B	C	D	E	F	G	H	I
1	SUMMARY OUTPUT								
2									
3		回归统计							
4	Multiple R	0.951100588							
5	R Square	0.904592328							
6	Adjusted R	0.88869105							
7	标准误差	8957.040236							
8	观测值	22							
9									
10	方差分析								
11		df	SS	MS	F	Significance F			
12	回归分析	3	13692134534	4564044845	56.888025	2.20688E-09			
13	残差	18	1444114256	80228569.8					
14	总计	21	15136248790						
15									
16		Coefficients	标准误差	t-Stat	P-value	Lower 95%	Upper 95%	下限 95.0%	上限 95.0%
17	Intercept	11635.91136	9150.859358	1.271564878	0.2197129	−7589.345628	30861.1684	−7589.3456	30861.1684
18	月序号 X	10921.41879	3369.275546	3.241473914	0.0045297	3842.828057	18000.0095	3842.82806	18000.0095
19	$X_2(U)$	−1147.679098	336.4425615	−3.411218523	0.0031132	−1854.519237	−440.83896	−1854.5192	−440.83896
20	$X_3(V)$	40.36687466	9.629222269	4.192122015	0.0005477	20.13661371	60.5971356	20.1366137	60.5971356

图 4-29　回归分析报告

对变量进行逆变换以后,得到三次多项式拟合曲线方程:

$$Y = 11635.91 + 10921.42X - 1147.68X^2 + 40.37X^3$$

用这个方程可以计算 1996 年 7 月—1998 年 4 月间月销售额的预测值(单元格 G2:G23)。还可以计算 1998 年 5 月和 6 月销售额的预测值,分别为 146856.06 和 170718.48。

本章小结

本章主要介绍回归预测方法的步骤,包括一元线性回归分析、多元线性回归分析及可转化为线性问题求解的非线性回归分析等,其中重点介绍运用规划求解工具、Excel 的内建函数、回归分析报告和在散点图上直接显示回归方程等确定回归系数的各种方法。所用的技术有 SUMXMY2()函数、RSQ()函数、INTERCEPT()函数、SLOPE()函数、LINEST()函数,规划求解工具和回归分析报告的生成。此外,还介绍了如何通过判定系数、残差图等判断拟合优度和拟合函数的适宜性。

观看视频

习题

4.1　钢材消费量和国民收入的统计数据如图 4-30 所示。试建立钢材消费量(Y)对国民收入(X)的回归方程,并进行检验[1]。

4.2　在 Northwind.accdb 数据的基础上,试确定该公司为运送客户订货所花费的运货费与订单销售额之间的关系。提示:为克服数据分散的问题,试以 10 元为间隔将运货费分

---

[1]　李心愉.应用经济统计学[M].北京:北京大学出版社,1999.

编号	钢材消费量/万吨	国民收入/亿元	编号	钢材消费量/万吨	国民收入/亿元
1	549	910	9	1025	1555
2	429	851	10	1316	1917
3	538	942	11	1539	2051
4	698	1097	12	1561	2111
5	972	1284	13	1785	2286
6	988	1502	14	1762	2311
7	807	1394	15	1960	2003
8	738	1303	16	1902	2435

图 4-30 习题 4.1

组,且针对各组求出运货费的平均值和销售额的平均值,确定平均值之间的关系[1]。

4.3 设有 X 与 Y 的成对数据如图 4-31 所示。

X	2	3	4	5	7	8	10	11	14	15	16	18	19
Y	106.42	108.2	109.58	109.5	110	109.93	110.49	110.59	110.6	110.9	110.76	111	111.2

图 4-31 习题 4.3

(1)试用双曲线拟合 Y 与 X 间的关系。

(2)试用对数曲线 $Y = a + b\ln X$ 及幂函数曲线 $Y = a + b\sqrt{X}$ 拟合 Y 与 X 的关系。

(3)说明哪个曲线拟合较好。

4.4 某生产制造企业的流水线作业,获得生产某种产品时的批量产量与单位成本如图 4-32 所示,判断单位成本与产量之间是否存在相关关系,若存在相关关系,求出相应的回归方程。

产量/台	1000	3000	5000	7000	10000	18000	28000	39000	50000
单位成本/元	11	9.5	8.3	6.3	5.2	4.8	3.9	3.4	2.5

图 4-32 习题 4.4

4.5 随机抽取了 20 个家庭的月收入与月支出情况,如图 4-33 所示,判断月支出与月收入之间是否存在相关关系,并求出月支出与月收入之间的回归模型。

单位:万元

月收入	2.5	3.5	3.2	2.8	3.3	4.2	4.5	5.0	3.8	3.6
月支出	1.5	2.5	2.2	1.6	2.1	2.6	2.9	3.0	2.1	2.3
月收入	4.3	5.5	4.7	5.2	3.1	2.9	1.9	2.6	2.8	3.7
月支出	2.4	3.2	3.5	3.1	2.0	1.8	1.3	2.9	1.7	2.3

图 4-33 习题 4.5

4.6 某种物质的量(y)与构成该物质的某种原料用量(x)之间的关系可以由公式 $y =$

---

[1] 王兴德. 财经管理中的信息处理[M]. 上海:上海远东出版社,2001.

$Ae^{b/x}$ 表示。根据测得的实验数据(图 4-34)给出 y 对 x 的回归方程。

x	0.049	0.058	0.249	0.309	0.068	0.095	0.375	0.428	0.142	0.198	0.471
y	0.099	0.139	1.001	1.121	0.228	0.368	1.185	1.252	0.593	0.794	1.292

图 4-34　习题 4.6

4.7　一个出租公寓楼单元的老板考虑根据市场研究的结果,对公寓楼进行适当改造并改进经营方式以取得更高的租金收入。图 4-35 列出了 34 套一室一厅单元的相关数据。试对这些数据进行回归分析,并为该老板提供咨询意见。

编号	房龄/年	面积 m²	押金/元	小区内单元数	车库	车位	保安系统	健身房	租金/元	编号	房龄/年	面积 m²	押金/元	小区内单元数	车库	车位	保安系统	健身房	租金/元
1	7	692	1500	408	0	0	1	0	508	18	7	66.3	1000	300	0	0	0	1	4950
2	7	765	1000	334	0	0	1	1	553	19	1	71.9	1000	300	1	1	1	1	6010
3	8	764	1500	170	0	0	1	1	488	20	1	68.9	1000	224	0	1	1	1	5670
4	13	808	1000	533	0	1	1	1	558	21	1	73.7	1750	310	1	1	1	1	6330
5	7	685	1000	264	0	0	0	0	471	22	1	69.4	1500	476	1	0	1	1	6160
6	7	710	1000	296	0	0	0	0	481	23	7	76.8	1500	264	0	0	1	1	5070
7	5	718	1000	240	0	1	1	1	577	24	6	69.9	1500	150	0	0	0	0	4540
8	6	672	1000	420	0	1	0	1	556	25	6	73.3	1000	260	0	0	1	0	5020
9	4	746	1000	410	1	1	1	1	636	26	7	59.2	1000	264	0	0	1	0	4310
10	4	792	1000	404	1	0	1	1	737	27	8	58.9	1500	516	0	0	1	0	4180
11	8	797	1500	252	0	0	1	0	546	28	8	72.1	750	216	0	0	1	1	5380
12	7	708	1000	276	0	0	1	0	445	29	5	70.5	750	212	1	0	1	1	5060
13	8	797	1500	252	0	0	0	0	533	30	6	77.2	1500	460	0	0	1	1	5430
14	6	813	1000	416	0	1	0	0	617	31	7	75.8	1000	260	0	0	1	0	5340
15	7	708	1000	536	0	0	1	1	475	32	7	76.4	1000	269	0	0	1	0	5360
16	16	658	1000	188	1	1	1	1	525	33	6	72.2	1250	216	0	0	0	1	5200
17	8	809	1500	192	0	0	1	0	461	34	1	70.3	1000	248	0	0	1	0	5300

图 4-35　习题 4.7

第 5 章
教学课件

第 5 章
例题解答

第 5 章

管理决策模型

在企业管理决策中,管理者经常使用数学模型进行决策。采用计算机为辅助工具,可将一个管理决策的数学模型转化为相应的计算机模型,结合运筹学和统计学等定量方法在计算机中的使用,管理者可以方便且不需编程来选择决策方案。几乎所有具有实际意义的结构化和半结构化管理决策问题都可以借助计算机迅速且有效地求解。

本章将介绍一个管理决策的数学模型转化为计算机模型的方法、操作及技术难点。本章的核心内容是运用 Excel 电子表格软件建立针对各种管理决策问题的计算机定量分析模型。管理人员运用这个工具,无须专职程序员的帮助就可以自行建立所需要的管理决策模型。

本章从技术层面介绍运用 Excel 建立动态可调决策模型的基本方法。在决策模型中使用动态可调图形手段,可以体现模型分析能力与图形直观的人机界面的完美结合,决策者可以在图形上通过调节参数,观察反映决策结果的曲线及其特征的变化,从而提高管理决策模型的有效性。

在求得一个管理决策模型的最优解后,需要对各种重要的参数变化对于最优解的影响做进一步分析,决策者需要设想参数的各种可能的变化,同时观察在这些变化下的模型最优解如何随之改变,建立"如果-怎样"分析的计算机化管理决策模型。管理人员还可以直接掌握动态可调图形这种可视化决策工具来提高决策分析水平,可调图形的使用为电子表格软件建模提供了一种极为有效的分析工具。Excel 电子表格软件建模已经成为当今计算机建模的首选工具,本章着重介绍利用 Excel 电子表格建立管理决策模型的方法及其应用。

本章主要内容包括:Excel 电子表格建立盈亏平衡分析模型的方法、公式计算、查表加内插值和目标求解等寻找盈亏平衡点的多种方法,各种决策参数的变化对盈亏平衡点的影响;利用相对平衡进行成本决策分析的方法,两种备选决策方案的相对平衡点的求解方法;价格优惠等参数的变化对决策方案的影响;经济订货量分析模型的建立,从多个备选方案(各种不同的订货量)中选出使总成本达到最小(最优订货量)的决策方法;需求不确定情况下最优订货量的模拟模型。

观看视频

5.1 盈亏平衡分析模型

盈亏平衡分析(breakeven analysis)是经济管理中的基础性分析方法,本节将介绍与盈亏平衡分析有关的一些基本概念,以及使用 Excel 建立盈亏平衡分析模型的方法。

5.1.1　盈亏平衡分析

盈亏平衡分析的一个最基本的应用领域是"成本-销量-利润"分析,它通过成本、销量和利润三者关系的分析,找出三者之间联系的规律,从而有效地制定经营决策,为目标控制提供非常有用的方法。

企业在销售一种产品时,利润与产品销量一般会呈现两种关系,即当产品销量较小时利润为负值(亏损),当产品销量超过某个临界数量后利润转变为正值(盈利)。使产品的销售达到"不盈不亏"状态的临界销量就是盈亏平衡点(breakeven point)。盈亏平衡分析主要用于确定公司达到盈亏平衡点的销售水平,即分析销量高于或低于平衡点时的盈利和亏损状况。盈亏平衡分析对于企业决策具有如下的作用。

(1) 在做新产品经营决策时,计算达到目标利润所需要完成的销量。

(2) 用于研究在现行经营水平上的扩张效应,扩张会引起固定成本和变动成本的增加,也会带来销售收入的变化。

(3) 在进行现代化和自动化改造时,为降低变动成本特别是降低劳动力成本,要进行大量的固定资产投资,盈亏平衡分析有助于决策层对这种固定资产购置效应进行分析。

5.1.2　盈亏平衡分析的基本模式

盈亏平衡分析是会计的重要方法,其基本内容包括:厘清成本、销售收入和利润的关系;计算产品的边际贡献;确定产品生产或销售的盈亏平衡点。其中确定产品生产或销售的盈亏平衡点是盈亏平衡分析的核心内容。

盈亏平衡问题表示销量(Q)、销售收入(R)、总成本(C)以及利润(π)之间关系的模型为:

$$销售收入(R)=销售单价(p)\times销量(Q)$$
$$总成本(C)=固定成本(F)+单位变动成本(v)\times销量(Q)$$
$$利润(\pi)=销售收入(R)-总成本(C)$$

上述模型可以用式(5-1)表示。

$$\begin{cases} R = pQ \\ C = F + vQ \\ \pi = R - C = Q \times p - (Q \times v + F) = (p-v)Q - F \end{cases} \tag{5-1}$$

在进行盈亏平衡分析时,还经常计算边际贡献和边际贡献率,它们也是各种决策分析和控制中常用的概念。边际贡献是指产品销售收入减去变动成本后的余额;单位边际贡献是指每销售一件产品所获得的毛利,即边际贡献除以销量;边际贡献率是产品的单位边际贡献与销售单价或边际贡献与销售收入之间的比率,它表示每一元销售收入中提供的边际贡献的比重,它们之间的关系是:

$$单位边际贡献=销售单价(p)-单位变动成本(v)$$
$$边际贡献=单位边际贡献(p-v)\times销量(Q)=销售收入(R)-变动成本(V)$$
$$边际贡献率=单位边际贡献/销售单价　或　边际贡献率=边际贡献/销售收入$$

用符号 k 表示边际贡献率,公式如下:

$$k = \frac{p-v}{p} = 1 - \frac{v}{p} \quad \text{或} \quad k = \frac{R-V}{R} = 1 - \frac{V}{R} \qquad (5\text{-}2)$$

利润的计算公式可写为

$$\pi = kR - F \qquad (5\text{-}3)$$

5.1.3 盈亏平衡销量与盈亏平衡销售收入

在产品的生产或销售中,存在固定成本(fixed costs)与变动成本(variable costs)两种不同性质的成本。固定成本是不随销量变化而变化的成本,固定成本可能包括财产税、管理层薪酬以及折旧费用等。变动成本是随销量变化而变化的成本,变动成本一般包括原材料费用、人工费用、供电费用及设备维修费用等。产品的盈亏平衡点是指一种产品提供的边际贡献正好抵消固定成本,或产品的全部销售收入等于全部成本时的销量或销售收入。由于产品的销售收入与销量成正比,因此有时也从销售收入出发而不是从销量出发,将使利润等于零的销售收入称为盈亏平衡点。为明确起见,在可能发生混淆的时候,我们把使利润等于零的销量称为"盈亏平衡销量",而将使利润等于零的销售收入称为"盈亏平衡销售收入"。

如果将盈亏平衡销量表示为 Q_0,固定成本为 F,销售单价为 p,单位变动成本为 v,盈亏平衡销售收入为 R_0,边际贡献率为 k,则盈亏平衡销量和盈亏平衡销售收入可以使用如下的公式计算:

$$Q_0 = \frac{F}{p-v} \qquad (5\text{-}4)$$

$$R_0 = \frac{F}{k} \qquad (5\text{-}5)$$

注意,盈亏平衡销量的计算只适用于某单一产品,若需要计算多种产品或整个企业的盈亏平衡点时,则只能用盈亏平衡销售收入。盈亏平衡销售收入这一指标既适用于某一产品盈亏平衡点的计算,也适用于整个企业盈亏平衡点的计算。特别是不以产品计件的服务性企业,其盈亏平衡点的计算只能用盈亏平衡销售收入。盈亏平衡点的计算为企业的利润预测和控制提供了有效的手段和方法,大大简化了利润预测的方法。

5.1.4 在 Excel 中计算盈亏平衡点的方法

在 Excel 中可以按式(5-4)和式(5-5)计算盈亏平衡销量与盈亏平衡销售收入。另外,还可以应用以下方法完成计算。

(1) 在灵敏度分析(模拟运算表)的基础上生成销量与利润(或销售收入与利润)对照表,使用查表加内插值的方法。

(2) 使用 Excel 所提供的单变量求解(goal seeking)工具。

(3) 使用 Excel 所提供的规划求解(solver)分析工具。

5.1.5 在 Excel 中建立盈亏平衡分析模型的基本原则

在 Excel 中建立模型[1]的基本原则一般包括三方面。

---

[1] 王兴德在 1999 年出版的《现代管理决策的计算机方法》与 2003 年出版的《电子化商务决策分析》中对于这种建模分析方法及应用做了系统的阐述,并且提供了大量应用实例。

（1）正确性。模型的逻辑（模型公式中各种变量的关系）必须正确与完备。在一个单元格中输入的公式应该能够计算出正确值，尤其在使用 if() 函数进行分档计算时，应该能正确计算出各个条件下的结果数据，正确进行四舍五入的操作。

（2）可读性。模型的基本含义与结论应该便于创建者和使用者正确理解。模型应提供多方面的配套分析数据和图形，以便决策者从各方面深入理解模型所提供的含义与性质。

（3）易维护性。模型应该让使用者在问题发生变化时可以方便地进行修改。应将问题中的所有已知参数集中安排在模型工作表的一个区域，在模型的计算过程中应通过对参数区域中的单元格引用来使用给定参数值，对于计算结果不应以数字的形式直接使用任何参数值，而应采用单元格引用、公式和函数完成。

5.1.6　盈亏平衡分析建模步骤

一个完整的盈亏平衡分析包括以下几个步骤。

（1）在 Excel 工作表中建立盈亏平衡分析模型的框架，并在相应的单元格中输入产品销售单价、单位变动成本、固定成本等参数值。

（2）在给定的销量下，利用公式计算成本、销售收入和利润等值。

（3）为了使产品销量对利润的影响有一个完整且直观的认识，可以绘制一个利润随销量（或销售收入）变化的散点图，观察当销量（或销售收入）大致为多少时企业可以达到盈亏平衡。可以利用模拟运算表产生绘制图形所使用的数据。

（4）计算产品的盈亏平衡点可以使用以下方法。

- 公式计算。
- 单变量求解或规划求解。
- 查表加内插值法。

（5）进一步探讨问题中的各种经营管理参数（如单价）的变化对盈亏平衡点的影响。此时，可以在步骤（3）产生的图表中添加一个可以对参数（如单价）进行调节的"微调项"，通过对"微调项"的调节，观察参数（如单价）的变化对盈亏平衡点和决策结论的影响。

（6）根据预定的目标利润值确定为实现该利润值所应达到的产品销量或销售收入。

5.1.7　盈亏平衡分析模型应用举例

下面将举例说明利用 Excel 进行盈亏平衡分析的方法和步骤。

【例 5-1】　富勒公司制造一种高质量运动鞋。公司最大生产能力为 1500 双，固定成本为 37800 元，每双鞋的变动成本为 36 元，当前的销量为 900 双，每双平均销售价格为 90 元，公司管理层需要建立一个决策模型用于盈亏平衡分析，模型应包含以下功能。

（1）计算单位边际贡献及边际贡献率。

（2）计算销售收入、总成本及利润。

（3）计算盈亏平衡销量。

（4）提供反映公司的销售收入、总成本、利润等数据的成本-销量-利润的图形，通过图形动态反映销量从 0 双按增量 10 双变化到 1500 双时，利润的变化情况及"盈利""亏损""盈亏平衡"的决策信息。

（5）考虑到销售价格受市场影响的波动，用图形形式反映销售价格从 80 元按增量 0.5

元变化到 100 元时,盈亏平衡销量、盈亏平衡销售收入和利润的相应变化,以及决策结论的改变。

(6) 用参考线显示预定的目标利润为 24000 元所对应的目标销量值。

【解】

(1) 根据盈亏平衡分析步骤,在 Excel 中建立盈亏平衡分析模型。

基本模型结构如图 5-1 中单元格 B2:C15 所示。

	A	B	C	D	E	F	G	H	I	J
2		销量 Q	900			销量 Q	销售收入 R	总成本 C	利润 π	
3							81000.00	70200.00	10800.00	
4			单位:元			0	0	37800	-37800	
5		平均每双销售价格 P	90.00	#		1500	135000	91800	43200	
6		每双变动成本 v	36.00							
7		固定成本 F	37800.00			计算盈亏平衡销量:附表插值法				
8						700	63000	63000	0	
9		单位边际贡献	54.00							
10		边际贡献率	60%			盈亏平衡销量垂直参考线				
11		销售收入 R	81000.00			700	140000			
12		总成本 C	70200.00			700	63000			
13		利润 π	10800.00			700	63000			
14						700	0			
15		盈亏平衡销量 Q_0	700			700	-40000			
16						当前销量垂直参考线				
17		目标利润	24000			900	140000			
18		目标销量	1144			900	81000			
19		结论:				900	70200			
20		销量=900时,盈利				900	10800			
21		售价=90元,盈亏平衡销量=700				900	0			
22						目标利润与目标销量折角参考线				
23		700,63000				0	24000			
24						1144	24000			
25						1144	0			

图 5-1　盈亏平衡分析模型

如图 5-1 所示,将已知参数销售价格(90)、单位变动成本(36)和固定成本(37800)分别输入单元格 C5:C7;假定当前销量(单元格 C2)为 900;计算单位边际贡献、边际贡献率、销售收入、总成本、利润、盈亏平衡销量,在相关单元格中输入公式。

单元格 C9	=C5－C6	单元格 C10	=C9/C5
单元格 C11	=C5*C2	单元格 C12	=C6*C2+C7
单元格 C13	=C11－C12	单元格 C15	=C7/C9

(2) 利用模拟运算表的数据绘制散点图,以图形方式反映盈亏平衡模型。

以销量作为自变量,同时对销售收入、总成本、利润等 3 个函数进行一维模拟运算。如图 5-1 中单元格 F3:I5 所示。注意,在单元格 F4:F5 中输入各自变量的值,因为本例是一个线性问题,所以只需输入自变量销量的起始值(0)和终止值(最大生产能力 1500)。对于非线性问题则必须采用多个自变量值。因为在非线性问题中,两个自变量值间的增量越小且自变量值越多,非线性曲线就越平滑、越精确。

在单元格 G3:I3 分别引用 C11、C12 和 C13 中的销售收入、总成本和利润的计算公式。

选取单元格 F3:I5,选择"数据"选项卡中"预测"工具组中"模拟分析"下拉菜单中的"模拟运算表",因为本例采用纵向放置(列引用)自变量的各个值,在"模拟运算表"对话框的"输入引用列的单元格"文本框中,选择模型中的单元格 C2。模拟运算表的含义是用自变量单元格 F4 和单元格 F5 的值来替代单元格 C2 值,分别计算对应的销售收入、总成本和利润的值,并将计算结果放置在单元格 G4:I5 区域。

图形能够更直观、更清晰地理解模型的信息。图形虽然可用折线图、饼图、柱形图,但在大多数情况下采用的是散点图而非折线图,因为相同坐标值(x,y)在散点图上的点子是重叠的,而折线图则不会重叠。一般而言,常使用散点图反映自变量是数值(不是时间、各类名称或序号等)的函数值图形。本例利用单元格 F2:I2 及 F4:I5 的数据绘制一个散点图,然后编辑图形,对 x 轴和 y 轴的刻度固定,以图形方式反映销售收入、总成本、利润三者间的关系。

(3)计算盈亏平衡销量。

计算盈亏平衡销量可采用公式法、单变量求解法、规划求解法和查表加内插值法等多种方法,其中规划求解法在第 3 和第 4 章预测模型最优化参数求解中已有详细介绍,本章介绍其他 3 种方法。

方法一:采用公式法完成 $Q_0 = F/(p-v)$,图 5-1 中的单元格 C15 是采用公式法得到的结果。公式法实际是将利润公式中的利润设为 0,求解方程后得到的计算公式。求解方程的方法可用于求解相对盈亏平衡点,即两条曲线交点的值。但是若公式很复杂,计算烦琐或无法使用公式来计算时,则只能采用方法二或方法三。

方法二:采用单变量求解。此方法的特点是只能有一个自变量。选中单元格 C13,选择"数据"选项卡中"预测"组中"模拟分析"下拉菜单中的"单变量求解",在"单变量求解"对话框(如图 5-2 所示)中的"目标值"文本框中输入目标值数字 0,"可变单元格"文本框中选择单元格 C2,单击"确定"按钮后即可看到单元格 C2 中的值为 700,与单元格 C15 中的盈亏平衡公式计算结果一样。注意:在模型的单元格 C2 中不能采用公式(即没有等号开头)。

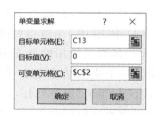

图 5-2 "单变量求解"对话框

需要指出的是:使用单变量求解或规划求解来求解盈亏平衡销量的方法存在缺点,它所求得的盈亏平衡销量作为一个特定的销量数值出现在销量单元格中,但是这个单元格中的数值在模型其他参数发生变化时,所求得的盈亏平衡点值不会自动随之改变,不适用于可调图形的参考线和参考点的绘制。此方法一般用于验证公式计算的结果或只要求解具体的数值。

方法三:采用查表加内插值法求出盈亏平衡点的值。查表加内插值法实际上是采用了线性等比方法。假定已知曲线上两点坐标(X_1,Y_1)和(X_2,Y_2)且已知两点之间某一点(X_0',Y_0')的坐标中 X_0' 或 Y_0' 的值,求解 Y' 或 X' 的值。可以将求解曲线上坐标(X_0',Y_0')问题转化成求解直线上的(X_0,Y_0)坐标中的 X 或 Y 值问题,求得的解(X_0,Y_0)是(X_0',Y_0')的近似解。若两点坐标(X_1,Y_1)和(X_2,Y_2)越接近,则两个坐标值之间的某点(X_0',Y_0')与(X_0,Y_0)就越接近,用查表加内插值法求得的解就越精确,如图 5-3 所示。所以在用内插值公式之前需要用查表法查出最接近于(X_0,Y_0)的两个坐标点(X_1,Y_1)和(X_2,Y_2)。本例中的利润函数是直线函数,所以不管两点坐标(X_1,Y_1)和(X_2,Y_2)有多远,都无须查表,用内插值法求得的解都是精确的。

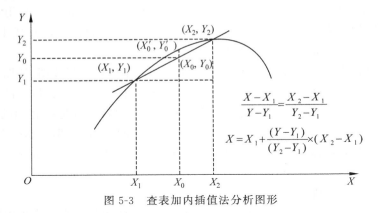

$$\frac{X-X_1}{Y-Y_1}=\frac{X_2-X_1}{Y_2-Y_1}$$

$$X=X_1+\frac{(Y-Y_1)}{(Y_2-Y_1)}\times(X_2-X_1)$$

图 5-3 查表加内插值法分析图形

在单元格 F4:I5 的以销量为自变量,销售收入、总成本、利润为函数的一维模拟运算表基础上,将单元格 F4 看作 X_1,单元格 I4 看作 Y_1;单元格 F5 看作 X_2,单元格 I5 看作 Y_2;单元格 I8 看作 Y_0;在单元格 I8 中输入 0 求解 X_0,即单元格 F8 的值。在单元格 F8 中输入公式"=F4+(I8-I4)/(I5-I4)*(F5-F4)"。查表加内插值公式的含义是根据单元格 I8 值(利润为 0)采用等比法计算得到盈亏平衡销量单元格 F8 的值(700)。用同样的方法分别计算达到盈亏平衡销量时的销售收入(63000,公式为 G4+(F8-F4)/(F5-F4)*(G5-G4))和总成本(63000,公式为 H4+(F8-F4)/(F5-F4)*(H5-H4))。

(4) 使用 if() 函数得到决策结论文字。

if() 函数是常用的分支函数,使用 if() 函数能够判断数据的不同情况,得到不同的决策结论。一个决策结论是在单元格 B20 中输入公式"="销量="&ROUND(C2,0)&"时,"&IF(C13>0,"盈利",IF(C13=0,"盈亏平衡","亏损"))",公式中 ROUND() 函数是按指定位对数值进行四舍五入。当销量为 900 时,单元格 B20 中显示的结果是"销售=900 时,盈利",如图 5-1 所示。当销量为 600 时,单元格 B20 中显示的结果是"销量=600 时,亏损"。另一个决策结论是在单元格 B21 中输入公式"="售价="&C5&"元,盈亏平衡销量="&ROUND(C15,1)",计算结果如图 5-1 所示。

(5) 制作动态可调图形进行可视化的"如果-怎样"分析[1]。

可调图形是采用控件按钮、文本框和图表三者相结合来实现"如果-怎样"(What-if)分析。使用可调图形实现的可视化"如果-怎样"分析能够明显地提高决策者进行分析的有效性。

① 在第(2)步建立的散点图上添加反映当前销量垂直参考线及销售收入、总成本、利润与当前销量相交的参考点。

利用单元格 F17:G21 数据在图形上添加反映当前销量(单元格 F17:F21 都引用单元格 C2)的垂直参考线和销售收入(单元格 G18 引用单元格 C11)、总成本(单元格 G19 引用单元格 C12)、利润(单元格 G20 引用单元格 C13)与当前销量的交点。当前销量值(C2)由小变

---

[1] 此方法由王兴德主编的《财经管理计算机应用》一书首次提出。

大时,反映当前销量的垂直参考线由左向右移动,利润与当前销量的交点由负数变化成正数,即由亏损变化成盈利,当销量超过盈亏平衡销量后,销量越大利润值越大。构造垂直参考线和参考点的坐标数据,尽量引用模型中的数据、公式、函数计算结果,因为垂直参考线和参考点要随模型中销量值的变化而移动。

选取单元格 F17:G21,选择"复制"按钮。选中(单击)图形,选择"开始"选项卡中"剪贴板"组中的"粘贴"下拉菜单中的"选择性粘贴",出现图 5-4 所示的对话框,在"选择性粘贴"对话框中对参数进行正确设置。对添加的参考线和参考点进行适当的格式设置,即可得到图 5-5 中显示的右边那条垂直参考线。

同理,利用单元格 F11:G15 中数据在图形上添加反映盈亏平衡销量(单元格 F11:F15 都引用单元格 C15)的垂直参考线及相关交点。除了 Y 轴的最小值和最大值外,中间散点的 Y 值分别取盈亏平衡点处的销售收入、总成本和利润,即单元格 G12:G14

图 5-4　"选择性粘贴"对话框

不能直接输入固定数值,在单元格 G12 中输入公式"=C5*F12",在单元格 G13 中输入公式"=C7+C6*F13",在单元格 G14 中输入公式"=C9*F14-C7",结果见图 5-5 中左边那条参考线。

② 利用文本框与单元格链接的功能,制作随控件值动态可变的结论文字和数据。

使用文本框与单元格链接文字时应注意:先在某个单元格中组合文字(在单元格 B20 和 B21 中使用函数及公式将决策结论组织完成),然后才能用文本框引用单元格 B20 和 B21 的值。链接时,选择"插入"选项卡中"文本"组中的"文本框"下拉菜单中的"横排文本框",先画一个文本框并且选中,随后将光标定位在编辑栏(fx 右边)输入"=",再单击被链接单元格(B20 或 B21),最后按 Enter 键。

③ 制作改变模型中参数值的控件按钮。

在图形中添加一个微调项控件。选择"开发工具"选项卡中"控件"组中"插入"下拉菜单中"表单控件"中的"数值调节项(微调项)",设计一个微调项控件,右击微调项控件,在快捷菜单中选择"设置控件格式",设置最小值(0)、最大值(1500)、步长(10),并将链接单元格设为销量单元格 C2,这样当前销量垂直参考线将随着微调项控件的调节而动,且在文本框中显示"盈利""盈亏平衡"或"亏损"等结论文字。

再添加一个微调项控件,链接单元格设为单元格 D5,从 800~1000 按步长 5 变化,在销售单价单元格 C5 输入公式"=D5/10"(因为单价的实际变化是 80~100,步长为 0.5),这样盈亏平衡垂直参考线就会随之变化,并且显示动态变化的结论文字。

④ 组合控件、文本框和图表等对象。

将微调项控件、决策结论文本框和图表组合在一起,制成了动态可调图形,操作结果如图 5-5 所示。

在图表上经过盈亏平衡销量的垂直参考线,经过利润为零的点,需要特别标出。采用垂直参考线和参考点的图形十分有助于决策者了解利润随销售单价(单元格 C5)变化的全貌,它反映出当固定成本与单位变动成本不变而销售单价由小变大时,盈亏平衡销量由大变小,垂直参考线向左移动。在图形上观察销售价格从 80 元按增量 0.5 元变化到 100 元时,盈亏平衡销量及盈亏平衡销售收入的变化,图形中盈亏平衡销售量与盈亏平衡销售收入的交点

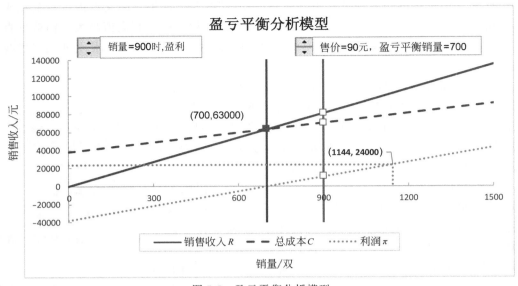

图 5-5　盈亏平衡分析模型

坐标（700,63000）的动态值是采用文本框引用组合文字的单元格 B23 中输入公式 "=("&ROUND(F12,0)&","&ROUND(G12,0)&")"。

（6）利用单变量求解方法快速求解目标利润对应的目标销量。

盈亏平衡分析模型也可以用于分析为实现预定的目标利润如何确定目标销量。这里假设公司预定利润为 24000 元,选中单元格 C13,选择"数据"选项卡中"预测"工具组中"模拟分析"下拉菜单中的"单变量求解",在"单变量求解"对话框中的"目标值"文本框中输入目标值数字 24000,"可变单元格"文本框中选择单元格 C2,单击"确定"按钮后,模型中单元格 C2 的值为 1144。单变量求解结果是,当完成目标销量 1144 时即可实现预定的目标利润 24000。

当然,我们也可以用公式计算目标销量,如果目标利润设为 24000(单元格 C17),在单元格 C18 中输入公式"=(C7+C17)/C9",即可得到目标销量(1144)。

我们也可以在图形上添加目标利润和目标销量折角参考线,参考线数据如图 5-1 中单元格 F23:G25 所示,参考线的添加方法前文已有介绍,这里不再赘述。

单元格 F23	0	单元格 G23	=C17
单元格 F24	=C18	单元格 G24	=C17
单元格 F25	=C18	单元格 G25	0

5.1.8　建立动态管理决策模型的一般步骤

根据例 5-1,我们可将建立管理决策图形模型的步骤归纳如下。

（1）根据提供的已知参数,利用公式和函数,建立一个管理决策问题的 Excel 模型。

（2）对目标变量和中间变量(一个或多个)关于自变量(一个或两个)进行灵敏度分析,建立一维或二维(一个自变量或两个自变量)的模拟运算表。

（3）利用模拟运算表的数据绘制图形，以图形方式反映管理决策模型。

（4）利用函数、公式、单变量求解或查表加内插值方法获得决策者所须关注的决策依据点。

（5）利用单元格文字组合功能创建决策结论文字。

（6）制作可调图形进行可视化的"如果-怎样"分析。具体步骤如下。

① 在图形上添加垂直参考线（也可能需要水平参考线或折角参考线）和参考点。

② 制作改变模型中某个参数的控件。

③ 利用文本框与单元格链接的功能制作随控件值动态可变的文字和数据结论。

④ 组合控件、文本框及图形等对象。

通过例 5-1，我们已经了解到 Excel 中的图形为建立管理决策模型提供了一种极为有效的工具，特别是可调图形不但使模型的决策过程与结果能动态表现，而且制作极为简便，不需要任何编程。在建立图形模型时，为了更好地表现模型的决策过程与结果，除了常用的散点图之外，有时也会采用其他图形类型或多种图形类型组合。

5.2 成本决策分析模型

观看视频

成本决策是指按照既定总目标，在成本预算基础上，挖掘企业降低成本的潜力，拟订各种降低成本的可行性方案，并对方案进行分析评估，选择最佳方案，使目标成本最优化的一系列过程。从提高经济效益角度来看，成本决策具有重要意义。作为反映企业经济效益好坏的重要指标的利润，是销售收入减去成本后的余额，在销售收入既定的条件下，降低成本就成了提高企业经济效益的关键。成本越低，企业的经济效益越好；反之亦然。成本决策不仅是企业短期决策的重要组成部分，而且也是长期经济决策的重要依据。

节约费用的决策是降低成本的一个重要措施。特别是对费用中重大项目的支出，要事先提出几种方案，进行决策分析，以便用最少的费用取得最大的效果。例如，对于部分零件是自制还是外购等方案的决策。

在盈亏平衡模型中，由于利润是产品销售收入与总成本之差，也可以说是产品边际贡献与固定成本之差，所以利润的正负或大小的变化其实是在销量变化过程中销售收入与成本之间（或边际贡献与固定成本之间）的大小关系的变化。在这个意义上，盈亏平衡分析又被拓展到对两种决策方案的比较中去：如果两个备选决策方案的优劣关系在一个参数的变化过程中会发生交替的话，那么，两种备选方案优劣关系发生交替的那个特定的值被称为这两种方案之间的"相对平衡点"。很显然，在具有两种备选决策方案的决策问题中，这两个备选方案之间相对平衡点的确定以及问题中其他参数对于相对平衡点的影响必然是有关决策分析的重要内容，这时，成本相对平衡分析已经不单纯是一种财务分析方法，而是一种在理论与实践上都具有重要意义的决策方法。

下面举例说明如何利用 Excel 模型进行成本决策分析，选择成本较低的备选方案，控制企业的成本。

【例 5-2】 富勒公司制造产品时需要某种零件，此零件如果自制，单位变动成本为 4.8元/件，固定成本共计 30000 元。如果外购，单价为 7 元/件，但可以减少固定成本 20000 元。

目前公司对此零件的需求量为 10000 件,公司需要依据成本决策分析模型来作出"自制"还是"外购"的方案选择。

【解】 本例问题的决策目标是使总成本达到极小,备选方案是零件"自制"还是"外购"两种决策方案。

(1) 建立一个反映两种方案总成本的分析模型,计算"自制"与"外购"方案的总成本。

按图 5-6 中单元格 B2:D11 区域数据建立模型,输入参数和公式。

	A	B	C	D	E	F	G	H	I	J
1										
2		需求量	20000	2000			需求量	自制总成本	外购总成本	
3								126000	150000	差值
4		方案	自制	外购			0	30000	10000	20000
5		固定成本	30000	10000			35000	198000	255000	−57000
6		单位变动成本	4.80				附表插值法:			
7		单件买价		7.00	#		9091	73636	73636	0
8		总成本	126000	150000			当前需求量垂直参考线			
9							20000	250000		
10		相对盈亏平衡点	9091				20000	126000		
11		相对盈亏平衡点处的总成本	73637				20000	150000		
12							20000	0		
13		需求量=20000								
14		决策结论:最佳方案是自制								
15		购买单价=7								
16										

图 5-6 "自制"与"外购"两种方案的决策模型

在单元格 D5 中输入计算外购固定成本的公式"=C5−20000",在单元格 C8 中输入计算自制总成本的公式"=C2*C6+C5",在单元格 D8 中输入计算外购总成本的公式"=D7*C2+D5"。在单元格 C10 中输入计算"自制"和"外购"的相对平衡点公式"=(D5−C5)/(C6−D7)"。在单元格 C11 中输入计算出"自制"和"外购"的相对平衡点处的总成本公式"=C10*C6+C5"。在单元格 B13:B15 中分别输入组合结论文字公式:

单元格 B13	="需求量="&C2
单元格 B14	="决策结论:最佳方案是"&IF(C8<D8,"自制",IF(C8=D8,"皆可","外购"))
单元格 B15	="购买单价="&D7

(2) 根据模拟运算表的数据建立散点图。

在单元格 G3:I5 中建立两个方案的总成本随需求量变化的一维模拟运算表,并用单元格 G2:I2 和单元格 G4:I5 中的数据绘制以需求量为 X 坐标值和两种方案总成本为 Y 坐标值的散点图。

(3) 制作需求量(自变量)与购买单价(参数)可调控件,进行可视化的"如果-怎样"分析。

在图形上添加一个微调钮,使得零件需求量从 1000 按步长 500~34000 进行变化,同时在图形上添加一个微调钮,使得零件购买单价从 5.5 按步长 0.1~7.0 进行变化,用于观察当零件需求量与购买单价变化时,对方案选择的影响。添加控件、文本框、垂直参考线等对象且与图形组合,用文本框反映决策结论"自制"还是"外购",如图 5-7 所示。

如果富勒公司对零件的需求量有所增加,供应商则推出批量采购价格优惠策略,如何通过对例 5-2 模型的修改,使模型能解决当采购量大到一定数量(采购折扣阈限值)时,购买价

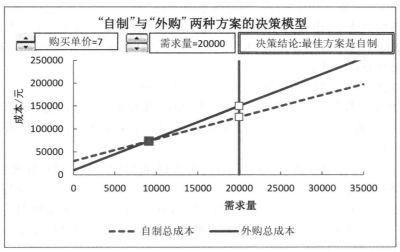

图 5-7　"自制"与"外购"两种方案的决策图形

格可以打折,应该采用"自制"还是"购买"零件的问题。

【例 5-3】　在例 5-2 分析模型中,已经计算出当公司的零件需求量超过 9091 时,"自制"方案是一个好的选择。富勒公司得知在其他条件不变的情况下,若采购批量达到 18000 件时,"外购"单件买价可以降低到 4.1 元。目前公司的零件需求量为 20000,富勒公司应选择哪种方案?

【解】

(1) 参考例 5-1,按图 5-8 中单元格 B2:D11 区域数据建立富勒公司"自制"与"外购"两种方案的决策模型。

	A	B	C	D	E	F	G	H	I	J
1										
2		需求量	20000	2000			需求量	自制总成本	外购总成本	差值
3								126000	92000	
4		方案	自制	外购			1000	34800	17000	17800
5		固定成本	30000	10000			18000	116400	136000	-19600
6		单位变动成本	4.80				18000	116400	83800	32600
7		实际单件买价		4.10			35000	198000	153500	44500
8		无采购折扣时单件买价		7.00						
9		采购折扣阈限值		18000			9091	73636	73636	0
10		达到折扣阈限的单件买价		4.10	#					
11		总成本	126000	92000			交点垂线参考线			
12							9091	73636		
13		相对盈亏平衡点	9091				当前需求量垂直参考线			
14		相对盈亏平衡点处的总成本	73636				20000	200000		
15							20000	126000		
16		需求量=20000					20000	92000		
17		需求量=20000					20000	0		
18		决策结论:最佳方案是外购								
19		达到折扣阈限的单件买价=4.1								
20		采购折扣阈限值=18000								
21										

图 5-8　价格优惠时"自制"与"外购"两种方案的决策模型

在单元格 D5 中输入计算"外购"固定成本的公式"=C5-20000",在单元格 D7 中输入实际单件买价的公式"=IF(C2≥D9,D10,D8)",在单元格 C11 中输入计算"自制"总成本的公式"=C2*C6+C5",在单元格 D11 中输入计算"外购"总成本的公式"=C2*D7+D5"。

本例题要注意以下几点。

① 在单元格 D7 计算实际单价时,必须使用 IF()函数。

② 在制作需求量与"自制"成本、"外购"成本的一维模拟运算表时必须反映出折扣的转折点,图形在反映折扣临界点时会产生陡降的感觉。单元格 G5 和 G6 中分别输入公式"=D9-0.0001"和"=D9"。

③ 在单元格 G9 中使用查表加内插值(等比法)求得"自制"与"外购"总成本相等时的需求量,在单元格 G9 输入公式"=G4+(J9-J4)/(J5-J4)*(G5-G4)"。使用公式计算单元格 G9 的值后,用同样的方法可以计算对应的"自制"成本 73636(单元格 H9,公式:=H4+(G9-G4)/(G5-G4)*(H5-H4))和"外购"成本 73636(单元格 I9,公式:=I4+(G9-G4)/(G5-G4)*(I5-I4))。

(2) 绘制一个随需求量变化的反映"自制"与"外购"两种方案的图形。

用单元格 G2:I2 和 G4:I7 中的数据绘制以需求量为 X 坐标值和两种方案总成本为 Y 坐标值的散点图,图中"外购"成本线在折扣阈限值(18000)处出现了陡降。将该数据系列第三个数据点设置成无线条格式,即可出现数据线在转折点处的断点。

在图形上添加需求量微调钮,使得需求量从 2000 按步长 1000 到 34000 进行变化;在图形上添加折扣阈限值微调钮,使得折扣阈限值从 15000 按步长 200 到 28000 进行变化;在图形上添加单件买价微调钮,使得达到折扣阈限值的单件买价从 4.0 按步长 0.1 到 7.0 进行变化;用文本框反映决策结论"最佳方案是自制"还是"最佳方案是外购"。组合图形上控件、文本框、垂直参考线等对象,操作结果如图 5-9 所示。

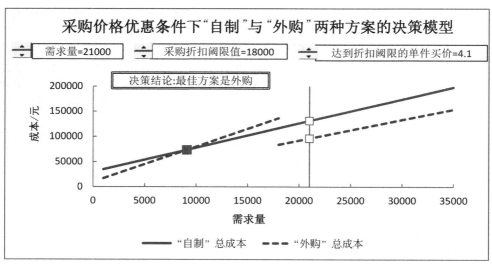

图 5-9 价格优惠时"自制"与"外购"两种方案的决策

(3) 根据图形进行分析。

图形中的垂直参考线标识了两种方案总成本的交点,即当需求量为 9091 时,"自制"与

"外购"两种方案的成本都是73636,此时决策者选择任何一种方案均可。而目前需求量为21000,从需求量的垂直参考线与两条总成本曲线的交点可以看出,外购的总成本(92000)低于"自制"的总成本(126000),所以决策结论为"最佳方案是外购"。图形上折扣阈限值微调钮和折扣单价微调钮可以调整"外购"总成本曲线突降点的位置。本例因为有了折扣优惠策略,所以当需求量足够大时,"外购"方案比"自制"方案更为有利。

5.3　经济订货量分析模型

观看视频

5.3.1　库存成本

由于各种原因,企业必须储备一定量的库存。如果不考虑其他因素,则库存数量应该越多越好。然而事实上,企业储备库存必须为之付出一定的代价,即库存成本。

1. 库存成本内容

(1)采购成本:采购成本由商品的买入价、运杂费和其他为使商品交给企业所花费的成本组成。采购成本的高低主要取决于采购数量与采购单价,实际上采购成本主要受采购单价的影响。而影响采购单价的因素除了不同的供应商可能会产生价格竞争外,采购批量的大小也可能是影响因素之一,一般地说,采购批量大,则可能享受到价格折扣,从而使采购单价降低。

(2)订货成本:订货成本是指为订购商品而发生的成本。一般地说,订货成本与订货的次数有密切的联系。在一定时期,一定需求总量下,订货次数越多,订货总成本越高;订货次数越少,订货总成本越低。企业要想降低订货成本,就应该设法扩大每次采购数量,从而减少总的订货次数。

(3)储存成本:储存成本是指商品在储存过程中发生的仓库保管费、保险费、库存资金占用所支付的利息等。储存成本与存储的库存量有关,而与订货次数无关。在一定的时期以内,库存的储存成本总额是平均库存量乘单位储存成本。因此,企业要降低储存成本,就应该设法压缩每次订货数量,增加采购次数,从而尽可能降低平均库存量,以达到降低储存成本的目的。

2. 库存的有效控制

所谓库存的有效控制是指对各种商品的库存数量应控制在一个恰当的水平上。因为,库存过多,则增加储存成本;库存不足,则不仅影响生产或销售的正常进行,还会因临时性购置商品而增加费用,从而减少利润。造成库存过多或不足,其关键是订货量问题。每次订货量过多,则库存增加,造成储存成本增加;每次订货量过少,必然会增加订货次数而使订货成本增加。显然,如何使储存成本与订货成本之和达到最低是库存控制的一个核心问题。即设法计算一个最佳库存的订货量,能使一定时期内库存的总成本降至最低。

5.3.2　经济订货量

经济订货量(Economic Order Quantity,EOQ)方法是采用数学的方法计算库存的每次订货量,这一订货量能够在一定时期内,使某一品种商品的库存总成本达到最低。

1. 经济订货量的前提条件

由于经济订货量是效益经济理论的一种理想方法,其计算及应用需要基于某些前提或假设,否则,会影响计算和应用结果的正确性。概括起来,经济订货量基于的前提条件有以下几点。

(1) 在一定时期内已知某种商品的需求量,这一需求量在分析期保持不变。

(2) 每次订货成本都保持不变。

(3) 单件商品的储存成本固定不变,一般用一件商品在仓库中保存一年的成本来反映。

(4) 初始库存量为零。

(5) 库存能够得到及时的补充,即假定库存一旦数量不足时都可以立即得到补充,因而不考虑安全库存。

2. 经济订货量模型

(1) 固定需求下的库存量的变化规律。

假定用 Q 表示商品的一次订货量,根据以上的前提假设条件,年平均库存量可用以下公式表示:

$$年平均库存量 = \frac{Q}{2} \tag{5-6}$$

(2) 经济订货量公式推导。

假定用 D 表示商品的全年需求量,用 k 表示一次订货的固定成本(简称单位订货成本),用 h 表示一件商品在仓库中保存一年的储存成本(简称为单位年储存成本),采购单价为 p。

年储存成本等于年平均库存量与单位年储存成本的乘积,公式为

$$年储存成本 = \frac{hQ}{2} \tag{5-7}$$

年订货成本等于单位订货成本乘订货次数。由于在一定时期以内(一般为一年),商品的总需求量(即年需求量)是一定的,所以,订货次数是用年需求量 D 除以每次订购量 Q,即 D/Q,由此得到订货成本的公式为

$$年订货成本 = \frac{kD}{Q} \tag{5-8}$$

由于假设某种商品的全年需求量是固定的,无论每次订货量等于多少,全年所要支付的采购成本为采购单价 p 乘需求量,与订货量 Q 无关。换言之,全年采购成本虽然可能是全年总成本中数额最大的一个组成部分,但它与每次订货的订货量无关。

$$年采购成本 = pD \tag{5-9}$$

年总成本=年订货成本+年储存成本+年采购成本。

$$C = \frac{kD}{Q} + \frac{hQ}{2} + pD \tag{5-10}$$

因年采购成本与订货量 Q 无关,因此在讨论经济订货量问题时,企业的库存成本可以看成储存成本与订货成本之和,即总成本 C 的计算公式为

$$C = \frac{kD}{Q} + \frac{hQ}{2} \tag{5-11}$$

从式(5-11)可以看出,订货量 Q 越大,储存成本越高,而订货成本越低;反之,订货量 Q 越小,储存成本越低,而订货成本越大。企业需要在增加订货量所节约的订货成本与增加库存量所提高的储存成本之间进行权衡,以求得两者的最佳组合。

由于在式(5-11)中,总成本 C 是订货量 Q 的函数,因此,可对 C 求导,并令其为零,即

$$\frac{dC}{dQ} = -\frac{kD}{Q^2} + \frac{h}{2} = 0 \tag{5-12}$$

计算经济订货量公式为

$$Q_0 = \sqrt{\frac{2kD}{h}} \tag{5-13}$$

从式(5-12)中可以看出,在经济订货量下年订货成本与年储存成本二者相等,它们的共同值为

$$\frac{kD}{Q_0} = \frac{hQ_0}{2} = \sqrt{\frac{khD}{2}} \tag{5-14}$$

而作为它们之和的年总成本极小值则为

$$C_{\min} = \sqrt{2khD} \tag{5-15}$$

与经济订货量对应的订货周期 T 是最优的订货周期,它(以年为单位的数值)等于

$$T_0 = \sqrt{\frac{2k}{hD}} \tag{5-16}$$

5.3.3 经济订货量模型应用示例

观看视频

【例5-4】 特福公司需要采购某零件,全年需求量为15000件,每次订货成本为500元,单个零件的年储存成本为30元,当订货量为900件。要求:

(1) 计算年订货成本、年储存成本、年总成本。

(2) 计算经济订货量及年总成本极小值。

(3) 绘制反映该零件的年订货成本、年储存成本、年总成本随订货量变化的图形;当该零件年需求量从10000按增量1000变化到20000时,经济订货量及年总成本极小值。

(4) 在图形中反映当订货量从400按增量50变化到1000时年订货成本、年储存成本、年总成本的值。

【解】

(1) 按图 5-10 中单元格 B2:C14 区域数据建立模型。

计算年订货成本、年储存成本、总成本,并计算经济订货量及经济订货量时的年订货成本、年储存成本、总成本的值,在相应单元格中分别输入以下公式:

单元格 C7	＝C2/C6 * C3	单元格 C12	＝C2/C11 * C3
单元格 C8	＝C4 * C6/2	单元格 C13	＝C11/2 * C4
单元格 C9	＝C7＋C8	单元格 C14	＝C12＋C13
单元格 C11	＝SQRT(2 * C2 * C3/C4)		

(2) 绘制反映该零件的年订货成本、年储存成本、年总成本随订货量变化的图形。

	A	B	C	D	E	F	G	H	I	J
1						订货量	年订货成本	年储存成本	年总成本	
2		年需求量(D)	15000				8333.3	13500.0	21833.3	
3		一次订货的订货成本(k)	500			200	37500.0	3000.0	40500.0	34500.0
4		单位年储存成本(h)	30			300	25000.0	4500.0	29500.0	20500.0
5						400	18750.0	6000.0	24750.0	12750.0
6		订货量(Q)	900.0			500	15000.0	7500.0	22500.0	7500.0
7		年订货成本	8333.3			600	12500.0	9000.0	21500.0	3500.0
8		年储存成本	13500.0			700	10714.3	10500.0	21214.3	214.3
9		年总成本	21833.3			800	9375.0	12000.0	21375.0	−2625.0
10						900	8333.3	13500.0	21833.3	−5166.7
11		经济订货量(EOQ)	707.1			1000	7500.0	15000.0	22500.0	−7500.0
12		EOQ下的年订货成本	10606.6			1100	6818.2	16500.0	23318.2	−9681.8
13		EOQ下的年储存成本	10606.6			1200	6250.0	18000.0	24250.0	−11750.0
14		EOQ下的年总成本	21213.2			1300	5769.2	19500.0	25269.2	−13730.8
15						1400	5357.1	21000.0	26357.1	−15642.9
16		年需求量=15000								
17		订货量=900				700	10714.3	10500.0	21214.3	214.3
18		经济订货量=707,年总成本最小值=21213.2				707.5	10613.2	10613.2	21226.4	0
19						800	9375.0	12000.0	21375.0	−2625.0
20						经济订货量垂直参考线			当前订货量垂直参考线	
21						707.1	35000.0		900	35000.0
22						707.1	10606.6		900	8333.3
23						707.1	21213.2		900	13500.0
24						707.1	0.0		900	21833.3
25									900	0.0

图 5-10　经济订货量分析模型

在单元格 F3:I15 建立以订货量为自变量,以年订货成本、年储存成本、年总成本为因变量的一维模拟运算表,并根据模拟运算表数据绘制表示经济订货量概念的年总成本随订货量变化的曲线。

将此图形改造成一个可调图形,以图形形式反映不同订货量所对应的年订货成本、年储存成本、年总成本和经济订货量的垂直参考线,如图 5-11 所示。

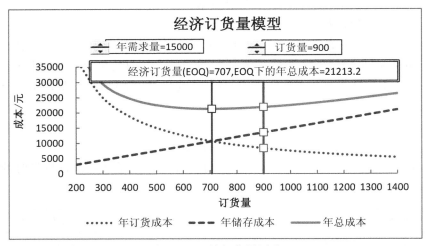

图 5-11　经济订货量图形

（3）用查表加内插值方法计算经济订货量。

图 5-11 中反映经济订货量的垂直参考线是经济订货量理论公式（单元格 C11）计算结果而确定的。与例 5-3 类似,我们也可以用查表加内插值方法计算经济订货量,并且采用选

代求精法通过改变模拟运算表中订货量的值,使这种方法得到的经济订货量的点逐步精确。求出年订货成本与年储存成本差值(单元格 J3:J15)最小的动态两个值,并且采用查表加内插值法求出差值为零(即年订货成本与年储存成本相等)时的订货量。

① 在 J18 单元格中输入常量"0"值,在单元格 J17 中输入公式"=INDEX(J3:J15,MATCH(J18,J3:J15,−1))",在单元格 J19 中输入公式"=INDEX(J3:J15,MATCH(J18,J3:J15,−1)+1)",在单元格 F17 中输入公式"=INDEX(F3:F15,MATCH(J18,J3:J15,−1))",在单元格 F19 中输入公式"=INDEX(F3:F15,MATCH(J18,J3:J15,−1)+1)"。通过 INDEX() 和 MATCH() 函数来确定差值单元格 J3:J15 中最接近于"0"的两个值[1]。这种方法用于非线性查表加内插值计算结果时效果最好,因为非线性问题转化为线性问题采用等比法,两点距离越接近,求得的结果越接近于非线性。

② 采用内插值法求出对应差值 0 时的订货量即为经济订货量,在单元格 F18 中输入公式"=F17+(J18−J17)/(J19−J17)*(F19−F17)"。

根据单元格 F18 中的经济订货量可以计算对应的订货成本、年储存成本和年总成本。

(4) 模型分析。

从上述模型可以看出,在目前情况下,该商品的经济订货量等于 707.1,在这个订货量下的年订货成本、年储存成本与年总成本分别等于 10606.6 元、10606.6 元和 21213.2 元。当前订货量为 900 时,年总成本为 21833.3 元,明显高于经济订货量点的最小年总成本,所以决策者应考虑将订货量减少 193 左右,以使库存成本达到最低。图形上的年需求量微调器可以让我们观察到当模型的参数(年需求量)发生变化时,目标函数(年总成本、年订货成本、年储存成本)曲线都会移动,经济订货量与年总成本最小值也会随之变化。

现在来考虑模型参数的变化对经济订货量的影响。如果商品年需求量存在着较大的不确定性,决策者估计它可能会在一个相当大的范围(如 10000～20000)内变化,现在需要观察年需求量的变化对于经济订货量的影响。如图 5-11 所示,在图形上放置两个可以分别对年需求量与订货量进行调节的微调器,既可观察在年需求量固定的条件下订货量变化时三项年成本沿各自曲线的变化,也可观察在年需求量变化时三条年成本曲线的位置与经济订货量的变化,这显然为观察年需求量的变化对经济订货量的影响提供了一种良好的手段。但是,这种方法只能表达一种年需求量情况下的结果。为更好地反映不同的年需求量情况下的所有结果,可以用一种情景分析图表达。

我们可以绘制不同年需求量对应的一簇年总成本(随订货量)变化曲线和一条特定年需求量对应的曲线,以及与该曲线对应的经过经济订货量的垂直参考线。如果添加一个可以对年需求量进行调节的微调器,那么,该特定曲线就会在此微调钮的控制下从曲线簇各种情景中的一条曲线转移到另一条曲线,这样就制成了一个能够更清楚地显示在不同年需求量下年总成本随订货量而变化的情景分析图,具体方法详见例 5-5。

【例 5-5】 采用例 5-4 中数据,绘制一个不同年需求量对应的一簇年总成本随订货量变化的图形。其中的 8 条灰色背景曲线分别与年需求量 11000,12000,13000,14000,15000,16000,17000,18000 等数值对应,制作一个受年需求量控件控制,反映当前年需求量的红色

---

[1] 利用 INDEX()-MATCH() 函数组合为自变量-函数对照表建立的内插附表来提高查表精度是王兴德所创造的电子表格软件建模分析方法中的一项重要内容。

曲线,使得在年需求量控件的操控下,红色曲线会在 8 条灰色曲线簇中由一个位置移动到另一个位置,在这个过程中红色曲线的最低点会沿绿色轨迹曲线移动,而经过该最低点的垂直参考线则相应地左右移动。

【解】

(1) 按图 5-12 中单元格 B2:C14 区域数据建立模型。

A	B	C	D	E	F	G	H	I	J	K	L	M	N	O
1													16000	
2	年需求量(D)	16000		22389	11000	12000	13000	14000	15000	16000	17000	18000	16000	
3	一次订货的订货成本(k)	500		200	30500	33000	35500	38000	40500	43000	45500	48000	43000	
4	单位年储存成本(h)	30		300	22833	24500	26167	27833	29500	31167	32833	34500	31167	
5				400	19750	21000	22250	23500	24750	26000	27250	28500	26000	
6	订货量(Q)	900		500	18500	19500	20500	21500	22500	23500	24500	25500	23500	
7	年订货成本	8888.9		600	18167	19000	19833	20667	21500	22333	23167	24000	22333	
8	年储存成本	13500		700	18357	19071	19786	20500	21214	21929	22643	23357	21929	
9	年总成本	22388.9		800	18875	19500	20125	20750	21375	22000	22625	23250	22000	
10				900	19611	20167	20722	21278	21833	22389	22944	23500	22389	
11	经济订货量(EOQ)	730.3		1000	20500	21000	21500	22000	22500	23000	23500	24000	23000	
12	EOQ下的年订货成本	10954.5		1100	21500	21955	22864	22864	23773	23773	24227	24682	23773	
13	EOQ下的年储存成本	10954.5		1200	22583	23000	23417	23833	24250	24667	25083	25500	24667	
14	EOQ下的年总成本	21908.9		1300	23731	24115	24500	24885	25269	25654	26038	26423	25654	
15				1400	24929	25286	25643	26000	26357	26714	27071	27429	26714	
18					730.297	21908.9		EOQ与成本最小值折角参考线						
19					11000	606	18166		200.0	21908.9				
20					12000	632	18974		730.3	21908.9				
21					13000	658	19748		730.3	15000				
22					14000	683	20494							
23					15000	707	21213		年需求量=16000					
24					16000	730	21909							
25					17000	753	22583							
26					18000	775	23238							

图 5-12　不同年需求量下年总成本随订货量的变化模型

(2) 准备作图数据。

在单元格 E2:N15 中建立一个年总成本相对于年需求量和订货量的二维模拟运算表,行自变量值取 11000,12000,…,18000,不同年需求量将产生 8 条总成本曲线数据,单元格 N2 中的值表示当前需求量,模拟运算的结果是对应当前需求量的特定总成本曲线数据。为了避免模拟运算表计算时出现循环引用,单元格 N2 不能引用单元格 C2 的值,将 N1 作为当前年需求量单元格。为使当前成本曲线随当前年需求量变化,单元格 N2 与 C2 引用单元格 N1 的值,这样 N1 就成模型中年需求量单元格了。

(3) 制作曲线图。

利用二维模拟运算表的数据绘制出与不同年需求量对应的一簇年总成本(随订货量)的变化曲线,步骤如下。

① 选择单元格 E3:N15 绘制散点图。

② 在图表上添加一个对年需求量控制的控件,链接是单元格 N1,在单元格 N2 输入公式"＝N1",引用 N1 的值,使系列 9(N3:N15)变为一条可移动的曲线,即从曲线簇的一条曲线的位置移动到另一条曲线的位置(在系列格式设置中移动当前需求量的特定总成本曲线的次序,必须使它叠放在最顶层,以覆盖曲线簇中作为底衬的静止曲线)。因为单元格 N1 是与控件调出来的年需求量值链接的,所以模型中的年需求量单元格 C2 和 N2 单元格中应该输入公式"＝N1",这样模型中的年需求量参数与控件调出来的年需求量一致。

③ 在单元格 E18:G26 建立一个相对于年需求量为自变量,经济订货量、最小总成本为

因变量的一维模拟运算表,根据这个模拟运算表中单元格 F19:G26 的数据,在图形中添加一条曲线,以反映曲线簇中每条曲线最低点连成的曲线(即连接各个经济订货量和年总成本极小值交点的曲线),这条曲线表示经济订货量与成本极小值交点的移动轨迹。将该轨迹线格式设置为带数据标记,结果如图 5-13 所示。

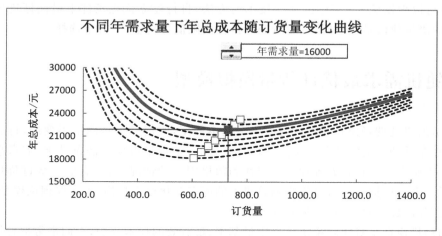

图 5-13　不同年需求量下年总成本随订货量的变化图形

④ 选择单元格 I19:J21,在图形上添加反映当前经济订货量与总成本最小点的折角参考线和参考点。

⑤ 添加控件、文本框等对象,将它们与图形组合。操作结果如图 5-13 所示。

(4) 模型分析。

上述模型一方面反映了目标变量(年总成本)随决策变量(订货量)的变化规律,这是一条开口向上的抛物线,存在极值点,即经济订货量与年总成本极小值,由折角参考线标识。另一方面反映了不同年需求量情况下年总成本关于订货量的函数曲线有不同的位置,决策者可将这些曲线簇看作情景分析的背景,了解当控制年需求量的微调钮调出一系列不同的年需求量时,年总成本曲线可能所处的位置,这是利用图形进行“如果-怎样”分析的一种有效方法。

5.3.4　采购价格优惠折扣情况下的库存控制模型

库存控制除了在以上正常情况下确定经济订货量外,还必须考虑一些特殊情况,例如采购价的优惠折扣。

采购价优惠折扣:是指供货商有时为了鼓励企业多订货,往往给予企业一定的折扣优惠政策,这些优惠政策会对订货的采购单价产生影响,但不影响经济订货量的计算。也就是说,由于在计算经济订货量时,并不考虑商品的购买单价,所以仍然可以按照前文介绍的方法计算经济订货量。问题是,在算出经济订货量以后,要不要享受供货商的折扣优惠政策,可以按照以下两种思路考虑。

如果折扣优惠政策规定的订货量小于或等于经济订货量,则按经济订货量确定每次订货量。因为,这样既可以享受折扣优惠政策,又实现了最佳的订货量。

如果折扣优惠政策规定的订货量大于经济订货量,则必须进行成本分析。这里年总成本不仅包含年订货成本和年储存成本,还应考虑年采购成本。如果按照折扣优惠政策规定的订货量进行订货的年总成本比按经济订货量进行订货的年总成本低,则可以接受折扣优惠政策,反之则放弃折扣优惠政策,坚持经济订货量策略。

采购价格优惠条件的订货量分析模型所用技术前文案例中已有介绍,这里不再举例说明。读者可以根据例 5-3 所学的建模技术与方法,自行建立优惠条件下最优订货量分析模型,模型的决策建议是在"经济订货量"和"折扣阈限值订货量"二者中选择。

5.4 随机需求最优订货量模拟模型

观看视频

5.3 节所讲述的经济订货量问题有一个基本假定,假定需求是固定不变的,订货能及时到位,不存在延期交货等情况。实际往往并非如此,特别是市场经济条件下,需求总带有某种程度的不确定性。存在着各种不确定性和随机因素的情况下,原有的经济订货量公式就不成立了。系统模拟方法可以将影响总成本的库存变化逐天扫描,不需要理论模型公式,运用模拟模型解决经济订货量决策问题。

活动扫描模拟是对实际系统仿真中最基本、最有效的技术方法,人们常常把它用于对管理决策的模拟。企业面临的决策问题都非常复杂且随机的影响因素众多,一般很难用公式推导和确定具体决策问题的最优解,本节介绍一种系统模拟方法(活动扫描模拟方法)能很好地解决这一问题。同时,我们注意到解决复杂的管理问题采用模拟方法,正逐渐成为主流。

在系统模拟模型中需要模拟一些不确定因素,根据这些不确定因素的规律,可以用各种随机数表示。常用的随机数有均匀分布随机数、正态分布随机数、泊松分布随机数等。Excel 提供了非常丰富的函数,可以帮助我们方便地生成各种随机数。例如,(a,b) 区间的均匀分布随机数,可以用 RANDBETWEEN(a,b) 函数获得。又如,均值为 μ、标准差为 σ 的正态分布随机数,可以用 NORM.INV(RAND()$,\mu,\sigma$) 函数获得,其中 RAND() 是伪随机函数,产生 $(0,1)$ 区间的均匀分布随机数。

例 5-4 给出的经济订货量分析模型是基于各种假设推导的理论公式建立的。但是,理论模型的假设前提与现实往往不相符,所以我们需要学习一种不需要理论公式的建模方法,即模拟建模方法。下面通过例 5-6,介绍用活动扫描法建立使总成本最低的最优订货量模拟模型的方法与步骤。

【例 5-6】 特福公司根据运营的需要,每天对某种零件的需求是不确定的,但根据以往经验了解,每天的需求是服从均值为 40、标准差为 15 的正态分布随机数,每次订货成本为 500 元,单个零件储存一年的成本为 30 元。建立随机需求最优订货量模拟模型,并与理论模型进行比较,分析两种模型的区别。

【解】

(1) 建立经济订货量理论模型。

参考例 5-4,在"经济订货量模型"工作表中建立如图 5-14 所示的经济订货量理论模型。

(2) 建立随机需求最优订货量模拟模型。

将空白工作表更名为"经济订货量模拟模型"。在"经济订货量模拟模型"工作表上通过

	B	C	D	E	F	G
2	年需求量(D)	15000			订货量	年总成本
3	一次订货的订货成本(k)	500				21833.3
4	单位年储存成本(h)	30			200	40500.0
5					300	29500.0
6	订货量(Q)	900			400	24750.0
7	年订货成本	8333.3			500	22500.0
8	年储存成本	13500.0			600	21500.0
9	年总成本	21833.3			700	21214.3
10					800	21375.0
11	经济订货量(EOQ)	707.1			900	21833.3
12	EOQ下的年订货成本	10606.6			1000	22500.0
13	EOQ下的年储存成本	10606.6			1100	23318.2
14	EOQ下的年总成本	21213.2			1200	24250.0
15					1300	25269.2
16					1400	26357.1
17	EOQ垂直参考线					
18	707.1	35000.0				
19	707.1	21213.2				
20	707.1	0.0				

图 5-14　经济订货量理论模型

活动扫描分析每天库存变化情况,计算每天的订货成本、存储成本。一年的总成本不使用理论公式计算所得,而是汇总 365 天的订货成本和储存成本所得。

将已知参数输入到如图 5-15 所示的单元格 C2:C7 中,在单元格 C8 中输入公式"=C4/365",表示每天的单位储存成本;在单元格 C10 中输入当前订货量 900。

在模拟工作区的单元格 F4 中输入日需求量正态分布随机数计算公式"=ROUND(NORM.INV(RAND(),$C$6,$C$7),0)",表示将正态分布函数产生的随机数四舍五入为整数。将公式复制至单元格 F5:F368 中。

在单元格 E3:K368 的第一行为模拟期初情况。因为起始库存量为 0,所以期初就需要订货。在第 0 天的结束库存单元格 H3 中输入公式"=C5",订货标志单元格 I3 中输入 1,订货成本单元格 J3 中输入公式"=I3*C3"。

接下来用活动扫描法模拟第 1 天,起始库存为前一天的结束库存加当天进货量,进货量取决于前一天的订货标志,1 表示订货,0 表示不订货,在单元格 G4 中输入公式"=H3+I3*$C$10"。结束库存为起始库存减当天需求量,单元格 H4 输入公式"=G4-F4"。订货标志取决于当天结束库存是否大于日需求量的最大值。根据标准正态分布概率表可知,落在[-2.575,2.575]区间的概率已超过 99%。那么,服从均值为 40、标准差为 15 的正态分布随机数小于 79(40+15×2.575)的概率大于 99%。在单元格 I4 中输入公式"=IF(H4<ROUND($C$6+$C$7*2.575,0),1,0)"。订货成本取决于当天订货标志,在单元格 J4 中输入公式"=I4*$C$3"。储存成本为当天结束库存保存一天的成本,在单元格 K4 中输入公式"=H4*$C$8"。注意:公式中用到模拟工作区以外的单元格需要绝对引用。将单元格 F4:K4 的公式复制至单元格 F5:K368 中,这样就模拟出一年内每天的库存变化、订货成本和储存成本。在单元格 J1 中输入公式"=SUM(J3:J368)",在单元格 K1 中输入公式"=SUM(K3:K368)",汇总得到年订货成本和年储存成本。在年订货成本单元格 C11 中输入公式"=J1",年储存成本单元格 C12 中输入公式"=K1"、年总成本单元格 C13 中输入公式"=C11+C12",结果如图 5-15 所示。

左侧参数区(B、C列):

年需求量 (D)	15000
一次订货的订货成本 (k)	500
单位年储存成本 (h)	30
初始库存量	0
日需求量均值	40
日需求量标准差	15
单位日储存成本	0.082
订货量 (Q)	900
年订货成本	8000.0
年储存成本	14804.6
年总成本	22804.6
一次随机模拟	
最低年总成本	22288.2
最优订货量	600
100次随机模拟	
最低年总成本	22388.1
最优订货量	700

随机需求模拟工作区 （年汇总: 8000 14804.6）

天	日需求量	起始库存	结束库存	订货标志	订货成本	储存成本
0			0	1	500	
1	64	900	836	0	0	68.71
2	42	836	794	0	0	65.26
3	48	794	746	0	0	61.32
4	12	746	734	0	0	60.33
5	51	734	683	0	0	56.14
6	14	683	669	0	0	54.99
7	44	669	625	0	0	51.37
8	51	625	574	0	0	47.18
9	25	574	549	0	0	45.12
10	49	549	500	0	0	41.10
11	38	500	462	0	0	37.97
12	53	462	409	0	0	33.62
13	46	409	363	0	0	29.84
14	78	363	285	0	0	23.42
15	29	285	239	0	0	19.64
16	29	239	210	0	0	17.26
17	20	210	190	0	0	15.62
365	29	437	408	0	0	33.53

年总成本关于订货量模拟运算表（M、N列）:

订货量	年总成本
	22804.6
200	41078.6
300	31117.1
400	25656.6
500	23807.2
600	22288.2
700	22757.9
800	23029.7
900	23162.0
1000	23867.1
1100	25046.1
1200	25893.6
1300	26499.3
1400	27620.3

100次随机模拟（P、Q…DL、DM列）:

	1	100	平均值
22804.6			
200	40144.8	40200.3	41087.6
300	30616.7	29784.7	30368.3
400	24836.2	25637.5	25805.9
500	23774.4	23978.2	23537.0
600	22691.4	22645.3	22641.2
700	22101.7	22333.3	22388.1
800	22908.4	22721.5	22644.9
900	22956.5	23284.9	23207.4
1000	23875.4	23875.4	23828.4
1100	24901.1	24501.3	24739.1
1200	25319.3	25431.2	25754.3
1300	26638.8	26775.1	26774.8
1400	28171.5	28182.9	28013.3

一次随机模拟参考线 / 100次随机模拟参考线:

一次随机模拟参考线		100次随机模拟参考线	
600	60000.0	700	60000.0
600	22288.2	700	22388.1
600	0.0	700	0.0

图 5-15　随机需求最优订货量模拟模型

（3）寻找使年总成本最低的最优订货量。

单元格 M2:N15 建立年总成本（单元格 C13）关于订货量（单元格 C10）的模拟运算表，在最低年总成本单元格 C15 中输入公式"= MIN(N3:N15)"，最优订货量单元格 C16 中输入公式"= INDEX(M3:M15,MATCH(C15,N3:N15,0))"，通过查表找到使年总成本最低的最优订货量。

因为模拟工作区中"日需求量"列是随机数，所以输出结果"年总成本"也是一个随机量。单元格 M2:N15 中年总成本关于订货量的模拟运算结果是一次模拟的样本，按 F9"重算"功能键，模拟运算表的结果将会不同。因此，单元格 C16 中的最优订货量只是一个特例，不能作为决策建议。

如果对输出结果"年总成本"进行多次试验，经过统计，可以得到具有一般意义的年总成本最小值，与之对应的最优订货量才能作为决策依据。在单元格 P2:DL15 建立"年总成本"的二维模拟运算，列引用单元格是订货量单元格 C10，行引用其实是模拟的次数，它与因变量"年总成本"是无关的。但因为"年总成本"是随机量，每次计算都有不一样的结果，所以行引用单元格一般为工作表中的空白单元格（如 L1），称为虚变量。在单元格 DM3 中输入均值公式"= AVERAGE(Q3:DL3)"，并将公式复制至单元格 DM4:DM15。单元格 DM3:DM15 中的值是 100 次模拟结果样本的平均值。通过平均将 100 个样本中的随机因素相互抵消，使对应不同订货量的年总成本具有一般性。

在单元格 C18 中输入 100 次模拟的最低年总成本公式"= MIN(DM3:DM13)"，单元格 C19 中输入 100 次模拟的最优订货量公式"= INDEX(P3:P15,MATCH(C18,DM3:DM15,0))"，并在单元格 M18:N20 和 P18:Q20 准备 1 次和 100 次模拟最优订货量参考线数据。

（4）绘制理论模型与模拟模型的年总成本随订货量变化图。

选择工作表"经济订货量模型"的单元格 F4:F16 作为自变量，选择工作表"经济订货量模型"的单元格 G4:G16，工作表"经济订货量模拟模型"的单元格 N3:N15 和 DM3:DM15作为应变量，绘制散点图。添加工作表"经济订货量模型"的单元格 B18:C20，工作表"经济订货量模拟模型"的单元格 M18:N20 和 P8:Q20 数据为垂直参考线，格式设置后如图 5-16

所示。

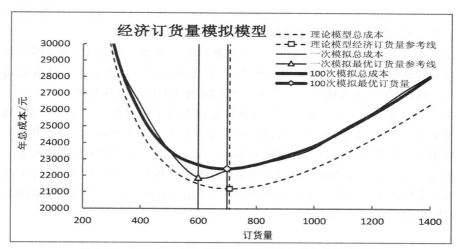

图 5-16　理论模型与模拟模型的年总成本随订货量变化图

　　图 5-16 是两种模型的年总成本随订货量变化图形。其中,点线是经济订货量理论模型结果,经济订货量为 707.1;细实线是 1 次随机需求模拟结果,因为随机因素,所以曲线抖动,对应的最优订货量(600)也不稳定,会随着工作表的重算而变化;粗实线是 100 次随机需求模拟结果,随机需求经过 100 次模拟后曲线变得光滑,对应的最优订货量(700)与理论模型很接近。如果模拟运算表自变量的取值间隔再小一点,模拟模型的经济订货量与理论模型的经济订货量会更为接近。

　　模拟模型解决了需求随机无法用理论模型的问题。现实管理决策中,有很多不确定性很难用定量模型公式表达,模拟模型是一种解决含有不确定性因素决策建模问题的实用方法。

　　图 5-16 显示,随机需求模拟模型的总成本线高过理论模型线,为了保证不缺货,订货与否是根据日需求量随机数最大确定的,库存明显提高,储存成本随之增加。这是企业身处在不确定的外部环境中进行经营管理所必须付出的代价,而管理的真正目的是让这种代价变得最小。

　　通过本例,可以看到对于理论分析模型所不能解决的复杂问题,系统模拟模型可提供一种强有力的解决方法。

本章小结

观看视频

　　本章着重介绍了对结构化管理问题决策时先抽象反映决策问题本质的数学模型,再转化为计算机化管理决策模型的方法,以及用 Excel 建立各种计算机化管理决策模型的一般原则、方法和规律,主要围绕盈亏平衡、成本决策和经济订货量分析模型展开。

- 在盈亏平衡分析模型中主要介绍:如何根据销售收入与成本的关系或边际贡献与固定成本的关系确定盈亏平衡销量和销售收入;计算盈亏平衡点的各种方法和建立盈亏平衡分析模型的步骤;如何根据目标利润确定目标销量,绘制销售收入、总成本和利润曲线与反映盈亏平衡点垂直参考线的图形方法;制作动态决策模型用于 What-if 分析的图形处理技术,包括控件的运用、决策建议动态文本等,进一步拓展了动态可调图形"如果-怎样"决策分析的图形制作思路。

- 在成本决策分析模型中主要介绍:如何扩展盈亏平衡分析模型,找出两种备选决策方案的成本交点(相对盈亏平衡点,即成本相等的点);除成本决策分析的建模方法外,还特别介绍在价格优惠条件下成本陡降的图形曲线处理技术。

- 在经济订货量模型中主要介绍:如何根据成本最小原则确定经济订货量,如何观察模型参数(年需求量)的变化对经济订货量和成本极小值的影响,如何考虑采购单价折扣优惠策略与经济订货量策略的权衡。以一簇曲线为背影的散点图来反映不同年需求量下年总成本随订货量的变化,为情景分析提供图形技术手段;重点介绍随机需求情况下经济订货量模拟模型的建立方法,为解决存在不确定因素的复杂决策问题提供了系统模拟建模方法。

习题

5.1 某公司生产一种产品的固定成本为 2700 元,单位变动成本为 0.15 元/件,单价为 0.30 元/件,公司管理人员要确定该产品的盈亏平衡销量,并要求绘制出表示该产品销量在盈亏平衡点附近一个范围内变化时产品边际贡献、固定成本和利润的变化图形。销量控件从 5000 按步长 1000 变化到 35000;单价控件从 0.24 按步长 0.01 变化到 0.4,绘制图 5-17 所示的可调图形。

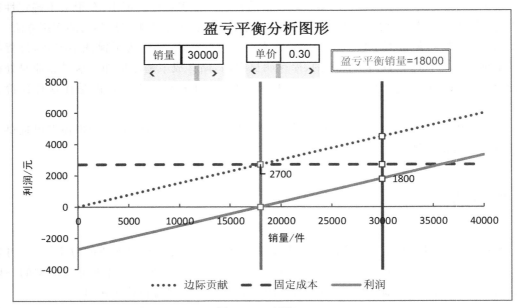

图 5-17 习题 5.1

5.2 某公司销售两种电子设备 A 产品和 B 产品,A 产品销售单价为 15 元,单位变动成本为 9 元,固定成本 3000 元;B 产品销售单价为 12 元,单位变动成本为 6 元,固定成本 4000 元。A 产品与 B 产品总销量为 2200 只。本工作表中现已建立了一个针对 A 产品与 B 产品生产的利润比较模型,如图 5-18 所示,要求:

(1) 若 A 产品当前销量为 1000 时,计算出各产品的利润。

(2) 制作一个微调项,使得 A 产品的销量从 100 按步长 50 变化到 2000 时,反映决策结论:"A 产品利润高""利润相等""B 产品利润高"。

(3) 计算出两种产品各自盈亏平衡量,并且计算 A 产品与 B 产品利润相等时的 A 产品销量,即相对盈亏平衡量及利润(说明:相对盈亏平衡点随单价或单位变动成本变化而变化)。

	B	C	D	E	F
2					
3		销量	2200		
4					
5		方案	A产品	B产品	
6		销量			
7		售价	15	12	
8		单位变动成本	9	6	
9		固定成本	3000	4000	
10		单位边际贡献			
11		总成本			
12		销售收益			
13		利润			
14					
15		各自的盈亏平衡销量			
16		(A产品销量)相对盈亏平衡销量(交点)			
17		相对盈亏平衡销量时的利润			
18		结论			
19					

图 5-18 习题 5.2

5.3 习题 5.1 中,如果公司管理人员希望实现的目标利润为 2400 元,试问需要将目标销量规定为多少才能实现这个目标利润。目标利润控件从 500 按步长 100 变化到 2500,单价控件从 0.28 按步长 0.01 变化到 0.35,绘制如图 5-19 所示的可调图形。

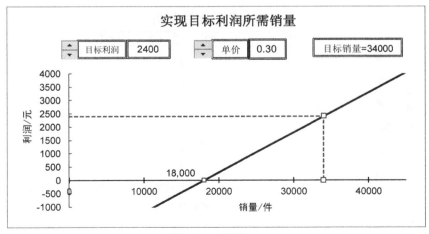

图 5-19 习题 5.3

5.4　某公司生产一种产品,其月产量 500~2500 台。该产品每台需要使用一个关键元件,这种元件既可自制也可外购。如果外购的话,其单价为 75 元,如果自制的话,所需要单位变动成本为 33 元,而公司的固定成本为 60000 元。试从成本角度出发,在不同的产量下自制与外购元件这两种方案中哪一种对公司更为有利。建立成本据决策模型,利用以产量为自变量,自制成本、外购成本为函数的一维模拟运算表绘制散点图,在图形中添加产量控件从 500 按步长 50 变化到 2500,并且显示两种方案的成本数据和结论文字。

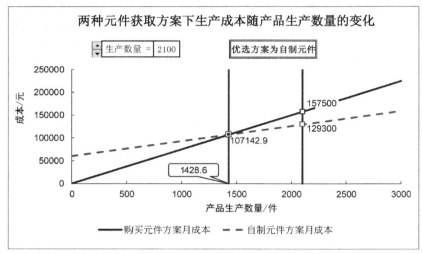

图 5-20　习题 5.4

5.5　某商店对一种商品的销售符合固定需求假定,其年需求量(年销量)为 8000 件,一次订货的订货成本为 30 元,单位年储存成本 3.8 元。试确定该商品的经济订货量与年总成本的最小值,并绘制该商品的年订货成本、年储存成本与年总成本随订货量变化的曲线图形。年需求量控件从 7000 按步长 200 变化到 9000,订货量控件从 200 按步长 10 变化到 500。

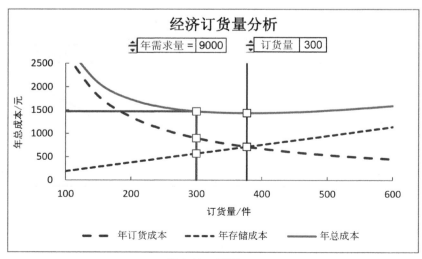

图 5-21　习题 5.5

5.6　习题5.5中,若年需求量控件从5000按步长1000变化到10000,绘制如图5-22所示的一簇总成本曲线可调图形。

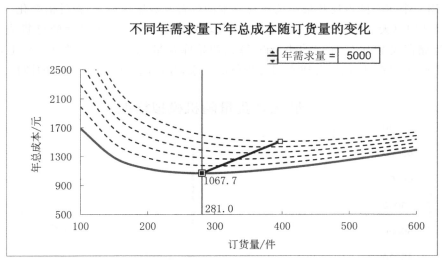

图 5-22　习题 5.6

5.7　某工厂每年需要5000吨原料,每吨原料的年储存费用为180元,每次订货成本为120元。原料要通过火车从原产地运到工厂,作为散货运输,运输费为25元/吨;如果每次运货量大于或等于200吨,则作为整车运输,运输费可降为24元/吨,如图5-23所示,要求:

(1)建立一个决策模型,计算在任意指定的订货量、经济订货量情况下的年订货成本、年储存成本、年运输成本和年总成本。

(2)绘制整车每吨运费起价分别为22,22.5,23,23.5,24,24.5,25时,年总成本随订货量变化的一簇曲线图形。绘制可移动的当前年总成本粗线。

(3)在图形上反映7条年总成本线的最低点为圆点。

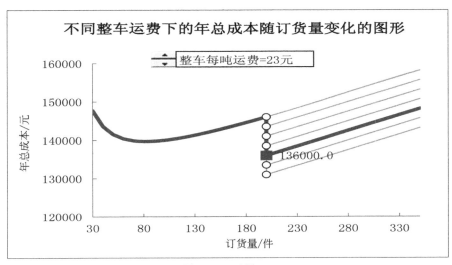

图 5-23　习题 5.7

（4）添加一个控制面板，对整车每吨运费进行调整，调整的范围为 22～25 元，增量为 0.5 元。

（5）用一个实心圆点反映最小的年总成本的位置及数据标记，随控件值变化。

5.8　已知每天需量是服从[50,150]的均匀分布随机数，一次订货的订货成本为 320 元、单位年储存成本为 72 元(1 年按 360 算)、初始库存量 200、订货量为 1000，建立模拟模型，通过 100 次试验，模拟年总成本与订货量的关系，并绘制如图 5-24 所示的图形。

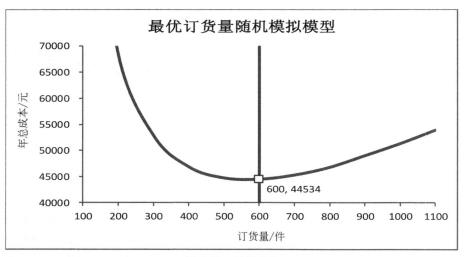

图 5-24　习题 5.8

第 6 章

投资决策模型

第 5 章介绍的盈亏平衡模型、成本模型和经济订货量模型中所涉及的经营决策都属于短期决策,而第 6 章要讨论的投资决策模型是长期的资本支出决策。这类模型是从若干发生在较长时间内的备选决策方案中挑选最佳的投资决策方案,即具有最大投资回报的决策方案。第 6 章将介绍投资决策模型的基本概念、模型的建立方法以及投资决策分析方法。

首先介绍货币的时间价值、贴现率、净现值和内部报酬率、折旧等基本概念;随后介绍常用的财务函数,包括 PV() 函数、FV() 函数、PMT() 函数、PPMT() 函数、IPMT() 函数、ISPMT() 函数、NPER() 函数、NPV() 函数、RATE() 函数、IRR() 函数、SLN() 函数和 DB() 函数;重点介绍基于净现值的投资决策概念及多个项目投资决策模型的建立方法,并通过企业经营投资决策问题的解决,介绍投资决策建模方法的实际应用;最后介绍投资风险分析方法——蒙特卡罗模拟模型的建立方法。

6.1 货币的时间价值分析

6.1.1 投资决策的基本概念

投资是企业(投资者)为适应今后生产经营过程中的长远需要而投入于固定资产增加、扩建、更新、资源的开发与利用等方面的资金。由于投资需要一笔较大的支出,对企业产生较长时间的影响,因此投资支出也称为资本支出,是企业经营过程中的长期投资。企业投资的领域、投资途径、投资的时机多种多样,因而可以组成多种投资方案。如何选择最佳的投资方案,发挥资本效益,最大限度获取投资收益是投资决策的本质。

投资方式有很多种,将投资的品种、投资的预期收益、投资的时间等投资因素进行系统化和表格化的整理,从而形成一系列的备选投资方案。投资决策是指对一个投资项目的各种方案的投资支出和投资收入进行对比分析,以选择投资效益最佳的方案。而投资项目的投资支出与投资收入均以现金的实际支出为计算基础。因此,投资项目从筹建、设计、施工、正式投产使用直至报废为止的整个期间内发生的现金流入量与现金流出量形成该项目的现金流量。现金流入量与现金流出量之间的差额,称为净现金流量。具体估算各个投资方案形成的现金流入和现金流出的数量、时间和逐年的净现金流量,是正确计算投资方案经济评价的基础,也是正确评价其投资效益的一个必要条件。

投资收益的计算标准、折旧计算方法和存货计价方法的不同,计算出的收益也不一样,因此以收益来评价投资效益会影响评价结果的准确性。而现金流量是以现金的实际收支为计算基础,使投资效益的计算有一个统一的基础。现金流入是整个投资及其回收过程中所发生的实际现金收入,它包括项目投产后每年的产品销售(营业)收入,固定资产报废时的残值收入,以及项目结束时回收的流动资金。现金流出是整个投资及其回收过程中所发生的实际现金支出。它包括固定资产投资支出,流动资金投资支出,产品制造成本、销售费用以及管理费用中以现金支付的部分和销售税金等。

根据以上现金流入和现金流出所包括的内容,一个投资项目全过程(包括建设期和生产经营期)的净现金流量的计算公式为

净现金流量＝现金流入量－现金流出量

进行投资方案的比较与优选,是投资评价的关键。投资评价指标的计算,归根到底是为方案的对比与优选服务的。投资项目的经济评价主要依据是净现值、净现值率和内部收益率 3 个指标。这 3 个指标均从不同侧面反映投资项目的经济效益,但也各有其局限性。因此,必须分不同的目的用途,正确使用不同的评价指标,对投资方案进行比较与优选。本书所讨论的投资评价问题是基于现金流的投资评价(Discounted Cash Flow,DCF)方法。

6.1.2　货币的时间价值

货币的时间价值——评价投资效益的好坏,往往要与银行利率进行比较。如果银行年存款利率是 8%,某项目投资 1000 元的收益为 100 元,这样就可能有两种不同的评价结果。如果这 100 元是当年的现金流入,则项目投资当年的回报是 100 元,大于银行年存款利息 80 元,投资项目是有利的;如果这 100 元只是个应收数,要到第二年年底才能收到现金,则两年的项目回报是 100 元,低于银行存款利息 160 元,投资项目是不利的。所以投资效益要与现金收支比较。在不同时间点发生的同一数额的货币的价值是不同的。

货币的时间价值(Time Value of Money)是指同一面额的货币在不同时间点(不同年)具有不同价值的概念。今年的 1 元、明年的 1 元、后年的 1 元的价值都是不相同的。假设将 1 元存入银行,而银行(年)利率为 r,那么今年的 1 元在明年将变成 $(1+r)$ 元,在后年(在计算复利的情况下)将变成 $(1+r)^2$ 元,t 年后将变成 $(1+r)^t$ 元。

1. 资金的将来值

我们将某一数额的资金在将来某年的价值称为该资金的将来值(Future Value,F)。现在的 1 元在 t 年后的将来值是 $(1+r)^t$ 元。若现在有资金 P 元,则 t 年后的将来值是 $P(1+r)^t$,即单一现金流量(a Single Cash Flow)的将来值可表示如下:

$$F = P(1+r)^t \tag{6-1}$$

例如,当前有 100 元现金,假定利率是 9%,10 年后的将来值是 $100×(1+9\%)^{10} = 236.74$ 元。

2. 资金的现值

与资金的将来值相反,资金的现值是指未来某一特定金额的现在值。我们称与将来某年某一数额的资金等价的当前价值称为该将来金额的现值(Present Value,P)。在年利率为 r 时,t 年后的 1 元的现值等于 $1/(1+r)^t$。

计算现值的意义恰好与计算将来值的意义相反。计算将来值是从已知现在的金额、利率及期限,从而测算将来的值。反之,计算现值则是从已知将来值、利率及期限来测算相当于现在的金额。把未来金额折算为现在金额的过程称为折现。现值与折现利率有密切联系,折现利率越高,折算的现值就越小。折现利率称为贴现率,有时也通称为利率。在投资决策中,现值概念的应用较将来值概念更为广泛。

将来值是本利和,现值是未来的收入扣除利息因素。现值的公式可以由复利将来值的公式推出。单一现金流量的现值可表示如下:

$$P = F/(1+r)^t \tag{6-2}$$

例如,10 年后的 100 元,假定贴现率是 9%,则相当于现在的金额是 $100/(1+9\%)^{10} = 42.24$ 元。

3. 现金流量串的现值

在一些情况下,需要考虑从今后 1 年到 t 年每年发生一个 1 元现金流量的所谓现金流量串(Cash Flow Stream)的现值,如图 6-1 所示。在年利率为 r 的情况下,现值 V 可用式(6-3)表示。

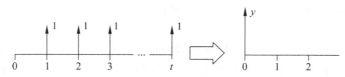

图 6-1　1 元现金流量串的现值

$$V = \frac{1}{1+r} + \frac{1}{(1+r)^2} + \cdots + \frac{1}{(1+r)^t} \tag{6-3}$$

由式(6-3)可以推出,当各年现金流量数值都等于 $Y(Y_1 = Y_2 = \cdots = Y_t = Y)$ 的情况下,一个从今后 1 年到 t 年的现金流量串的现值 V 等于:

$$V = Y \frac{1-(1+r)^{-t}}{r} \tag{6-4}$$

这种每年发生相等金额的现金流量串通常被称为年金(Annuity),利用 Excel 的内建函数 PV() 可以计算式(6-4)所表示的年金现值。

现金流量串 $\{Y_1, Y_2, \cdots, Y_t\}$ 由不等金额组成,如图 6-2 所示。

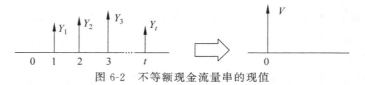

图 6-2　不等额现金流量串的现值

不等金额的现值 V 等于:

$$V = \frac{Y_1}{1+r} + \frac{Y_2}{(1+r)^2} + \cdots + \frac{Y_t}{(1+r)^t} \tag{6-5}$$

其中与各年发生的现金流量相乘的因子统称为"贴现因子"。作为各年现金流量 $Y_1, Y_2, \cdots, Y_t$ 与贴现率 r 的函数,这个现值可以利用 Excel 的内建函数 NPV() 求出。

式(6-4)与式(6-5)所表示的是将不同年发生的现金流量贴现后相加的运算过程,对任意一年的现金流量的"贴现"操作是将该现金流量乘相应的贴现因子,其中的年利率 r 就是贴现率。应该将投资者的参考投资项目的回报率,或其资本成本率,用作计算投资项目现金流量串现值的贴现率,如果投资者没有参考投资项目,一般将银行存款利率作为贴现率。

在现金流量计算过程中,应该明确现金流发生在这个时间期的期初还是期末,期初和期末正好相差一个时期。本章未特别说明时均指期末。

观看视频

6.2 常用财务函数

6.2.1 PV( )函数

功能:返回投资的现值。现值为一系列未来付款当前值的累计和。

形式:PV(rate,nper,pmt,fv,type)

参数:rate 为各期利率。例如,如果按 10% 的年利率借入一笔贷款购买汽车,并按月偿还贷款,则月利率为 10%/12(即 0.83%),可以在公式中输入 10%/12、0.83% 或 0.0083 作为 rate 的值。

nper 为总投资期(或贷款期数),即该项投资(或贷款)的付款期总数。例如,对于一笔 4 年期按月偿还的汽车贷款,付款期总数为 4×12(即 48)。可以在公式中输入 4×12 或 48 作为 nper 的值。

pmt 为各期所应支付(或得到)的金额,其数值在整个年金期间(或投资期内)保持不变。通常 pmt 包括本金和利息,但不包括其他费用及税款。例如,10000 的年利率为 12% 的 4 年期汽车贷款的月偿还额为 263.33 元。可以在公式中输入 263.33 作为 pmt 的值。如果忽略 pmt,则必须包含 fv 参数。

fv 为未来值,或在最后一次支付后希望得到的现金余额。如果省略 fv,则假设其值为 0 (一笔贷款的未来值即为 0)。例如,如果需要在 18 年后支付 50000 元,则 50000 元就是未来值。可以根据保守估计的利率来决定每月的存款额。如果忽略 fv,则必须包含 pmt 参数。

Type 为数字 1 或 0,用以指定各期的付款时间是在期初还是期末。如果省略 type,则假设其值为 0,即表示期末。

【例 6-1】 假设要购买一项保险投资,该保险可以在今后 20 年内每月末回报 500 元。此项保险的购买成本为 60000 元,假定投资回报率为 8%,现在可以通过函数 PV 计算这项保险投资是否合算。

【解】 将购买成本、每月末回报、投资回报率、年金的现值、投资合算否等文本输入工作表中形成一个计算的框架,在相应的单元格中输入已知的数据。在单元格 H7 中输入投资净现值的计算公式"=PV(H5/12,12*20,H4,,0)",计算结果为 −59777.15。在单元格 H9 中输入决策结论公式"=IF(ABS(H7)>H3,"合算","不合算")",公式中的 ABS( )函数表示取绝对值,运算的结果如图 6-3 所示。

	F	G	H	I
2				
3		购买成本	60000	
4		每月末回报	500	
5		投资回报率	0.08	
6				
7		年金的现值	−59777.14585	
8				
9		投资合算否?	不合算	
10				

图 6-3　PV() 函数示例

6.2.2　FV() 函数

功能：基于固定利率及等额分期付款方式,返回某项投资的未来值。

形式：FV(rate,nper,pmt,pv,type)

参数：pv 为现值,即从该项投资(或贷款)开始计算时已经入账的款项,或一系列未来付款当前值的累计和,也称为本金。如果省略 pv,则假设其值为 0,并且必须包括 pmt 参数。

其他参数同 PV() 函数。

【例 6-2】　假设需要为一年后的某个项目预筹资金,现在将 1000 元以年利 6%,按月计息(月利 6%/12 或 0.5%)存入储蓄存款账户,并在以后 12 个月内的每个月存入 100 元,则一年后该账户的存款额是多少?

【解】　将初始存入、年利率、每月存入、月份数、一年后存款额等文本输入工作表中形成一个计算的框架,在相应的单元格中输入已知的数据。在单元格 I8 中输入一年后存款额的计算公式"=FV(I4/12,I6,−I5,−I3,0)",结果如图 6-4 所示。

	G	H	I	J
2				
3		初始存入	1000	
4		年利率	6%	
5		每月存入	100	
6		月份数	12	
7				
8		一年后存款额	2295.23	
9				

图 6-4　FV() 函数示例

6.2.3　PMT()、PPMT()、IPMT()、ISPMT() 函数

1. PMT() 函数

功能：基于固定利率及等额分期付款方式,返回投资或贷款的每期付款额。

形式：PMT(rate,nper,pv,fv,type)

参数：rate 为各期利率。

nper 为总投资期(或贷款期数),即该项投资(或贷款)的付款期总数。

pv 为现值,即从该项投资(或贷款)开始计算时已经入账的款项,或一系列未来付款当前值的累计和,也称为本金。

fv 为未来值,或在最后一次支付后希望得到的现金余额,如果省略 fv,则假设其值为 0(一笔贷款的未来值即为 0)。

type 数字 1 或 0,用以指定各期的付款时间是在期初还是期末。

2. PPMT()函数

功能:基于固定利率及等额分期付款方式,返回投资或贷款在某一给定期次内的本金偿还额。

形式:PPMT(rate,per,nper,pv,fv,type)

参数:per 用于计算其本金数额的期次,必须在 1 至 nper 之间。

其他参数同 PMT()函数。

3. IPMT()函数

功能:基于固定利率及等额分期付款方式,返回投资或贷款在某一给定期次内的利息偿还额。

形式:IPMT(rate,per,nper,pv,fv,type)

参数:同 PPMT()函数。

4. ISPMT()函数

功能:基于固定利率及等额本金分期付款方式,返回投资或贷款在某一给定期次内的利息偿还额。

形式:ISPMT(rate,per,nper,pv)

参数:同 PPMT()函数。

【例 6-3】 某客户欲购买一套价值 1000 万元的公寓,首付 300 万元,余下金额向银行申请商业贷款 700 万元,贷款年限 10 年,年利率为 5%,试制作按月还款表及查询月还款数据的模型。

【解】 本题可采用等额还款和等本金还款两种方法。

(1) 建立模型框架。

将公寓价值、首付、商业贷款、贷款年限、年利率等文本输入工作表单元格 F1:G5 中形成一个已知数据区域;在单元格 A14:I138 中建立一个还款表的框架,其中包括等额和等本金两种还款方式,每种还款方式均包含当期的还款本金、还款利息、还款总额和贷款余额。在单元格 A17:A137 中输入 0~120,表示还款的期次(10 年共 120 期)。

(2) 计算整个还款期中还款本金、还款利息、还款总额和贷款余额。

在单元格 B7:I18 中分别输入相应的公式。

单元格 E17	=G3	单元格 I17	=G3
单元格 B18	=＄G＄3/(＄G＄4*12)	单元格 F18	=PPMT(＄G＄5/12,A18,＄G＄4*12,-＄G＄3)
单元格 C18	=ISPMT(＄G＄5/12,A18,＄G＄4*12,-＄G＄3)	单元格 G18	=IPMT(＄G＄5/12,A18,＄G＄4*12,-＄G＄3)

单元格 D18	=B18+C18	单元格 H18	=F18+G18
单元格 E18	=E17−B18	单元格 I18	=I17−F18

将单元格 B18:I18 复制到单元格 B19:I137 中,然后在单元 A138 中输入"总计",在单元格 B138 中输入公式"=SUM(B18:B137)",并将单元格 B138 复制到单元格 C138、D138、F138、G138 和 H138 中,计算整个还款期中还款的总本金、总还款利息和总还款金额。

注意:也可以用 PMT() 函数计算等额还款情况下每月的还款总额,在单元格 H18:H137 中输入公式"=PMT($G$5/12,$G$4 * 12,−$G$3)",计算结果与 PPMT() 函数+IPMT() 函数的计算结果相同。

(3)添加控件。

为了直观地了解每期还款的明细情况,可以制作 2 个控件,用于还款方式和当前期数的选择。在单元格 F7:F13 中输入相应的文字,以表明单元格 G7 作为当前期数控制单元格,单元格 G8 作为还款方式的控制单元格。在单元格 D7:D8 输入还款方式的名称("等本还款"和"等额还款"),在恰当的位置绘制"组合框"和"微调器"控件,并设置控件格式。

(4)显示选择查询结果。

在单元格 G10:G13 中分别输入相应的公式。

单元格 G10	=INDEX(B18:I137,G7,(G8−1) * 4+1)	单元格 G12	=INDEX(B18:I137,G7,(G8−1) * 4+3)
单元格 G11	=INDEX(B18:I137,G7,(G8−1) * 4+2)	单元格 G13	=INDEX(B18:I137,G7,(G8−1) * 4+4)

模型结果如图 6-5 所示。

	A	B	C	D	E	F	G	H	I	J
1						公寓价值	10000000.00			
2						首付	3000000.00			
3						商业贷款	7000000.00			
4						贷款年限	10			
5						年利率	5%			
6										
7				等本还款		当前期数	1			
8				等额还款	等额还款	还款方式	2			
9										
10						还款本金	45079.19			
11						还款利息	29166.67			
12						还款总额	74245.86			
13						贷款余额	6954920.81			
14					还款表					
15			等本金还款				等额还款			
16	期数	还款本金	还款利息	还款总额	贷款余额	还款本金	还款利息	还款总额	贷款余额	
17	0				7000000.00				7000000.00	
18	1	58333.33	28923.61	87256.94	6941666.67	45079.19	29166.67	74245.86	6954920.81	
134	117	58333.33	729.17	59062.50	175000.00	73021.21	1224.65	74245.86	220894.25	
135	118	58333.33	486.11	58819.44	116666.67	73325.47	920.39	74245.86	147568.78	
136	119	58333.33	243.06	58576.39	58333.33	73630.99	614.87	74245.86	73937.79	
137	120	58333.33	0.00	58333.33	0.00	73937.79	308.07	74245.86	0.00	
138	总计	7000000.00	1735416.67	8735416.67		7000000.00	1909503.28	8909503.28		
139										

图 6-5 还款表及月还款数据查询模型

观看视频

6.2.4 RATE()函数

功能：返回年金的各期利率。RATE()函数通过迭代法计算得出，并且可能无解或有多个解。如果在进行 20 次迭代计算后，RATE()函数的相邻两次结果没有收敛于 0.0000001，RATE()函数返回错误值"♯NUM!"。

形式：RATE(nper,pmt,pv,fv,type,guess)

参数：guess 为预期利率(估计值)。如果省略预期利率，则假设该值为 10%。如果 RATE()函数不收敛，则改变 guess 的值。通常当 guess 位于 0 和 1 之间时，RATE()函数是收敛的。

	G	H	I	J
1				
2		贷款金额	8000	
3		贷款年限	4	
4		月支付金额	200	
5				
6		月利率	0.77%	
7		年利率	9.24%	
8				

图 6-6　RATE()函数示例

其他参数同 PMT()函数。

【例 6-4】　若金额为 8000 元的 4 年期贷款，月支付额为 200 元，则该贷款的月利率和年利率为多少？

【解】　将贷款金额、贷款年限、月支付金额等文本输入工作表中形成一个计算的框架，在相应的单元格中输入已知的数据。在单元格 I6 中输入月利率的计算公式"＝RATE(I3＊12，－I4，I2)"，在单元格 I7 中输入年利率的计算公式"＝I6＊12"，结果如图 6-6 所示。

6.2.5　NPER()函数

功能：基于固定利率及等额分期付款方式，返回某项投资(或贷款)的总期数。

形式：NPER(rate, pmt, pv, fv, type)

参数：pmt 为各期所应支付(或得到)的金额，其数值在整个年金期间(或投资期内)保持不变。通常 pmt 包括本金和利息，但不包括其他的费用及税款。

其他参数同 PMT()函数。

【例 6-5】　贷款金额为 8000 元，每月偿还 200 元，月利率为 1%，则该贷款多少年还清？

【解】　将贷款金额、月利率、月支付金额、还款年限等文本输入工作表中形成一个计算的框架，并在相应的单元格中输入已知的数据。在单元格 I7 中输入还款年限的计算公式"＝NPER(I4，－I5，I3)/12"，结果如图 6-7 所示，还款年限是 4.28。

	G	H	I	J
2				
3		贷款金额	8000	
4		月利率	1%	
5		月支付金额	200	
6				
7		还款年限	4.28	
8				

图 6-7　NPER()函数示例

前文所介绍的 PV()、FV()、NPER()、PMT()、RATE()函数都可称为年金函数，因为每期中发生的金额是一样的，这 5 个函数是密切相关的，在 5 个参数中(nper,rate,pmt,pv,fv)已知其他 4 个参数，则可以求出剩下的 1 个参数的结果。

【例 6-6】　某公司准备投资 1000 万元建设一座桥梁，当年投资，当年建成，该桥今后 15 年内预计每年收益 100 万元。

- 若年贴现率为 8%，今后 15 年内预计收益相当于现值多少？
- 若银行贷款年利率为 5%，贷款金额为 1000 万元，按计划 15 年等额还清，每年还款金额是多少？

- 考虑15年的回报期,则该项目的内部报酬率是多少?

【解】

(1) 建立模型框架。

将初始投资、投资年限、年收益等文本输入工作表中形成一个模型计算的框架,在相应的单元格中输入已知的数据,如图6-8所示。

(2) 计算收益的现值。

在单元格D7中输入年贴现率,在单元格D8中输入现值计算公式"＝PV(D7,D4,－D5)"。

(3) 计算每年还款额。

在单元格D10中输入银行贷款,在单元格D11中输入贷款利率,在单元格D12中输入还款年限,在单元格D13中输入年还款额计算公式"＝PMT(D11,D12,－D10)"。

(4) 计算内部报酬率。

在单元格I15中输入内部报酬率计算公式"＝RATE(D4,D5,－D3)",结果如图6-8所示。

	B	C	D	E
3		初始投资(万元)	1000	
4		投资年限	15	
5		年收益(万元)	100	
6				
7		年贴现率	8%	
8	(1)	15年收益的现值(万元)	855.95	
9				
10		银行贷款(万元)	1000	
11		贷款利率	5%	
12		还款年限	15	
13	(2)	年还款额(万元)	96.34	
14				
15	(3)	内部报酬率	5.6%	
16				

图6-8 桥梁投资项目的评价分析

6.3 固定资产管理

固定资产是企业经营活动中最重要的生产资料,在企业资产中占有重要地位。做好固定资产管理,正确计提固定资产折旧,对于企业保证正常的生产经营活动有着重要意义。按照现行制度规定,企业计提折旧的方法有直线折旧法、工作量法、固定余额递减法、双倍余额递减法和年数总和法等。按照传统的手工计算方法计算比较烦琐,而利用Excel进行计算分析则较为方便。

6.3.1 固定资产折旧函数

固定资产折旧是指一定时期内为弥补固定资产损耗按照规定的固定资产折旧率提取的固定资产折旧,根据不同的折旧方法,Excel提供了相应的折旧函数,本节将介绍其中的2

种折旧函数。

1. SLN()函数

功能：返回某项资产在一个期间中的线性折旧值。

形式：SLN(cost，salvage，life)

参数：cost 为资产原值。

salvage 为资产在折旧期末的价值，也称为资产残值。

life 为资产的折旧期数，也称资产的使用寿命。

2. DB()函数

功能：用固定余额递减法，计算一笔资产在给定期间内的折旧值。

形式：DB(cost，salvage，life，period，month)

参数：period 为需要计算折旧值的期间。period 必须使用与 life 相同的单位。

month 为第一年的月份数，如省略，则默认 12。

6.3.2 折旧函数应用示例

【例 6-7】 某公司购买了一台新机器，资产原值为 100000 元，使用寿命为 8 年，残值为 10000 元。

- 试用直线法计算每年的折旧额。
- 试用固定余额递减法计算每年的折旧额。
- 绘制 2 种折旧方法的年折旧比较图。

【解】

（1）在直线法工作表中将资产原值、资产残值、使用寿命等文本输入工作表中形成一个计算的框架，在相应的单元格中输入已知的数据，在单元格 I5 中输入每年折旧额的计算公式"＝SLN(I2，I3，I4)"，结果如图 6-9 所示。

	G	H	I	J
2		资产原值	100000	
3		资产残值	10000	
4		使用寿命(年)	8	
5		每年折旧额	11250	
6				

图 6-9　SLN()函数示例

（2）在固定余额递减法工作表中将资产原值、资产残值、使用寿命等文本输入工作表中形成一个计算的框架，在相应的单元格中输入已知的数据，在单元格 I5 中输入第 1 年折旧额的计算公式"＝DB($I$2，$I$3，$I$4，G5)"，把单元格 I5 的公式复制到单元格 I6：I11 中，得到第 2～7 年的折旧额，在单元格 I12 中输入第 8 年折旧额的计算公式"＝I2－I3－I5－I6－I7－I8－I9－I10－I11"，结果如图 6-10 所示。注意：在最后一年折旧计算中为了避免尾差，不能使用折旧计算公式，而使用总数减已提折旧的方法。

（3）利用 2 种方法的折旧数据制作如图 6-11 所示图形，可以看出不同折旧方法折旧额的变化规律。

	G	H	I	J
1				
2		资产原值	100000	
3		资产残值	10000	
4	年序号	使用寿命(年)	8	
5	1	第1年折旧额	25000.00	
6	2	第2年折旧额	18750.00	
7	3	第3年折旧额	14062.50	
8	4	第4年折旧额	10546.88	
9	5	第5年折旧额	7910.16	
10	6	第6年折旧额	5932.62	
11	7	第7年折旧额	4449.46	
12	8	第8年折旧额	3348.39	
13				

图 6-10　DB()函数示例

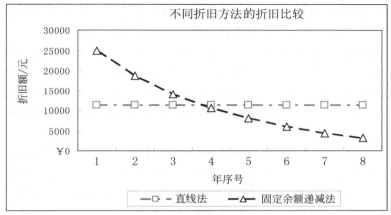

图 6-11　2 种折旧方法的折旧比较

6.4　基于净现值的投资决策模型

观看视频

6.4.1　投资项目的净现值与内部报酬率

如果某个投资项目的初始投资额为 K，在未来 t 年内的回报为 $\{Y_1, Y_2, \cdots, Y_t\}$，那么现金流量串 $\{Y_1, Y_2, \cdots, Y_t\}$ 的现值与初始投资额之差称为该投资项目的净现值（Net Present Value，NPV），即该投资项目的净现值可表示如下：

$$NPV = \frac{Y_1}{1+r} + \frac{Y_2}{(1+r)^2} + \cdots + \frac{Y_t}{(1+r)^t} - K \qquad (6-6)$$

如果一个投资项目的净现值（按照投资者参考项目回报率作为贴现率求出）大于 0，那么它的回报超过了参考项目的回报，因此这个投资项目是可取的；反之，如果一个投资项目的净现值小于 0，那么它的未来收入不足以抵消当前投资额，因此这个投资项目是不可取的。这是在对一个投资项目进行评价时的准则。

在一个投资项目未来各年的现金流量串不变的条件下,其净现值是随着所使用的贴现率的变化而变化的。现代投资理论把使一个投资项目净现值等于0的特定贴现率称为该投资项目的固有报酬率或内部报酬率(Internal Rate of Return,IRR)。从数学上说,当前投资额为 K,未来现金流量串为 $\{Y_1,Y_2,\cdots,Y_t\}$ 的投资项目的内部报酬率是以下方程式的根:

$$\frac{Y_1}{1+r}+\frac{Y_2}{(1+r)^2}+\cdots+\frac{Y_t}{(1+r)^t}-K=0 \qquad (6\text{-}7)$$

式(6-7)是 r 的一个超越方程,它的根不能表示为解析形式。因此在手动计算内部报酬率时,传统上只能采用烦琐的"反复试验"方法来近似地求解。但 Excel 的 IRR()内建函数计算内部报酬率是一件轻而易举的事情。

在许多常见的投资项目中,除了初始投资额是一项现金流出量之外,有效期限内其余各年发生的都是现金流入量,这种投资项目被称为"正常投资项目"。这种投资项目的净现值随着贴现率的增大而单调地减小,因而只存在一个唯一的内部报酬率。很显然,在这种情况下,一个投资项目的净现值(按投资者参考投资项目回报率作为贴现率求出)大于0与该项目的内部报酬率大于参考项目的回报率这两种说法是完全等效的。

有时我们也会遇到除了初始投资额之外,有效期内的其他年需要追加投资且追加投资额超过投资带来的收益或当年出现亏损的情况。在这种情况下,净现值不是随贴现率单调变化的,可能先增大再减小,也可能先减小后增大再减小,这时一个投资项目就会具有不止一个内部报酬率。此时,只能用净现值作为投资评价准则,而不能用内部报酬率作为投资评价准则。

根据前文关于净现值的讨论可以确信,对两个以上具有相同有效期的投资项目进行选择的准则是:如果各个备选投资项目的净现值中的极大值大于0,那么,实现该净现值极大值的投资项目是应该被选中的最优项目,否则这些备选投资项目便无一可取,投资者应该将资金投资到原有的参考项目中。在所涉及的各个备选投资项目初始投资额相同的情况下,也可以利用内部报酬率作为决策准则:如果各个备选项目的内部报酬率的极大值大于参考项目回报率,则实现该内部报酬率极大值的投资项目是应该被选中的最优项目,否则这些项目无一可取。但是,在一般情况下,由于各个备选投资项目可能具有不同的初始投资额,因此不能使用内部报酬率决策准则。

6.4.2 NPV()函数

功能:基于一系列现金流和固定的各期贴现率,返回一项投资的净现值。投资的净现值是指未来各期支出(负值)和收入(正值)的现值的总和。

形式:NPV(rate,value1,value2,…,value29)

参数:rate 为各期贴现率,是固定值。

value1,value2,…,value29 代表连续各期的现金流量值,最多 29 笔支出或收入的现金流量值。

【例 6-8】 假如要购买一家鞋店,投资成本为 40000 元,并且期望经营前 5 年的营业收入如下:8000 元、9200 元、10000 元、12000 元和 14500 元,每年的贴现率为 8%。计算鞋店投资的净现值。

【解】 将贴现率、投资成本、每年的营业收入和投资的净现值等文本输入工作表中形成一个计算的框架,在相应的单元格中输入已知的数据,在单元格 H11 中输入投资净现值的计算公式"＝ H4 ＋NPV(H3,H5:H9)"。投资的净现值是 1922.06,如图 6-12 所示。

	F	G	H	I
2				
3		贴现率	8%	
4		投资成本	−40000	
5		第1年收入	8000	
6		第2年收入	9200	
7		第3年收入	10000	
8		第4年收入	12000	
9		第5年收入	14500	
10				
11		投资的净现值	1922.06	
12				

图 6-12　NPV()函数示例

6.4.3　IRR()函数

功能:返回由数值代表的一组现金流的内部收益率。这些现金流不一定必须为均衡的,但作为年金,它们必须按固定的时间间隔发生,如按月或按年。内部收益率为投资的回收利率,其中包含定期支付(负值)和收入(正值)。

形式:IRR(values,guess)

参数:values 为数组或单元格范围的引用,包含用来计算内部收益率的数字。

guess 为对函数 IRR()计算结果的估计值。

说明:values 必须包含至少一个正值和一个负值,以计算内部收益率。

IRR()函数根据数值的顺序来解释现金流的顺序,故应确定按需要的顺序输入支付和收入的数值。如果数组或引用包含文本、逻辑值或空白单元格,则这些数值将被忽略。

Excel 使用迭代法计算 IRR()函数。从 guess 开始,IRR()函数不断修正收益率,直至结果的精度达到 0.00001%。如果 IRR()函数经过 20 次迭代,仍未找到结果,则返回错误值 ♯NUM!。

在大多数情况下,并不需要为 IRR()函数的计算提供 guess 值,如果省略 guess,则默认为 0.1(10%)。

如果 IRR()函数返回错误值 ♯NUM!,或结果没有接近期望值,可以给 guess 换一个值再试一下。

IRR()函数与 NPV()函数(净现值函数)的关系十分密切。IRR()函数算出的收益率是当净现值为 0 时的贴现率。

6.4.4　基于净现值的投资决策模型概述

净现值(Net Present Value,NPV)是投资项目经济评价的主要依据,在项目投资决策中经常使用投资项目的净现值概念。计算投资项目净现值使用的贴现率是投资者的机会成本(率),即资本成本(率),是投资者在其他参考投资项目中的最高回报率。当投资者需要从几个备选投资项目中选择一个最优项目时,实际上将原有参考项目放进去一起考虑。如果经过分析后得知其原有参考项目是最优项目,那么结论则是"所有备选投资项目无一可取"。由于任何时候都存在着一个"幕后"的参考项目,所以对任何一个独立的投资项目的评价其实就是将该投资项目与参考项目进行比较并从中确定一个最优投资项目,若被评价该项目优于参考项目则该项目为可取,否则该项目被评价为不可取。"幕后"参考项目在对若干投资项目进行比较或对一个投资项目进行评价时所起的参考作用是通过它的资本成本率被用作贴现率而表现出来的。

由于盈亏平衡分析涉及两个备选决策方案的决策问题中的一种一般性的分析方法,因此,这一分析方法对两个投资项目的投资评价决策也十分有效。两个备选投资项目的净现值同时依赖于贴现率这个共同参数,因此可能存在一个特定的"临界"值,当贴现率等于特定值时则两个投资项目的净现值相等,因而两个备选投资项目对投资者来说没有差别。如果是这样的话,投资决策模型主要将分析这个临界值等于多少、当贴现率小于该临界值时哪个投资项目是优选项目、当贴现率大于该临界值时哪个投资项目是优选项目等问题。在对一个投资项目进行评价时,投资者也经常关心以下问题:与参考项目的净现值相等的贴现率是什么? 从而可以了解贴现率在哪个范围内投资项目优于参考项目而值得投资,在哪个范围内投资项目劣于参考项目而不值得考虑。

6.4.5 基于净现值的投资决策模型的一般建模步骤

基于净现值的投资决策模型的一般的建模步骤如下。

(1) 整理问题涉及的已知数据,列出各期的净现金流。在整理现金流时要注意现金流的方向,一般假定现金收入是正值,现金支出是负值。

(2) 建立投资评价模型框架,使决策者能清楚地看出哪些是已知参数,哪些是可变的决策变量,哪些是反映结果的目标变量。

(3) 利用 Excel 内建函数或数学表达式,求出所有投资项目净现值。

(4) 求出投资项目中最大的净现值,根据最大的净现值利用 INDEX() 和 MATCH() 函数确定最优投资项目名称。

(5) 分别求出每个项目的内部报酬率,通过内部报酬率分析项目的投资价值。

(6) 建立不同投资项目的净现值随贴现率变化的模拟运算表,从而进行项目净现值对贴现率的灵敏度分析。

(7) 根据模拟运算表的数据,建立各个投资项目净现值随贴现率变化的图形,可直观地观察贴现率的变化对项目净现值的影响。

(8) 建立贴现率或其他参数的可调控件,使图形变成动态可调的决策图形。

(9) 利用 IRR() 函数或查表加内插值等方法求出两个项目净现值相等曲线交点的值,绘制垂直参考线。

(10) 分析贴现率或其他参数的变化对投资项目选择的影响。

6.4.6 基于净现值的投资决策模型应用示例

【例 6-9】 某投资公司现有 A、B 与 C 三个互斥投资项目可供选择:假设这三个投资项目的当前(第 0 年)投资金额与今后三年(第 1~3 年)的预期回报分别如表 6-1 所示。

表 6-1　项目 A、B 和 C 的投资回报数据

	初始投资额/万元	预期回报/万元		
		第 1 年	第 2 年	第 3 年
项目 A	1800	1300	900	500
项目 B	1800	1200	1000	1000
项目 C	200	600	400	200

试建立一个决策模型,当公司使用的贴现率为 1%～15%,模型能给出这三个项目中最优的投资项目。

【解】

(1) 建立模型框架。

将表 6-1 的项目投资回报数据输入到 Excel 工作表的单元格 C9:G12 中,在单元格 C3、C4、C5 中分别输入文字"贴现率""最大净现值""实现该净现值最大值的项目",如图 6-13 所示。

图 6-13　项目 A、B、C 的投资决策模型

(2) 计算投资项目净现值。

在单元格 I3 中输入某个整数,例如"1",在单元格 H3 输入公式"=I3/100",这样通过单元格 I3 间接得到一个贴现率,当用控件调节单元格 I3 时,单元格 H3 贴现率也随之改变。在单元格 H10 中输入公式"=D10+NPV($H$3,E10:G10)",并把单元格 H10 复制到单元格 H11 和 H12 中,求出三个项目的净现值,如图 6-13 所示。

(3) 显示最优投资项目。

在单元格 H4 中输入公式"=MAX(H10:H12)",求出三个项目的最大净现值。在单元格 H5 中输入公式"=INDEX(C10:C12,MATCH(H4,H10:H12,0))",利用 index() 和 match() 函数确定最优投资项目。在单元格 C15 中输入公式"=IF(H4>0,"最优项目是"&H5,"三个项目均不可取")",在单元格 C15 中显示哪个项目最优。

(4) 添加贴现率控件,观察贴现率变化对三个投资项目净现值的影响。

打开"窗体"工具栏,选择"微调器"按钮,在单元格 H3 的左边绘制"微调器"控件,选中

该控件,右击,选择设置控件格式,在设置控件格式对话框中设置最小值为1、最大值为15、步长为1、链接单元格为I3,从而建立了贴现率微调器。

(5)绘制图形,并添加决策建议。

选中单元格C10:C12和单元格H10:H12,利用图表工具绘制三个项目的净现值的柱形图。在图形旁边再制作一个贴现率微调器,制作方法同(4)所述。在图形旁边绘制一个文本框,选中文本框,并在编辑栏输入公式"=投资评价模型! C15",用于显示当前最优投资项目。调整微调器和文本框的位置与图形组合,结果如图6-14所示。

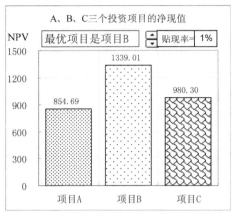

图6-14　项目A、B、C的净现值图形

注意:观察贴现率的变化对投资项目选择的影响,在本例中,当贴现率较小时,最优投资项目是项目B;当贴现率较大时,最优投资项目是项目C。

【例6-10】　某企业拟进行扩建,现面临三种选择方案:①进行大型扩建,使未来10年产量增加一倍。②先进行一次小型扩建,使产量增加40%,5年后再次扩建,使产量达到现在的一倍。③进行小型扩建后不再扩建。这三个方案的有关数据如表6-2所示。

表6-2　三个扩建方案数据

方案	扩建需用资金/万元		扩建后增加收入/万元	
	现在扩建	5年后扩建	前5年(每年)	后5年(每年)
大型扩建	800		140	140
分二次扩建	100	600	100	130
小型扩建	600		110	110

三种扩建方案的有效期为10年,10年后项目的扩建投资均有残值,公司使用的贴现率为9%,残值率为10%。试确定哪一种方案是最优方案。另外,绘制一个图形说明当贴现率在2%～10%,残值率在5%～15%变化时最优方案选择的变化。

【解】

(1)建立模型框架。

在名为"扩建方案评价模型"工作表的单元格C4:F6中输入已知数据,在单元格C8和C10中分别输入公式"=D8/100"和"=D10/100",以便后面制作调节残值率和贴现率的控件。在单元格 G4 中输入残值计算公式"=（C4＋D4）＊＄C＄8"，并将公式复制到单元格 C5:G6 中，如图 6-15 所示。

	A	B	C	D	E	F	G	H
1								
2		方案	扩建需用资金(万元)		扩建后增加收入(万元)		残值	
3			现在扩建	5年后扩建	前5年（每年）	后5年（每年）		
4		大型扩建	800		140	140	80	
5		分二次扩建	100	600	100	130	70	
6		小型扩建	600		110	110	60	
7								
8		残值率	10%	10				
9								
10		贴现率	2%	2				
11								
12		最大的净现值		538.88				
13		实现最大净现值的方案		大型扩建				
14								
15		最佳方案是大型扩建						
16								
17								

图 6-15 扩建方案评价模型

（2）建立现金流量表，计算三个方案的净现值。

在单元格 J4、K4 和 L4 中分别输入公式"=－C4""=－C5""=－C6"；在单元格 J5 中输入公式"=＄E＄4"，并将公式复制到单元格 J6:J13 中；在单元格 K5 中输入公式"=＄E＄5"，并将公式复制到单元格 K6:K9 中；在单元格 K10 中输入公式"=－D5＋F5"；在单元格 K11 中输入公式"=＄F＄5"，并将公式复制到单元格 F12:F13 中；在单元格 L5 中输入公式"=＄E＄6"，并将公式复制到单元格 L6:L13 中；在单元格 J14、K14 和 L14 中分别输入公式"=F4＋G4""=F5＋G5""=F6＋G6"；在单元格 J15 中输入净现值计算公式"=NPV（＄C＄10,J5:J14）＋J4"，并将公式复制到单元格 K15:L15 中。这样，在单元格 J15、K15 和 L15 中分别求出三个方案的净现值，如图 6-16 所示。

	I	J	K	L	M	N	O	P	Q	R
2			现金流表				大型扩建	分二次扩建	小型扩建	
3		年	大型扩建	分二次扩建	小型扩建			523.19	450.97	437.31
4		0	－800	－100	－600		1%	598.41	483.81	496.16
5		1	140	100	110		2%	523.19	450.97	437.31
6		2	140	100	110		3%	453.76	421.13	382.97
7		3	140	100	110		4%	389.57	393.96	332.73
8		4	140	100	110		5%	330.16	369.19	286.23
9		5	140	100	110		6%	275.08	346.55	243.11
10		6	140	－470	110		7%	223.97	325.84	203.09
11		7	140	130	110		8%	176.47	306.85	165.90
12		8	140	130	110		9%	132.26	289.41	131.29
13		9	140	130	110		10%	91.08	273.37	99.03
14		10	220	200	170		11%	52.67	258.59	68.95
15		NPV	523.19	450.97	437.31		12%	16.79	244.95	40.84

图 6-16 三种扩建方案的净现值

（3）添加微调器按钮。

在单元格 C8 左边制作一个最小值为 2、最大值为 10、步长为 1、链接单元格为 D8 的"微调器"控件，观察贴现率变化对三种方案净现值的影响。

（4）确定最优扩建方案。

在单元格 D12 和 D13 中分别输入公式"＝MAX(J15:L15)"和"＝INDEX(J3:L3, MATCH(D12,J15:L15,0))"，利用 INDEX() 和 MATCH() 函数确定最优扩建方案，在单元格 B15 中输入据测定结论公式"＝"最佳方案是"&D13"，如图 6-15 所示。

（5）建立模拟运算表。

在单元格 N3:Q15 中建立三个项目的净现值关于贴现率的模拟运算表，具体操作方法是：在单元格 N4:N15 中生成贴现率系列数据"1％，2％，3％，4％，5％，6％，7％，8％，9％，10％，11％，12％"，在单元格 O3、P3 和 Q3 分别输入公式"＝J15""＝K15""＝L15"，选中单元格 N3:Q15，单击菜单"数据"，选择"模拟运算表"，在引用列的单元格中输入参数"＄C＄10"，如图 6-16 所示。

（6）绘制净现值图形，并添加投资决策建议。

选中单元格 N4:Q15，利用图表向导建立三个方案净现值的散点图，每条曲线代表一个方案的净现值，可以清楚地看到每个方案的净现值随贴现率变化的情况，文本框中显示最佳投资方案的建议，如图 6-17 所示。

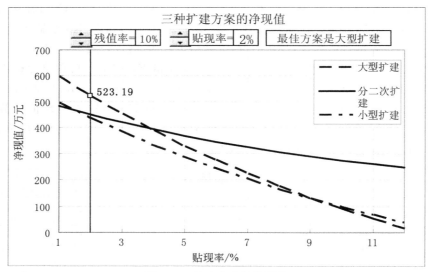

图 6-17　扩建方案评价图形

（7）添加垂直参考线和参考点。

右击图形，在快捷菜单中选择"数据源"，选中"系列"选项卡，"添加"经过当前贴现率的垂直参考线系列，在 X 值(X)栏输入"扩建方案评价模型!＄C＄10，扩建方案评价模型!＄C＄10"，在 Y 值(Y)栏输入"0,700"；再"添加"参考点系列，在 X 值(X)栏输入"扩建方案评价模型!＄C＄10"，在 Y 值(Y)栏输入"扩建方案评价模型!＄D＄12"，单击"确定"按钮，如图 6-17 所示。

图 6-17 中的三条净现值曲线两两相交，两条净现值曲线交点的 X 坐标值可以用差值项

目的内部报酬率函数计算得到,因为内部报酬率对应的净现值为零(即两项净现值相等)。图中"大型扩建"与"分二次扩建"项目的净现值交点的 X 坐标,可以用公式"＝IRR(J4:J14－K4:K14)"计算获得。

(8)在图形上添加控件。

在恰当的位置,建立贴现率和折旧率可调的控件,贴现率的调节范围为 2%～10%,残值率为 5%～15%,具体操作方法不再赘述,结果如图 6-15 和图 6-16 所示。

通过贴现率和折旧率的调节控件,观察贴现率和折旧率的变化对扩建方案选择的影响。

6.4.7 蒙特卡罗投资风险分析模拟模型

观看视频

投资的风险是指为了获得预期投资收益时的不确定性,在进行投资时,风险的普遍存在是一个不争的事实。蒙特卡罗模拟在风险分析方面具有多样性和实用性,已经广泛应用于各种商业决策。下面通过示例详细介绍运用蒙特卡罗模拟分析投资项目风险的方法。

【例 6-11】 现准备开发一种新产品的投资项目,其初始投资额为 200 万元,有效期为 3 年。该项目一旦投入运营后,第一年产品的销量是一个服从均值为 200 万件而标准差为 60 万件的正态分布,根据这种产品的生命周期规律,第二年销量将在第一年的基础上增长 20%,而第三年销量将在第二年基础上下降 50%。三年内每年还需投入固定成本 100 万元。新产品的单位变动成本为 2～4 元均匀分布。委托咨询机构对产品销售价格的市场调研结果如表 6-3 所示。如果此投资项目的贴现率定为 10%,试分析此投资项目的风险。

表 6-3 产品单价的先验概率

单价(元)	2	3	4	5	6	7	8
概率(%)	5	10	20	30	20	10	5

【解】 借助蒙特卡罗模拟模型分析此项目的投资风险,如图 6-18 所示。输入的随机变量有三个,一是与消费者需求和偏好有主要关系的销售量,二是与市场供需和竞争有主要关系的产品单价,三是与厂商的管理和技术有主要关系的单位变动成本。对投资项目的风险分析,常把此项目的未来可能利润按贴现率贴现到当前,计算项目的净现值。由于未来众多因素的影响,利润是不确定的,以及通货膨胀等因素的存在,合适的贴现率选择也是不确定的,因此计算出的项目的净现值显然也是不确定的。所以,把对此投资项目的风险分析,转化为对此投资项目的净现值的不确定性的分析。本例中蒙特卡罗模拟模型的输出随机变量是净现值。主要建模步骤如下。

(1)建立原始数据和参数输入区。

设计安排在工作表中的单元格 B4:E12 为输入区的初始参数区,工作表中的单元格 J4:L12 为反函数变换表。当模型存在先验概率或经验分布表时,输入区最好分成两部分,把先验概率表和经验分布表单独作为一部分。

一般地说,输入区的初始参数区只占用两列:第一列为初始数据的参数的说明文字(应包括数据的单位),说明文字尽可能地简洁扼要;第二列为具体数据。有多少行要根据已知参数的多少而定,常把类似的数据安排在相近的行中。遇到第一列的说明文字较长时,常把第二列、第三列等安排为空列,最后一列安排数据。为什么要这样做呢?其主要原因是为了

蒙特卡罗投资评价风险模型

1. 输入区—初始参数

初始投资额(百万元)	2
初始销量均值(百万件)	2
初始销量标准差(百万件)	0.6
销量第2年增长率	20%
销量第3年增长率	-50%
年固定成本(百万元)	1
单位可变成本最小值	2
单位可变成本最大值	4
贴现率	10%

2. 生成区

初始销量(百万件)	0.76
价格(元)	7.00
单位变动成本(元)	2.27

3. 输出区—中间结果

	第1年	第2年	第3年
销量	0.76	0.91	0.45
收入	5.30	6.36	3.18
总成本	2.72	3.06	2.03
利润(现金收入)	2.58	3.29	1.15

3. 输出区—最终结果

净现值	3.93

5. 统计区

1000次模拟净现值均值(百万元)	4.84
1000次模拟净现值标准差(百万元)	8.32
1000次模拟净现值最大值(百万元)	37.66
1000次模拟净现值最小值(百万元)	-16.21

6. 图形区—控制面板参数表

指定的净现值X	5	
小于净值概率	55.3%	
大于净值概率	44.7%	
	5.0	0
	5.0	55.3%
	5.0	1
	5.0	0
	5.0	44.7%
	5.0	1

4. 试验区

次数	净现值
	3.93
1	4.55
2	11.51
3	-0.14
4	17.06
5	-16.21
6	3.66
7	-0.07
8	0.79
9	-5.78
10	5.84
11	-3.65
12	0.22
13	6.82
14	8.84
15	-8.71
16	-3.74
17	17.99
18	16.55
19	20.18
20	-5.41
21	-12.12
22	11.92
23	19.88
24	-2.29
25	-5.22
26	-0.74
27	7.70
28	5.60
29	29.32
30	6.35
31	5.54
32	3.26
33	-1.42
34	-7.31
35	4.90
36	1.64
37	1.93
38	15.43
39	-2.77
40	-5.68
41	0.88
42	-0.62
43	5.00
44	3.71
45	1.00
46	4.04
47	-11.70
48	1.86
49	3.17
50	6.07
51	6.92
52	1.40
53	19.97
54	9.23
55	11.10
56	-2.34
57	0.80
58	-4.31
59	1.17
60	16.09
61	6.04
62	-3.47
63	2.11
64	6.94
65	5.41
66	1.89
67	15.38
68	-11.21

1. 输入区—反函数变换表

价格	先验	累计
		0.00
2	5%	0.05
3	10%	0.15
4	20%	0.35
5	30%	0.65
6	20%	0.85
7	10%	0.95
8	5%	1.00

6. 图形区—频数分布统计表

区间	接收	频率	累计 %	>某净值的概率
-17	-17	0	0.00%	100.0%
-16	-16	1	0.10%	99.9%
-15	-15	0	0.10%	99.9%
-14	-14	1	0.20%	99.8%
-13	-13	2	0.40%	99.6%
-12	-12	4	0.80%	99.2%
-11	-11	5	1.30%	98.7%
-10	-10	5	1.80%	98.2%
-9	-9	5	2.30%	97.7%
-8	-8	14	3.70%	96.3%
-7	-7	14	5.10%	94.9%
-6	-6	16	6.70%	93.3%
-5	-5	32	9.90%	90.1%
-4	-4	31	13.00%	87.0%
-3	-3	39	16.90%	83.1%
-2	-2	38	20.70%	79.3%
-1	-1	47	25.40%	74.6%
0	0	53	30.70%	69.3%
1	1	49	35.60%	64.4%
2	2	53	40.90%	59.1%
3	3	49	45.80%	54.2%
4	4	45	50.30%	49.7%
5	5	50	55.30%	44.7%
6	6	48	60.10%	39.9%
7	7	44	64.50%	35.5%
8	8	34	67.90%	32.1%
9	9	42	72.10%	27.9%
10	10	24	74.50%	25.5%
11	11	34	77.90%	22.1%
12	12	33	81.20%	18.8%
13	13	29	84.10%	15.9%
14	14	16	85.70%	14.3%
15	15	23	88.00%	12.0%
16	16	17	89.70%	10.3%
17	17	24	92.10%	7.9%
18	18	12	93.30%	6.7%
19	19	11	94.40%	5.6%
20	20	12	95.60%	4.4%
21	21	9	96.50%	3.5%
22	22	4	96.90%	3.1%
23	23	5	97.40%	2.6%
24	24	7	98.10%	1.9%
25	25	2	98.30%	1.7%
26	26	2	98.50%	1.5%
27	27	1	98.60%	1.4%
28	28	2	98.80%	1.2%
29	29	2	99.00%	1.0%
30	30	4	99.40%	0.6%
31	31	0	99.40%	0.6%
32	32	1	99.50%	0.5%
33	33	0	99.50%	0.5%
34	34	0	99.50%	0.5%
35	35	3	99.80%	0.5%
36	36	1	99.90%	0.1%
37	37	0	99.90%	0.1%
38	38	1	100.00%	0.0%
39	39	0	100.00%	0.0%
其他		0	100.00%	

图 6-18　蒙特卡罗模拟模型进行投资项目的风险分析

整个模型表格设计美观,Excel的某列在工作表中只能是同一宽度,当说明文字所在列的列宽调整到能显示所有文字时,输入区下方的本列就非常宽,使用时不太美观。而空出第二列、第三等列,就不用将第一列的列宽调整成完全显示说明文字的宽度。还有一种情况,我们把最后第二列,也就是最后数据列的左边一列安排存放作为变量名的英文字母或阿拉伯字母。然后选中输入区的最后两列,选择"公式/根据所选内容创建"菜单命令,弹出"以选定区域创建名称"对话框,勾选"最左列"复选框,单击"确定"按钮。操作完成后,最后一列的数据就有两个变量名称,一个是工作表的地址,另一个是左边一列单元格中的字母。今后所建立的公式中将出现变量字母而不是工作表地址。对于习惯于理论公式的变量字母表达,而不习惯于理论公式的工作表地址表达的用户来说,这是一个好方法。按本例提供的已知数据,将部分金额转化为百万单位(在说明文字中一定要注明单位),输入到单元格 E4:E12中。其中,单元格 E12 中的贴现率可以考虑用控件来微调。

输入区的反函数变换表构造有两种形式:第一种表形式是为后面使用 VLOOKUP()函数查表而设计的;第二种表形式是使用 MATCH()和 INDEX()函数查表而设计的。本例将采用第二种表形式,它是三列多行:第一行是标题;第二行是初始行,第二行第一、第二列应是空白,第三列(单元格 L5)填入数字 0,作为概率盒子的一个顶端;第三行开始的第一、第二列按照本例给出的先验概率表填入,如果原来先验概率表的价格次序混乱也没有关系,但是一般习惯调整为顺序,后面的概率值也要对应调整顺序。最后在单元格 L6 和 L7 中分别输入公式"=K6"和"=L6+K7"。

将单元格 L7 中公式复制到单元格 L8:L12 中。作为验证反函数变换表构造是否正确,应注意概率盒子的末端,最后一列的最后一行(单元格 L12)中的值是否为 1。上述操作的中心思想是在单元格 L5:L12 中构造一个如图 6-19 所示的划有格子的 0~1 概率盒子。

图 6-19 划分概率大盒子为概率小盒子

输入区单元格 E5:E6,E10:E11,J6:K12 中的值是随机分布参数。其他单元格中的值现在作为固定参数,也可以作为可调参数。当然,随机分布参数也可以使用控件进行调整。

(2) 在生成区生成符合分布的随机数。

单元格 B15:E17 为生成区,其中单元格 B15:B17 为标题区,单元格 E15:E17 为公式区,单元格 C15:D17 为空白区。本例的输入随机数有 3 个:正态分布的初始销售量(单元格 E15),离散分布的销售价格(单元格 E16),均匀分布的单位变动成本(单元格 E17)。3 种分布的分布参数分别来自输入区相应单元格中的值。生成随机数的公式如下:

单元格 E15	=NORMINV(RAND(),E5,E6)
单元格 E16	=INDEX(J5:J12,MATCH(RAND(),L5:L12)+1)
单元格 E17	=ROUND(E10+(E11-E10)*RAND(),2)

其中单元格 E15 中直接调用 Excel 内建的生成正态分布随机数函数 NORMINV(),生成均值为 2,标准差为 0.6 的正态分布随机数。单元格 E16 中的公式先计算 MATCH()函数,它查找 RAND()值在单元格 L5:L12 中的位置,它可以有第三个查找类型参数,分别为-1,0,1,缺省值为 1。当查找类型参数为 1 或缺省时,要求单元格 L5:L12 中的数必须按升序排列,这时在单元格 L5:L12 区域中查找出小于或等于 RAND()值的所有数值,在其中选

出最大数值所在行数。例如,假设本次 RAND() 值为 0.2,那么在单元格 L5:L12 中小于或等于 0.2 的数只有 0,0,0.05,0.15,而这三个数中最大数值是 0.15,0.15 在单元格 L5:L12 中的第三行,所以 MATCH() 函数的计算结果为 3,即这个随机点落到 0.15~0.3 第三个概率小盒子中,对应的价格标签应为 4。所以再用 INDEX() 函数查找单元格 J5:J12 中的价格标签时,要将 MATCH() 函数查找到的行数加 1。也可以将单元格 E16 的公式写为"=INDEX(J6:J12,MATCH(RAND(),L5:L12))"。单元格 E17 中的公式首先生成 0~E11-E10 之间均匀分布随机数,再将这个随机数加单元格 E10,转换为 2(单元格 E10)~4(单元格 E11)的随机数,最后用 ROUND() 函数,保留随机数两位小数。

(3) 抽象出目标变量的数学表达式,建立输出区。

由于本例的目标变量表达式比较复杂,求解过程将分成两个步骤,相应地建立中间结果输出区单元格 B20:E24 和最终结果输出区单元格 B27:E27。

首先,求出每一年的利润。利润=收入-总成本,收入=销量×价格,总成本=固定成本+变动成本,变动成本=销量×单位变动成本。第一年的销量、每一年的价格和变动成本已经生成,分别在生成区单元格 E15、E16、E17 中。第二年和第三年的销量的增长率分别在单元格 E7 和 E8 中。因此每一年的利润(单元格 C24:E24)不难求出,在单元格 C21:E24 中输入以下计算公式:

单元格 C21	=E15	单元格 D21	=C21*(1+E7)	单元格 E21	=D21*(1+E8)
单元格 C22	=C21*\$E\$16	单元格 D22	=D21*\$E\$16	单元格 E22	=E21*\$E\$16
单元格 C23	=\$E\$9+C21*\$E\$17	单元格 D23	=\$E\$9+D21*\$E\$17	单元格 E23	=\$E\$9+E21*\$E\$17
单元格 C24	=C22-C23	单元格 D24	=D22-D23	单元格 E24	=E22-E23

在已知初始投资额为单元格 E4,今后三年中每年的利润为单元格 C24:E24,指定贴现率为单元格 E12 的情况下,此项目的净现值不难计算。首先计算将来利润的当前价值,由于将来每期的利润不等,应使用 NPV() 函数求出现值,如果将来利润额用正数表示收入,求出的现值也是正数,那么初始投资额则应用负数表示支出,所以,本项目的净现值是初始投资额与现值之和。在单元格 E27 中输入最终结果净现值的计算公式"=-E4+NPV(E12,C24:E24)"。

(4) 确定试验次数和设计试验参数,进行模拟试验。

本步骤主要完成对单元格 E27 中的随机结果进行试验,并将试验结果记录以供今后进行统计分析。

如果有足够的耐心和细心,可以按 F9 键,单元格 E27 中的值就会发生变化,将这个试验值记录在工作表的空白表格区域,重复刚才的手工操作直至填满这个空白表格区域。显然,对于这样的手动方法进行的试验,当要生成大样本时会无法忍受,更何况还要生成多个样本。我们采用的技术是借用模拟运算表对虚自变量进行分析而间接实现记录多次试验的结果。最简单的做法是多次试验,生成一个统计上可称为大样本的试验结果,许多统计假设和推论都可以满足。

为了不占用太多的计算时间,本例选择 1000 次试验。试验区设计安排在单元格 G4:

H1005中,具体操作如下:在单元格G4:H4中输入标题,单元格H5中输入公式"＝E27",单元格G6:G7中输入模拟次数1和2。选中单元格G6:G7,复制到单元格G8:G1005中,在单元格G6:G1005中将出现1～1000的模拟次数,选定单元格G5:H1005,注意不是选定单元格G4:H1005,选择菜单"数据"→"预测"→"模拟分析"→"模拟运算表"命令,弹出"模拟运算表"对话框,在"输入引用列的单元格"文本框中单击右侧按钮,再单击工作表中的任意空白单元格,如单元格G2,单击"确定"按钮,即可在试验区完成指定目标变量和试验次数的模拟试验。

(5)根据具体问题选择计算统计量,建立统计区。

本例中,仅计算均值和标准差,以及后面绘制图形所要用到的当前试验结果中的最大值和最小值。设计单元格B30:E33为统计区,在单元格B30:B33中输入标题,在单元格E30:E33中输入统计函数如下:

单元格 E30	＝AVERAGE($H$6:$H$1005)
单元格 E31	＝STDEV($H$6:$H$1005)
单元格 E32	＝MAX($H$6:$H$1005)
单元格 E33	＝MIN($H$6:$H$1005)

(6)生成图形数据,绘制图形。

为了更进一步分析此投资项目的风险,经常需要绘制大量的决策图形为投资决策提供更好的决策辅助。本例准备绘制净现值随机变量的概率密度函数柱形图和累计概率分布图,以及净现值大于x值的概率分布可调图形。本例要建立的图形区分成两个区域:一是为绘制三张图形而生成的图形数据区;二是为绘制可调图形而生成的控制数据区。

图形数据区设计安排在单元格J15:N73中。在单元格J15:N15中输入相应的标题,在单元格J16:J72中输入区间标号(区间标号根据模拟试验结果样本的最小值和最大值而定)。Excel的数据分析直方图工具可用于实验数据的频率分布统计。选中图6-18中的单元格H6:H1005(1000个净现值实验样本),选择"数据"→"数据分布"→"直方图",按图6-20所示的"直方图"对话框设置输入区域和接收区域,单击"确定"按钮后,结果如图6-18

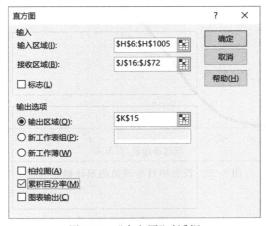

图6-20 "直方图"对话框

中的单元格 J16:M73。Excel 的 FREQUENCY()函数也可以生成单元格 L16:L72 中的频率分布。

用单元格 L16:L72 的频数和单元格 M16:M72 的累计概率分布分别绘制如图 6-21 所示的投资项目净现值概率分布柱形图和图 6-22 所示的投资项目净现值累计概率分布曲线图,此曲线反映了达到不同净现值的风险。为了方便决策,将图 6-22 改进为如图 6-23 所示的可调图形,在图 6-23 中增加一条可调的垂直参考线,这条垂直参考线可以随一个微调按钮的调整左右移动,同时垂直线与分布曲线的交点 Y 值在图中显示,X 值和 Y 值在控件的文本框中显示。单元格 N16:N72 为(1－累计％),即超过各净现值的概率,用单元格 N16:N72 中的数据绘制如图 6-24 所示的投资项目净现值大于一个指定 X 值的概率图,图 6-24 反映了实现一个指定净现值的可能性,图表类型为散点图,并添加了指定净值的垂直参考线。

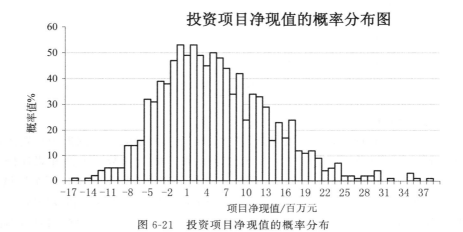

图 6-21　投资项目净现值的概率分布

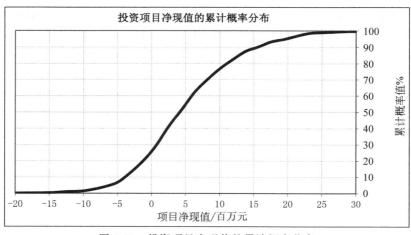

图 6-22　投资项目净现值的累计概率分布

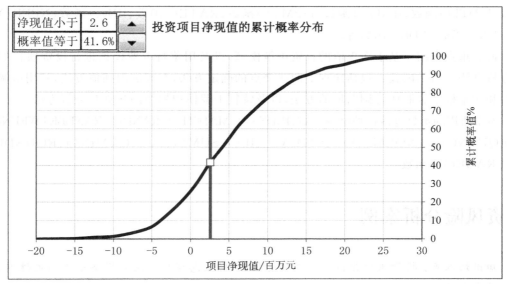

图 6-23　带垂直参考线的投资项目净现值的累计概率分布

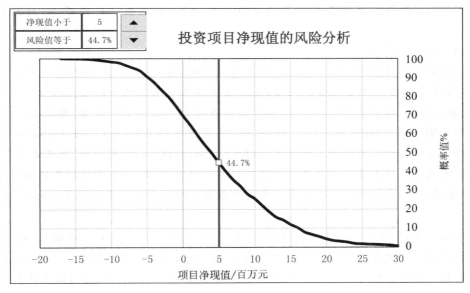

图 6-24　投资项目净现值大于 X 值的概率分布

本章小结

观看视频

　　本章首先介绍了与货币的时间价值有关的概念,包括现金流、贴现率、净现值和内部报酬率等,充分理解这些概念,是掌握本章内容的必要条件。

　　然后介绍了 Excel 常用的财务函数,包括 NPV()函数、PV()函数、FV()函数、PMT()

函数、PPMT()函数、IPMT()函数、ISPMT()函数、RATE()函数、IRR()函数、NPER()函数、SLN()函数和DB()函数等。

最后重点介绍了基于净现值的投资决策模型,以及用蒙特卡罗模拟进行投资项目的风险分析方法。所用的技术包括净现值曲线交点的确定方法,查表加内插值方法,利用微调器控件和文本框结合制作可调图形的方法,以及蒙特卡罗模拟模型的建立与分析方法。

本章所用的函数包括各种财务函数、INDEX()、MATCH()、RAND()、RANDBETWEEN()、FREQUENCY()、NORMINV()、STDEV()、IF()、SUM()、MAX()、MIN()、ROUND()、AVERAGE()等函数。

观看视频

投资风险分析案例

知识切入点:投资风险分析。实现投资收益,防止忽视投资决策模型中不确定性因素,造成投资失败。

思政元素:培养学生的大局观,树立技术服务金融发展而非单纯牟利的价值观。

教育目的:理解投资决策模型的可靠性与安全性,提高投资风险意识,增强社会责任感。

投资风险
分析案例
资料来源

案例:LTCM破产

美国长期资本管理公司(Long-Term Capital Management,LTCM)成立于1994年2月,总部设在离纽约市不远的格林尼治,是一家主要从事采用高杠杆的绝对收益交易策略(如固定收益套利、统计套利和配对交易等)的对冲基金。它与量子基金、老虎基金、欧米伽基金并称为国际四大"对冲基金"。LTCM掌门人是所罗门兄弟(Salomon Brothers)的前副董事长暨债券交易部主管约翰·梅里韦瑟(John Meriwether),被誉为能"点石成金"的华尔街债务套利之父。他聚集了华尔街一批证券交易的精英加盟,这个精英团队内荟萃了职业巨星、公关明星、学术巨人,被称为"每平方英寸智商密度高于地球上任何其他地方"的"梦幻组合"。

自创立以来,LTCM一直保持骄人的业绩。1994—1997年,LTCM以成立初期的12.5亿美元资产净值迅速上升到1997年12月的48亿美元,每年的投资回报为28.5%、42.8%、40.8%和17%,1997年更是以1994年投资1美元派2.82美元红利的高回报率让LTCM身价倍增。

LTCM操作过的产品和策略有利差套利、流动性套利、配对股票交易、波动率交易、并购套利业务。由于套利的收益率相对较低,LTCM使用了巨大无比的财务杠杆,以及衍生品合约。LTCM在危机爆发前的财务杠杆超过25倍。事实上,LTCM的管理者们正在进行一场赌博,他们希望用更大风险换取更高回报。

LTCM的数学模型建立在历史数据的基础上。在数据的统计过程中,一些小概率事件常常被忽略,因此,埋下了隐患——一旦这个小概率事件发生,其投资系统将产生难以预料的后果。然而,在1998年全球金融动荡中,小概率事件真的发生了。由于国际石油价格下滑,俄罗斯国内经济不断恶化,俄政府宣布卢布贬值,停止国债交易,投资者纷纷从发展中市场退出,转而持有美国、德国等风险小,质量高的债券品种。LTCM 所沽空的德国债券价格上涨,做多的意大利债券等证券价格下跌,它所期望的正相关变为负相关,结果两头亏损。它的电脑自动投资系统面对这种原本可忽略不计的小概率事件,错误地不断放大金融衍生品的运作规模。从 5 月俄罗斯金融风暴到 9 月全面溃败,短短的 150 多天资产净值下降90%,出现 43 亿美元的巨额亏损。9 月 23 日,美联储出面组织安排,高盛、美林、德银、瑞银、瑞信、巴克莱等 14 家国际银行组成的财团注资 37.25 亿美元购买了 LTCM 公司 90% 的股权,共同接管了 LTCM,避免了它倒闭的厄运。2000 年年初,LTCM 破产清算,LTCM 合伙人丧失控制权,大部分人血本无归,某些人更是负债累累。

案例思考:

1. LTCM 巨额亏损的原因是什么?

2. 投资中使用杠杆的利与弊有哪些?

3. 量化投资模型中的假设前提是否一定符合现实?

4. 历史上出现过许多次金融泡沫,如郁金香泡沫、南海泡沫、互联网泡沫等,为什么后人总是无法充分吸取前人的教训,一次次地重蹈覆辙?

5. 如何理解金融机构风控管理与社会责任?

6. 金融工具应该服务于获利,还是应该有助于经济发展?

习题

6.1　什么是现金流量?举例说明个人一年 12 个月的现金流量变化情况。

6.2　辨析利率、贴现率、内部报酬率的概念。

6.3　什么是投资风险?它对投资决策有什么影响?

6.4　利用 Excel 内建函数完成如下要求的计算。

(1) 某工厂借出资金 50000 元,按年利率 6% 计算,10 年后该工厂可获多少资金?

(2) 某人准备在 10 年后积蓄 10000 元,按年利率 6% 计算,试计算目前应存款多少元?

(3) 某厂购入一架机器,价值为 10000 元,使用期为 5 年,若使用机器后每年可获利4000 元,按年率 10% 计算,5 年后年金的现值为多少?

6.5　某投资者有 1000 万元资金,现有两个投资项目,项目 A 是浦江大桥的建设,项目B 是郊区高速公路的建设。项目 A 初始投入 1000 万元,以后每年获得本金的 10% 的投资收益,10 年后收回本金;项目 B 初始投入 1000 万元,以后每年视公路的经营情况获得投资收益,根据预测该项目第 1 年可获得 50 万元的收益,以后每年的收益在上年基础上递增16%,10 年后收回本金。假定贴现率为 6%,要求:

(1) 在工作表中建立一个对项目 A 和 B 进行比较的模型,在两个并列的单元格中分别求出两个投资项目的净现值,在一个单元格中利用 IF() 函数给出"项目 A 较优"或"项目 B较优"的结论。

(2) 将上述模型加以扩充,在两个并列的单元格中分别求出两个项目的内部报酬率。

(3) 在一个单元格中使用 Excel 内建函数求出使两个项目的净现值相等的贴现率及相等处的净现值。

6.6 某人准备在 10 年后购买一套必须全额现金支付的住房,该住房当前房价为 100 万元,预计房价每年上涨 5%,购房人每年将等额金钱存入(投入)一种收益率为 10% 的投资项目,准备在 10 年末将存款全部取出以支付当时的房价,题目框架如图 6-25 所示,要求:

(1) 在单元格 D7 和 D8 中分别求出 10 年后购买时的房价和购房人每年存入的金额。

(2) 基于单元格 D8 中的数据,在单元格 H3:N13 的动态模拟表的各个单元格中输入正确公式以求出该人每年向投资项目存入的金额、从该投资项目得到(并继续投入到该项目中去)的年收益、每年年初与年末的存款余额以及每年末的房价(利用这个计算表来确认 10 年末的存款余额能够足额支付当时所需的购房款)。

	B	C	D	E	G	H	I	J	K	L	M	N	O
2													
3		当前房价	1000000			年	年初存款余额	年存入金额	年收益	年末存款余额		年末房价	
4		房价上升率	5%			1							
5		投资收益率	10%			2							
6		年限	10			3							
7		购买时的房价				4							
8		每年存入的金额				5							
9						6							
10						7							
11						8							
12						9							
13						10							
14													

图 6-25 习题 6.6

第 $\overline{7}$ 章

最优化决策分析

第 7 章
教学课件

第 7 章
例题解答

在经济管理中经常会遇到求最大值或最小值的问题,例如,如何安排产品的产量才能使利润最大或成本最小;又如,运输公司在组织运输时如何安排线路才能使运输费用最低,这些都属于最优化问题。最优化问题是运筹学的一个重要分支,根据其形式又分为数学规划、动态规划和网络规划等,它起源于第二次世界大战期间,为解决军队后勤供应问题而研究的,其中数学规划经过多年不断的探索和研究,已成为一种用于求解最优化问题的重要方法,在近乎所有的工业、商业、军事和科学技术研究等领域有着广泛的应用。

本章首先介绍最优化问题的定义、分类和数学模型,规划求解工具和查表求解方法;随后以产品混合生产为例,分别介绍目标函数和约束条件与决策变量之间都是线性关系的规划问题求解,目标函数或约束条件与决策变量之间不是线性关系的非线性规划问题求解;重点介绍运输、选址、资金管理、生产管理等常见规划问题的求解模型;最后,通过示例介绍一种多目标规划问题的求解方法,并对规划求解报告的生成与分析做了说明。

7.1 最优化问题概述

观看视频

本节介绍最优化问题的基本概念、分类和数学模型以及最优化问题的一般求解方法。

7.1.1 最优化问题

最优化问题是在给定条件下寻找最佳方案的问题。最佳的含义有各种各样:成本最小、收益最大、利润最大、距离最短、时间最少、空间最小等,即在给定资源时寻找最好的目标,或在确定目标下使用最少的资源。生产、经营和管理中近乎所有的问题都可以认为是最优化问题,如产品原材料组合问题、人员安排问题、运输问题、选址问题、资金管理问题、最优定价问题、经济订货量问题、预测模型中的最佳参数确定问题等。

7.1.2 最优化问题分类

最优化问题根据有无约束条件可分为无约束条件的最优化问题和有约束条件的最优化问题。无约束条件的最优化问题是在资源无限制的情况下求解最佳目标,而有约束条件的最优化问题则是在资源限定的情况下求解最佳目标。无约束条件的最优化问题是有约束条件的最优化问题的特例。实际问题一般都是有资源限制的,所以大部分最优化问题都是有约束条件的最优化问题。

最优化问题根据决策变量在目标函数与约束条件中出现的形式可分为线性规划问题和非线性规划问题。如果决策变量在目标函数与约束条件中只出现 1 次方的形式,即目标函数和约束条件函数都是线性的,则称该规划问题为线性规划问题。如果决策变量在目标函数或约束条件中出现 1 次方以外(2 次方、3 次方、指数、对数、三角函数等)的形式,即目标函数或约束条件函数是非线性的,则称该规划问题为非线性规划问题。线性规划问题是最简单的规划问题,也是最常用的求解最优化问题的方法。对线性规划的理论研究较早,也较为成熟,可以找到全局最优解。非线性规划问题形式多样,求解复杂,不能保证找到全局最优解,大部分情况下只能找到局部最优解。线性规划问题是非线性规划问题的一种特例。

最优化问题根据决策变量是否要求取整数可分整数规划问题和任意规划问题。整数规划问题中决策变量只能取整数,而任意规划问题中决策变量可以取任意值,所以整数规划问题是任意规划问题的一种特殊形式。整数规划问题中如果决策变量只能取 0 或 1,则称这种特殊的整数规划问题为 0-1 规划问题。

7.1.3 最优化问题的数学模型

最优化问题可以用规范的数学形式表示。假设问题中的决策变量为 $x_1, x_2, \cdots, x_n$,目标变量为 y,目标变量与决策变量之间有函数关系 $y = f(x_1, x_2, \cdots, x_n)$。约束条件可以表示为一组等式或不等式:$s_1(x_1, x_2, \cdots, x_n) \geqslant 0, s_2(x_1, x_2, \cdots, x_n) \geqslant 0, \cdots, s_m(x_1, x_2, \cdots, x_n) \geqslant 0$,则最优化问题可表示为如下的数学形式:

$$\text{Max/Min}: y = f(x_1, x_2, \cdots, x_n)$$
$$\text{St}: s_1(x_1, x_2, \cdots, x_n) \geqslant 0$$
$$s_2(x_1, x_2, \cdots, x_n) \geqslant 0 \tag{7-1}$$
$$\vdots$$
$$s_m(x_1, x_2, \cdots, x_n) \geqslant 0$$

对于最小值问题,可以转化为等价的最大值问题。如果约束条件是"≤"形式,可以对该约束条件左右两边都乘"-1",转化为等价的"≥"形式。约束条件也可以是"="运算符形式。

决策变量 $x_1, x_2, \cdots, x_n$ 的每一个取值组合都称为目标变量 y 的一个解,满足约束条件的解称为可行解,使目标函数达到最大值的解称为最优解。有些问题可以找到真正的最优解,即全局最优解,有些问题只能找到局部范围的最优解,称为局部最优解。

7.1.4 最优化问题的求解方法

对于最优化问题,如果问题较为简单(决策变量较少,无约束条件等,如经济订货量问题)则可以把目标变量对决策变量求导数,然后令导数等于 0,则可以推导出最优解的计算公式,最后转换成 Excel 公式即可以求出最优解。这是理论上最好的方法,可以找到全局最优解,并且当模型中其他参数发生变化时,也可以动态反映出最优解。不过这种方法只能处理简单的最优化问题,当决策变量多、目标函数复杂、有大量约束条件时,则很难推导出最优解的计算公式。这时可以利用一些专门的数学方法进行求解,如线性规划问题的单纯形法等。如果对这些数学方法进行手动计算，则步骤烦琐、计算量大、易出错。这时可以借助于计算机的强大运算功能来帮助求解最优化问题。在 Excel 中，对最优化问题可以用规划求解工具和查表法进行求解。这两种解法都要求先在 Excel 中建立问题的决策模型，即用一些单元格代表决策变量，用一个单元格代表目标变量。在目标变量单元格中用公式表示目标函数，用另外一些单元格代表约束条件的左边部分。综上所述，最优化问题可以使用以下的三种方法求解。

方法一：公式法。

分析问题，推导出计算最优解的公式。

方法二：规划求解工具求解。

启动规划求解工具，在规划求解参数对话框中设置目标单元格（目标变量）和可变单元格（决策变量），设置目标单元格的目标值（最大、最小或某一特定值），添加约束条件，另外也可以设置一些附加参数。单击"求解"按钮，规划求解工具即可根据参数设置寻求最优解。

方法三：查表法求解。

查表法是利用模拟运算表工具制作决策变量与目标变量的对照表，在该对照表中用 MAX() 或 MIN() 函数找出最优目标值，然后用 INDEX() 和 MATCH() 找出该最优目标值对应的决策变量值，即最优解。

公式法一般适用于可以直接推导出公式的最优解问题，而规划求解工具求解和查表法求解的方法则在公式较难推导或在自己的知识范围内无法获得计算最优解的公式时使用。下面对规划求解工具求解和查表法求解的方法做一个简单的比较。

- 规划求解工具使用方便，操作简单。查表法则需要制作对照表，并且书写计算公式。
- 规划求解工具可以求解最多 200 个决策变量的规划问题。查表法受到模拟运算表的限制，最多只能求解 2 个决策变量的规划问题。
- 规划求解工具可以达到很高的精度。查表法也可以达到较高的精度，但操作相对复杂。
- 规划求解工具对于线性规划问题可以找到全局最优解，对于非线性规划问题则不能保证找到全局最优解。查表法与图表相结合，有助于找到全局最优解。
- 当模型中其他参数发生变化时，规划求解工具不能自动计算出新的最优解，必须重新运用规划求解工具再次求解。查表法因为是通过公式找出最优解，因此可以直接计算新的最优解。

通过以上比较，可以发现规划求解工具是比较有效和方便的求解工具，应优先考虑使用。当需要动态观察参数变化对最优解的影响时，则考虑使用查表法。

7.2 线性规划与非线性规划问题

观看视频

7.1 节介绍了最优化问题的相关概念与求解方法，以下各节将对各常见规划问题进行详细说明和求解。线性规划问题是规划问题中的基本形式，其特征是目标函数和约束条件与决策变量之间都是线性关系。本节首先介绍线性规划的数学模型，然后介绍使用规划求解工具求解的方法，最后通过产品混合问题介绍线性规划的建模步骤和求解方法。

7.2.1　线性规划的一般形式

从数学的角度看,线性规划是研究在一组线性约束条件下,求解一个线性函数的极大化或极小化的问题。线性规划的标准形式为

$$\text{Max/Min:} \quad y = f(x_1, x_2, \cdots, x_n)$$

$$\text{St:} \quad s_1(x_1, x_2, \cdots, x_n) \geqslant 0$$

$$s_2(x_1, x_2, \cdots, x_n) \geqslant 0 \tag{7-2}$$

$$\vdots$$

$$s_m(x_1, x_2, \cdots, x_n) \geqslant 0$$

其中,y 为目标变量,$x_1, x_2, \cdots, x_n$ 为决策变量,而目标变量 y 与决策变量 x_i 之间存在着函数对应关系 $y = f(x_1, x_2, \cdots, x_n)$,同时这种对应关系受到一系列约束条件 St 的限制。所谓线性规划,就是指目标变量 y 与决策变量 x_i 之间,以及约束条件 St 都是线性的,若其中有某一项为非线性的对应关系,则称为非线性规划。

7.2.2　Excel 中求解线性规划问题的方法和步骤

在线性规划理论中,可以用单纯形法等数学的方法求解线性规划的问题,但对没有很好地掌握数学方法的经济管理决策者来说,要解决约束条件下的最优化决策问题是有困难的,而在 Excel 中则可以借助于规划求解工具十分方便、简单地求解此类问题。

规划求解工具是 Excel 的一个外挂工具,在 Microsoft Office 常用的"典型安装"方式安装时并不包括这个外挂工具。因此要使用规划求解工具,首先在安装 Microsoft Office 时要选择安装这个工具。其次,当安装完成 Microsoft Office 后首次使用 Excel 时,检查"数据"选项卡中"分析"组中是否有"规划求解"命令,如果没有则需要进行加载,具体操作方法是:选择"文件"选项卡中的"选项"命令,在弹出的"Excel 选项"窗口的左侧选择"加载项",在右侧窗格中"管理"下拉列表中选择"Excel 加载项",单击右侧"转到"按钮,在弹出的"加载宏"对话框中勾选"规划求解加载项"复选框,单击"确定"按钮,如图 7-1 所示。经过加载后,则可以在 Excel 中的"数据"选项卡中"分析"组中的使用"规划求解"命令了。

使用规划求解工具的一般步骤如下。

(1) 选择"数据"选项卡中"分析"组中的"规划求解"命令,弹出"规划求解参数"对话框,如图 7-2 所示。

(2) 根据对线性规划问题的分析,在"设置目标"以及它的取值(最大值或最小值或目标值)中定义目标值所在的单元格及其取值,在"通过更改可变单元格"文本框中设置决策变量所在的单元格。

(3) 在"遵守约束"下拉列表中设置约束条件。单击"添加"按钮来定义约束条件。单击"添加"按钮后弹出"添加约束"对话框,如图 7-3 所示,其中的运算符有 >=(大于或等于)、=(等于)、<=(小于或等于)、int(只取整数)和 bin(只取 0 或 1)、dif(different)等 6 种,可以通过反复单击"添加"按钮来定义多个约束条件。约束条件定义完成后,单击"确定"按钮即可结束约束条件的设定,返回"规划求解参数"对话框。

(4) 正确设置需要求解问题的相关参数后,单击"求解"按钮,规划求解工具即可求解。

上述步骤是使用规划求解工具的一般过程,在求解具体问题时设置会略有差别,结合后

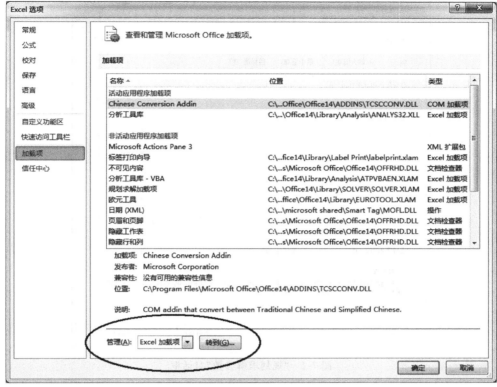

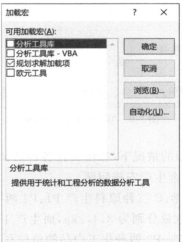

图 7-1 加载"规划求解"工具

续内容,还将做进一步阐述。

7.2.3 线性和非线性产品混合问题

工厂一般能够生产多种产品,生产多种产品需要消耗不同量的原材料、能源和工时等资源,而不同产品给工厂带来的利润各不相同,那么经营管理者所面临的问题是如何在原材

观看视频

图 7-2 "规划求解参数"对话框

图 7-3 "约束条件"对话框

料、能源和工时等资源总量有限的情况下,如何安排各种产品的产量,才能使工厂的总利润最大化。此类问题有时称为组合生产安排问题。

【例 7-1】 某化工厂用 A、B、C 三种原料生产 P1、P2 两种化工产品。每生产 1L 的 P1 产品需要 A、B、C 三种原料的数量分别为 3,4,2kg,而生产 1L 的 P2 产品需要 A、B、C 三种原料的数量分别为 4,2,1kg。P1、P2 两种化工产品的单位利润分别为 5 元和 4 元。工厂现有 A、B、C 三种原料的数量分别为 14,8,6kg。该工厂应如何安排生产 P1、P2 的产量,才能获利最大化。

【解】 求解步骤如下。

(1)建立 P1 和 P2 产量安排规划模型。

① 如图 7-4 所示,建立适合于规划求解计算的模型。通常初始时对 P1 和 P2 两种产品先假定各生产任意产量(通常假设均生产 1 个单位),因此分别在单元格 D8 和 E8 中输入 1。

② 在此模型中分别计算生产 P1 和 P2 对原料 A、B、C 的实际需要量。在单元格 F4 中

输入原料 A 的实际量的计算公式"{=SUM($D$8:$E$8*D4:E4)}",在单元格 F5 中输入原料 B 的实际量的计算公式"{=SUM($D$8:$E$8*D5:E5)}",在单元格 F6 中输入原料 C 的实际量的计算公式"{=SUM($D$8:$E$8*D6:E6)}",在单元格 E9 中输入总利润的计算公式"{=SUM(D7:E7*D8:E8)}",如图 7-5 所示。

	C	D	E	F	G
3	产品	P1	P2	实际量	供给量
4	原料A	3	4	7	14
5	原料B	4	2	6	8
6	原料C	2	1	3	6
7	单位利润	5	4		
8	产量	1	1		
9			总利润	9	

图 7-4 产品组合生产安排规划模型

产品	P1	P2		实际量	供给量
原料A	3	4		{=SUM($D$8:$E$8*D4:E4)}	14
原料B	4	2		{=SUM($D$8:$E$8*D5:E5)}	8
原料C	2	1		{=SUM($D$8:$E$8*D6:E6)}	6
单位利润	5	4			
产量	1	1			
	总利润	{=SUM(D7:E7*D8:E8)}			

图 7-5 产品组合生产安排规划模型的计算表达式

注意：计算公式诸如"=SUM(D7:E7*D8:E8)"在编辑栏中的实际显示是"{=SUM(D7:E7*D8:E8)}"，这是数组函数的形式，它表示进行以下运算："D7*D8+E7*E8"，"{"和"}"不是从键盘输入的，操作时先输入表达式"=SUM(D7:E7*D8:E8)"，再按 Ctrl+Shift+Enter 组合键退出编辑状态所得到的。

(2) 使用规划求解工具求总利润最大值。

首先，这里的目标变量是要使总利润最大化，因此目标单元格为 $E$9，其值应设置为"最大值"。决策变量为两种产品的产量，所以可变单元格设置为 $D$8:$E$8。由于受到原料 A、B、C 三种原料供给量的限制，P1、P2 两种产品原料的实际消耗量不能超过供给量，同时产量不能为负数，因此约束条件为 $F$4:$F$6<=$G$4:$G$6（限制原料的消耗量不能超过供给量），以及 $D$8:$E$8>=0（产量为非负值）。用规划求解工具求解，就是要在满足约束条件的前提下，找到使总利润最大的那组产量。

具体操作过程为：单击"数据"选项卡，选择"分析"组中的"规划求解"命令，在弹出的"规划求解参数"对话框中分别设置"设置目标""通过更改可变单元格""遵守约束"，由于本题是线性规划问题，所以在"选择求解方法"下拉列表中选择"单纯线性规划"，各类参数的设置如图 7-6 所示；单击"求解"按钮，规划求解工具开始进行计算，计算完后弹出如图 7-7 所示对话框，选择"保留规划求解的解"单选按钮，单击"确定"按钮，求解完毕。在单元格 $D$8 和 $E$8 中得到 P1 和 P2 的最优产量分别为 0.4 和 3.2，此时的总利润为 14.8，如图 7-8 所示。

如果设利润为 Y，产品 P1 的产量为 X_1，P2 的产量为 X_2，则上述产品混合问题的数学模型为

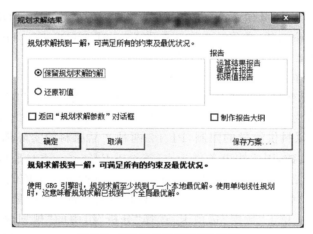

图 7-6 产品组合生产安排规划模型的参数设置

图 7-7 "规划求解结果"对话框

	C	D	E	F	G
3	产品	P1	P2	实际量	供给量
4	原料A	3	4	14	14
5	原料B	4	2	8	8
6	原料C	2	1	4	6
7	单位利润	5	4		
8	产量	0.4	3.2		
9		总利润	14.8		

图 7-8 产品组合生产安排规划模型的求解结果

$$\text{Max：} y = 5x_1 + 4x_2$$
$$\text{St：} 3x_1 + 4x_2 \leqslant 14$$
$$4x_1 + 2x_2 \leqslant 8$$
$$2x_1 + x_2 \leqslant 6$$
$$x_1, x_2 \geqslant 0$$

用规划求解工具求解线性规划问题时，虽然不一定要列出数学模型，但在构造 Excel 模型和定义规划求解工具时所涉及的"设置目标""通过更改可变单元格""遵守约束"等要素，其实就是本题数学模型在规划求解方法中的具体体现。

【例 7-2】 某公司生产两种产品，两种产品各生产一个单位分别需要 3 工时和 7 工时，用电量 4kW 和 5kW，需要原材料 9kg 和 4kg。公司可提供 300 工时，用电量为 250kW，原材料为 420kg。两种产品的单价 p 与销量 q 之间存在负的线性关系，分别为 $p_1 = 3000 - 50q_1$，$p_2 = 3250 - 80q_2$。工时、用电量和原材料的单位成本分别为 10、12 和 50，总固定成本是 10000 元。该公司如何安排两种产品的产量，才能获得最大利润？

【解】 求解步骤如下。

（1）建立两种产品的产量安排规划模型。

假设两种产品各生产 1 个单位，如图 7-9 所示。首先在 Excel 中建立计算工时、用电量、原材料和利润的计算模型，这里每种产品的利润等于其收入减其成本，为了计算总成本中的变动成本，需要先计算产品的单位变动成本，以产品 1 为例，其单位变动成本是根据工时、用电量、原材料的单位成本计算的，由于工时的单位成本为 10，而生产 1 个单位的产品 1 需要 3 工时，所以产品 1 的单位变动成本中的工时成本为"3×10"，类似的用电量成本为"4×12"，原材料成本为"9×50"，则产品 1 的单位变动成本为"3×10+4×12+9×50 = 528"。计算模型中各单元格的计算公式如图 7-10 所示。

	B	C	D	E	F	G
2		产品1	产品2	需要量	可提供量	单位成本
3	工时	3	7	10.00	300	10
4	用电量	4	5	9.00	250	12
5	原材料	9	4	13.00	420	50
6	产量	1.00	1.00			
7	a	3000	3250			
8	b	-50	-80			
9	单价	2950.00	3170.00			
10	收入	2950.00	3170.00			
11	单位变动成本	528.00	330.00			
12	变动成本	528.00	330.00			
13	总固定成本	10000.00				
14	总利润	-4738.00				

图 7-9 排产非线性规划模型

根据题意，设总利润为 y，产品 1 的产量为 x_1，产品 2 的产量为 x_2，那么这个产品组合排产问题的数学模型为

$$\text{Max：} y = R - C$$
$$= (3000 - 50x_1)x_1 + (3250 - 80x_2)x_2 - (528x_1 + 330x_2 + 10000)$$
$$= 2472x_1 - 50x_1^2 + 2920x_2 - 80x_2^2 - 10000$$

	B	C	D	E	F	G
2		产品1	产品2	需要量	可提供量	单位成本
3	工时	3	7	{=SUM(C3:D3*$C$6:$D$6)}	300	10
4	用电量	4	5	{=SUM(C4:D4*$C$6:$D$6)}	250	12
5	原材料	9	4	{=SUM(C5:D5*$C$6:$D$6)}	420	50
6	产量	1	1			
7	a	3000	3250			
8	b	-50	-80			
9	单价	=C7+C6*C8	=D7+D6*D8			
10	收入	=C9*C6	=D9*D6			
11	单位变动成本	{=SUM(C3:C5*$G$3:$G$5)}	{=SUM(D3:D5*$G$3:$G$5)}			
12	变动成本	=C6*C11	=D6*D11			
13	总固定成本	10000				
14	总利润	=C10+D10-C13-C12-D12				

图 7-10　排产非线性规划模型的计算表达式

St：$3x_1+7x_2 \leqslant 300$

　　　$4x_1+5x_2 \leqslant 250$

　　　$9x_1+4x_2 \leqslant 420$

　　　$x_1，x_2 \geqslant 0$

由于目标函数为二次函数,所以这个产品混合问题就变成了非线性规划问题。

（2）使用规划求解工具求最大利润。

总利润是目标变量,要使其最大,因此"设置目标"为＄C＄14,选择"最大值"单选按钮。决策变量为产品1和产品2的产量,所以"通过更改可变单元格"为"＄C＄6：＄D＄6"。由于受到工时、用电量、原材料的限制,两种产品对工时、用电量、原材料的消耗量不能超过可供量,同时产量不能为负数,因此"遵守约束"为＄E＄3：＄E＄5＜＝＄F＄3：＄F＄5,以及＄C＄6：＄D＄6＞＝0。运用规划求解工具,在满足约束条件的前提下,找到能使总利润最大的两种产品的产量。

"规划求解参数"对话框的设置如图7-11所示。注意:由于这是一个非线性规划的问题,因此在"选择求解方法"下拉列表中应选择"非线性GRG"。

用规划求解工具求解的结果如图7-12所示,当产品1的产量为24.72,产品2的产量为18.25时,所获的利润47198.92为最大。

注意:对于非线性规划问题,如果有解,其解可能不唯一,即可能存在多解。用规划求解工具解非线性规划问题时,可以用不同的初值分别求解,以此来观察是单解还是多解。如果用不同的初值求解得到同样的解,那么这个非线性规划问题是单解问题;如果不同初值得到不同的解,那么这个非线性规划问题存在多解,需要根据题意从中选择最符合题意的结果。

从例7-1和例7-2的求解过程中可以看到:

- 用规划求解工具求解最优化问题时,并不一定需要列出目标函数和约束条件的数学表达式,只要根据所要求解问题的含义,正确地设置"设置目标"(目标变量)、"通过更改可变单元格"(决策变量)和"遵守约束"(约束条件),就可以得到问题的解。当然能够列出数学表达式的话,对判断诸如是线性问题还是非线性问题等分析是有帮助的。

- 由于线性问题是非线性问题的特例,在不列出数学表达式的情况下,如果不能确定所求问题是线性的还是非线性的话,不妨在"选择求解方法"下拉列表中选择"非线性GRG"。

图 7-11 排产非线性规划模型的参数设置

	B	C	D	E	F	G
2		产品1	产品2	需要量	可提供量	单位成本
3	工时	3	7	201.91	300	10
4	用电量	4	5	190.13	250	12
5	原材料	9	4	295.48	420	50
6	产量	24.72	18.25			
7	a	3000	3250			
8	b	−50	−80			
9	单价	1764.00	1790.00			
10	收入	43606.08	32667.50			
11	单位变动成本	528.00	330.00			
12	变动成本	13052.16	6022.50			
13	总固定成本	10000.00				
14	总利润	47198.92				

图 7-12 排产非线性规划模型的求解结果

7.3 常见规划问题

7.3.1 运输问题

运输公司要把产自于不同生产厂家的货物运往各地的商店,各厂家的产能是不同的,各商店的需求量也是不同的,因而在安排运输计划时会有各种不同的运输方案。运输问题要

观看视频

解决的是在既不超出各生产厂家的产能、又能满足各商店需求量的条件下,如何安排运输线路才能使总的运输成本最低。

【例 7-3】 某公司生产了一种高档品牌的葡萄酒,在全国有 3 个工厂(工厂 1、工厂 2 和工厂 3),各工厂的日最大生产量分别为 120 箱、200 箱和 100 箱。该公司每天要向 4 个城市(城市 A、城市 B、城市 C 和城市 D)供货,这 4 个城市的日需求量分别为 80 箱、150 箱、100 箱和 70 箱。每箱货物从工厂运到各城市的运费如表 7-1 所示。

表 7-1 各工厂到每个城市的单位运费 元/箱

每箱运费	城市 A	城市 B	城市 C	城市 D
工厂 1	100	200	130	80
工厂 2	120	100	150	130
工厂 3	140	110	180	150

该公司如何安排运输量,才能使总运费成本最低?要求各工厂的实际供给量不能超过其最大产量,同时又要满足各城市的需求量。

【解】 求解步骤如下。

(1) 建立工厂向城市运输葡萄酒的运输模型。

如图 7-13 所示,在单元格 B2:F5 构造单位运费表,在单元格 B8:H13 中构造最优化模型。初始时设各工厂运往各城市的葡萄酒都为 1 箱,据此分别计算各工厂的实际运出量、各城市的运到量及总运费,这里总运费等于每条运输路径的单位运费乘通过该路径运输的箱数总和,因此单元格 H12 中的公式为“{=SUM(C3:F5 * C9:F11)}”,各相关单元格的计算表达式如图 7-14 所示。

	B	C	D	E	F	G	H
2	每箱运费	城市A	城市B	城市C	城市D		
3	工厂1	100	200	130	80		
4	工厂2	120	100	150	130		
5	工厂3	140	110	180	150		
6							
7							
8		城市A	城市B	城市C	城市D	实际产量	最大产量
9	工厂1	1	1	1	1	4	120
10	工厂2	1	1	1	1	4	200
11	工厂3	1	1	1	1	4	100
12	运到量	3	3	3	3	总运费	1590
13	需求量	80	150	100	70		

图 7-13 运输规划模型

(2) 使用规划求解工具求运费最小值。

打开“规划求解参数”对话框,“设置目标”为 $H$12,选择“最小值”单选按钮;“通过更改可变单元格”为 $C$9:$F$11;“遵守约束”为各工厂的运出量小于等于它的最大产量($G$9:$G$11<=$H$9:$H$11),各城市的运到量等于它的需求量($C$12:$F$12=$C$13:$F$13),由于基本运输单位是箱,不能拆箱,所以运量要大于等于0,而且必须为整数($C$9:$F$9>=0,$C$9:$F$9=整数)。规划求解参数设置如图 7-15

	B	C	D	E	F	G	H
2	每箱运费	城市A	城市B	城市C	城市D		
3	工厂1	100	200	130	80		
4	工厂2	120	100	150	130		
5	工厂3	140	110	180	150		
6							
7							
8		城市A	城市B	城市C	城市D	实际产量	最大产量
9	工厂1	1	1	1	1	=SUM(C9:F9)	120
10	工厂2	1	1	1	1	=SUM(C10:F10)	200
11	工厂3	1	1	1	1	=SUM(C11:F11)	100
12	运到量	=SUM(C9:C11)	=SUM(D9:D11)	=SUM(E9:E11)	=SUM(F9:F11)	总运费	{=SUM(C3:F5*C9:F11)}
13	需求量	80	150	100	70		

图 7-14 运输规划模型的计算表达式

所示。

图 7-15 运输规划模型的参数设置

规划求解工具只能保持最近一次使用时所设置的参数,而在求解最优化问题的过程中可能要多次使用它来求解不同的问题。为了能保存每次使用时所设置的参数,可以在"规划求解参数"对话框中单击"装入/保存"按钮,在弹出的"装入/保存模型"对话框中填入要保存模型的起始位置,图 7-16 表示将参数保存在从单元格 A2 开始的区域,单击"保存"按钮,则保存本次求解的参数。以后要使用已保存的参数模型求解,只要单击"装入"按钮,即可获取所保存的设置参数。

当求解得到最优解后,在制订的保存模型区域就会生成有关参数,图 7-17 表示各参数的值和其运算表达式。单元格 A2 表示目标单元格为 $H$12,取最小值,其结果为 45000;单元格 A3 表示可变单元格为 $C$9:$F$11 这 12 个单元格;单元格 A4~A7 分别表示

图 7-16 "装入/保存模型"对话框

所设置的约束条件,如 $G$9:$G$11<=$H$9:$H$11 表示各工厂运出量要小于等于其产量,TURE 表示该条件在求解过程得到满足;单元格 A8 表示在求解过程中所使用的一系列参数,如第一个 100 表示计算过程最多迭代 100 次。

	A		A
2	45000	2	=MIN($H$12)
3	12	3	=COUNT($C$9:$F$11)
4	TRUE	4	=$C$9:$F$11>=0
5	TRUE	5	=$C$9:$F$11=INT($C$9:$F$11)
6	TRUE	6	=$G$9:$G$11<=$H$9:$H$11
7	TRUE	7	=$C$12:$F$12=$C$13:$F$13
8	100	8	={100,100,0.000001,0.05,TRUE,FALSE,FALSE,1,1,1,0.0001,FALSE}

图 7-17 保存模型的参数表达式

求解结果如图 7-18 所示。

	B	C	D	E	F	G	H
8		城市A	城市B	城市C	城市D	实际产量	最大产量
9	工厂1	0	0	50	70	120	120
10	工厂2	80	70	50	0	200	200
11	工厂3	0	80	0	0	80	100
12	运到量	80	150	100	70	总运费	45000
13	需求量	80	150	100	70		

图 7-18 运输规划模型的求解结果

在线性规划中,当决策变量的取值只能为整数时,则把这类问题称为整数规划。本题由于运输时不能拆箱,因此约束条件中一定要使"$C$9:$F$9=整数",因而这是一个整数规划问题。

7.3.2 选址问题

观看视频

移动通信公司在城市铺设移动通信网络时需要考虑这样一些问题,由于每个基站的信号覆盖范围有限,要使整个城市都有信号覆盖的办法是设置的基站越多越好(哪怕相邻基站的信号覆盖也在所不惜),但是每多设置一个基站就多一份成本支出。如何合理地布设基站才能既使通信信号覆盖整个城市,又使设置基站的成本最低。

【例 7-4】 一家移动通信公司准备在 4 个候选位置中挑选几个位置来建造信号发射基站,以便覆盖一个城市中的 4 个地区。这 4 个位置对于 4 个地区的覆盖与修建费用如表 7-2 所示,在位置所在列与地区所在行的交叉处置 1,则表明在该位置建造信号发射基站时信号可以覆盖对应的地区。

表 7-2 基站位置与覆盖范围费用表

覆盖范围	位置1	位置2	位置3	位置4
地区 A	1		1	1
地区 B		1		
地区 C				1
地区 D	1	1		
费用(元)	200	150	190	250

要求:构造一个线性规划模型框架,用规划求解工具确定一种基站建设方案,使得既能覆盖所有地区又使总费用达到极小。

【解】 求解步骤如下。

(1) 建立移动通信公司建造信号发射基站的选址规划模型。

如果在 4 个位置都建造发射基站,肯定能覆盖所有地区,但显然这不是一个好的方案,它所花费的费用最高。所要解决的问题是如何选取建站的位置既能覆盖所有地区又能使所建的基站数量最少(即总建造费用最低)。

以表 7-2 基站位置与覆盖范围费用表为基础,如图 7-19 所示。在单元格 B2:G9 构造求解模型;在单元格 B8:F8 置 1 表示对应位置建站,置 0 表示不建站;单元格 G3:G6 表示对应地区被各位置建站时对该地区的覆盖次数。这样所要求解的最优解就是要在保证每个地区至少被覆盖一次的前提下,所选的建站方案的总费用最低。总费用单元格 C9 中总费用的计算公式为"{=SUM(C8:F8 * C7:F7)}",相关单元格的计算表达式如图 7-20 所示。

	B	C	D	E	F	G
2	覆盖范围	位置1	位置2	位置3	位置4	覆盖次数
3	地区A	1		1	1	3
4	地区B		1			1
5	地区C				1	1
6	地区D	1	1			2
7	费用	200	150	190	250	
8	选择	1	1	1	1	
9	总费用	790				

图 7-19 基站选址规划模型

	B	C	D	E	F	G
2	覆盖范围	位置1	位置2	位置3	位置4	覆盖次数
3	地区A	1		1	1	{=SUM(C3:F3*$C$8:$F$8)}
4	地区B		1			{=SUM(C4:F4*$C$8:$F$8)}
5	地区C				1	{=SUM(C5:F5*$C$8:$F$8)}
6	地区D	1		1		{=SUM(C6:F6*$C$8:$F$8)}
7	费用	200		150	190	250
8	选择	1		1	1	1
9	总费用	{=SUM(8:F8*C7:F7)}				

图 7-20 基站选址规划模型的计算表达式

（2）使用规划求解工具求总费用最小值。

打开"规划求解参数"对话框,根据建模时的分析,"设置目标"为＄C＄9,选择"最小值"单选按钮;"通过更改可变单元格"为＄C＄8:＄F＄8;"遵守约束"为所选择的基站对每个地区的覆盖次数至少一次($G$3:$G$6＞＝1),选择方案的取值为1或0($C$8:$F$8＝二进制)。规划求解参数设置如图7-21所示。

图 7-21　基站选址规划模型的参数设置

求解结果如图 7-22 所示,表明在位置 2 和位置 4 建基站是能使总费用最低(400)的最优方案。

	B	C	D	E	F	G
2	覆盖范围	位置1	位置2	位置3	位置4	覆盖次数
3	地区A	1		1	1	1
4	地区B		1			1
5	地区C				1	1
6	地区D	1	1			1
7	费用	200	150	190	250	
8	选择	0	1	0	1	
9	总费用	400				

图 7-22　基站选址规划模型的求解结果

在示例中决策变量的取值只有 0 和 1,在规划中把这类取值仅为 0 或 1 的问题称为 0-1 规划。

【例 7-5】 某奶制品工厂的产品在市场上畅销,为了有利于原料的及时获得和质量控制,工厂决定对其 6 个原料供应站铺设管道输送奶源,各供应站之间的距离如表 7-3 所示。已知:1 号供应站离工厂的距离为 5km,每铺设 1km 管道的成本为人工费 30 万元、材料费 50 万元、其他费用 100 万元。试设计从 1 号供应站开始铺设管道,把各供应站连接起来的铺设方案,使建设总成本最低。

表 7-3　各供应站之间的距离　　　　　　　　　　　　　　单位:km

供 应 站	2	3	4	5	6
1	1.3	2.1	0.9	0.7	1.8
2		0.9	1.8	1.2	2.6
3			2.6	1.0	2.5
4				0.8	1.6
5					0.9

【解】　求解步骤如下。

(1) 建立原料供应站管道铺设规划模型。

本问题中所设计的线路必须在满足每个供应站都连通的基础上,所选线路的走向总距离最短,从而使得总建设成本最低。

如图 7-23 所示,建立解题模型。模型分为 4 部分:第 1 部分为各供应站之间的距离(系数矩阵);第 2 部分为与系数矩阵相似的规划矩阵,该矩阵的取值仅有 0 和 1,0 表示两站之间不需要铺设管道,1 表示两站之间需要铺设管道;第 3 部分是根据单位人工费、单位材料费和单位其他费用所计算出来的每公里的建设成本;第 4 部分为由系数矩阵与规划矩阵相关项运算后所得到的线路总距离,以及由每公里建设成本与总距离相乘所得到的铺设管道的总成本。相关单元格的计算表达式如图 7-24 所示,其中单元格 H15 的公式为"{＝SUM(C3:G7 * C10:G14)}"。

	B	C	D	E	F	G	H	I	J
2	供应站	2	3	4	5	6		人工费(万元)	30
3	1	1.3	2.1	0.9	0.7	1.8		材料费(万元)	50
4	2		0.9	1.8	1.2	2.6		其他费用(万元)	100
5	3			2.6	1.0	2.5		每公里成本(万元)	180
6	4				0.8	1.6			
7	5					0.9			
8									
9	供应站	2	3	4	5	6	合计项		
10	1	1	1	1	1	1	5		
11	2		1	1	1	1	4		
12	3			1	1	1	3		
13	4				1	1	2		
14	5					1	1		
15						总距离	22.7		
16						总成本	4986		

图 7-23　管道铺设规划模型

由于决策变量的取值为 0 或 1,所以本问题属于 0-1 规划。

	B	C	D	E	F	G	H	I	J
2	供应站	2	3	4	5	6		人工费（万元）	30
3	1	1.3	2.1	0.9	0.7	1.8		材料费（万元）	50
4	2		0.9	1.8	1.2	2.6		其他费用（万元）	100
5	3			2.6	1	2.5		每公里成本（万元）	=SUM(J2:J4)
6	4				0.8	1.6			
7	5					0.9			
8									
9	供应站	2	3	4	5	6	合计项		
10	1	1	1	1	1	1	=SUM(C10:G10)		
11	2		1	1	1	1	=SUM(C11:G11)		
12	3			1	1	1	=SUM(C12:G12)		
13	4				1	1	=SUM(C13:G13)		
14	5					1	=SUM(C14:G14)		
15						总距离	{=SUM(C3:G7*C10:G14)}		
16						总成本	=(H15+5)*J5		

图 7-24　管道铺设规划模型的计算表达式

（2）使用规划求解工具求管道铺设费用的极小值。

打开"规划求解参数"对话框，根据建模时的分析，"设置目标"为＄H＄16（或为＄H＄15），选择"最小值"单选按钮；"通过更改可变单元格"为＄C＄10，＄D＄10：＄G＄11，＄E＄12：＄G＄12，＄F＄13：＄G＄13，＄G＄14等15个决策变量；"遵守约束"为各供应站至少与其他站连通一次（＄H＄10：＄H＄14＞＝1），可变单元格的取值为1或0。

规划求解参数设置如图7-25所示，当可变单元格不是连续分布时，各部分用逗号分隔。

图 7-25　管道铺设规划模型的参数设置

求解结果如图7-26所示,表明所铺设的管道走向为1号供应站→5号供应站→3号供应站→2号供应站、5号供应站→4号供应站、5号供应站→6号供应站时,总距离4.3km为最短距离,最低的总成本为1674万元。

	B	C	D	E	F	G	H		I	J
2	供应站	2	3	4	5	6			人工费(万元)	30
3	1	1.3	2.1	0.9	0.7	1.8			材料费(万元)	50
4	2		0.9	1.8	1.2	2.6			其他费用(万元)	100
5	3			2.6	1.0	2.5			每公里成本(万元)	180
6	4				0.8	1.6				
7	5					0.9				
9	供应站	2	3	4	5	6	合计项			
10	1	0	0	0	1	0	1			
11	2		1	0	0	0	1			
12	3			0	1	0	1			
13	4				1	0	1			
14	5					1	1			
15						总距离	4.3			
16						总成本	1674			

图7-26 管道铺设规划模型的求解结果

7.3.3 资金管理问题

观看视频

企业或个人的资金有不同的投资方向,而各种投资方案的获利情况是不同的,因此企业或个人需要解决的问题是在某个时期内如何安排投资方向,既能满足流动资金的需求,又能从各种投资中获利最大化。

【例7-6】 某人有现金10000元准备存入银行。银行可供选择的储蓄品种有一年期、二年期和三年期的定期存款,3种存款都采用复利计息,年利率分别为2.5%、2.7%和2.9%。此人第3年年初和第5年年初需要支出现金1000元和2000元,第4年年初收入现金5000元存入银行。银行的定期存款假设为当年年初存款,次年年初到期。试在Excel中建立模型,计算每年年初的到期本金、到期利息和年末现金余额;用规划求解工具求解每年各种存款的最优存款额,使第7年到期的现金本利之和最大。

【解】 求解步骤如下。

(1)建立6年的资金管理规划模型。

构造如图7-27所示的模型。为了计算方便,首先根据一年期至三年期的不同年利率,在单元格D3:D5中分别计算到期的单位年利率收入(到期总利率)。决策变量为第1~6年每年三种类型的定期存款应存多少("通过更改可变单元格"为$C$12:$F$14,$G$12:$G$13,$H$12,共15个),目标函数为第7年取得最大的现金本利之和("设置目标"为$I$12,选择"最大值"单选按钮)。决策变量的初始值均设为1000,每年的期末余额=期初现金+到期本金+到期利息-现金需要额-一年期存款-二年期存款-三年期存款,而从第2年起每年的期初现金=上一年的期末现金。各单元格的计算表达式如图7-28所示。

(2)使用规划求解工具求6年后期末现金最大值。

打开"规划求解参数"对话框,根据建模时的分析,"设置目标"为$I$12,选择"最大值"单选按钮;"通过更改可变单元格"为$C$12:$F$14,$G$12:$G$13,$H$12等15个决策变量;"遵守约束"为15个决策变量大于或等于0,每年的期末现金大于或等于0。规

	B	C	D	E	F	G	H	I
2		年利率	到期总利率					
3	一年期	2.5%	2.5%					
4	二年期	2.7%	5.5%					
5	三年期	2.9%	9.1%					
6								
7		第1年	第2年	第3年	第4年	第5年	第6年	第7年
8	期初现金	10000.00	7000.00	5025.00	3105.03	8275.62	7446.21	9616.80
9	到期本金		1000.00	2000.00	3000.00	3000.00	3000.00	3000.00
10	到期利息		25.00	80.03	170.59	170.59	170.59	170.59
11	现金需要额			1000.00	-5000.00	2000.00		到期现金余额
12	一年期存款	1000.00	1000.00	1000.00	1000.00	1000.00	1000.00	3170.59
13	二年期存款	1000.00	1000.00	1000.00	1000.00			
14	三年期存款	1000.00	1000.00	1000.00	1000.00			
15	期末现金	7000.00	5025.00	3105.03	8275.62	7446.21	9616.80	

图 7-27 资金管理规划模型

	B	C	D	E
7		第1年	第2年	第3年
8	期初现金	10000	=C15	=D15
9	到期本金		=C12	=D12+C13
10	到期利息		=C12*$D$3	=D12*$D$3+C13*$D$4
11	现金需要额			1000
12	一年期存款	1000	1000	1000
13	二年期存款	1000	1000	1000
14	三年期存款	1000	1000	1000
15	期末现金	{=SUM(C8:C10)-SUM(C11:C14)}	{=SUM(D8:D10)-SUM(D11:D14)}	{=SUM(E8:E10)-SUM(E11:E14)}

	F	G	H	I
7	第4年	第5年	第6年	第7年
8	=E15	=F15	=G15	=H15
9	=E12+D13+D14	=F12+E13+D14	=G12+F13+E14	=H12+G13+F14
10	=E12*$D$3+D13*$D$4+C14*$D$5	=F12*$D$3+E13*$D$4+D14*$D$5	=G12*$D$3+F13*$D$4+E14*$D$5	=H12*$D$3+G13*$D$4+F14*$D$5
11	-5000	2000		到期现金余额
12	1000	1000	1000	=SUM(I8:I10)
13	1000	1000		
14	1000			
15	{=SUM(F8:F10)-SUM(F11:F14)}	{=SUM(G8:G10)-SUM(G11:G14)}	{=SUM(H8:H10)-SUM(H11:H14)}	

图 7-28 资金管理规划模型的计算表达式

划求解参数设置如图 7-29 所示。

求解结果如图 7-30 所示,表明按照图示的方案存款,到第 7 年所获得的最大本利之和为 14090.97 元。

注意:由于本题是复利计息,而计算复利利息是高次方运算,因此属于非线性规划,并且是有多解的,即每年的存款可以有多种方案。

7.3.4 生产安排问题

企业在组织实施产品的生产过程中,会遇到各种类型的生产安排的决策问题,例如,如何安排人力才能使产量最大而所支付的人工成本最低;仓库各种原材料的库存量保持在怎样的范围内,才能既保证生产的连续性,又使得库存成本最低。

【**例 7-7**】 某公司生产的某一产品在不同月份的需求量、生产能力和单位生产成本不

观看视频

图 7-29 资金管理规划模型的参数设置

	B	C	D	E	F	G	H	I
7		第1年	第2年	第3年	第4年	第5年	第6年	第7年
8	期初现金	10000.00	0.00	0.00	0.00	0.00	0.00	0.00
9	到期本金		0.10	947.84	9052.06	1951.21	0.00	12920.77
10	到期利息		0.00	52.16	819.82	48.79	0.00	1170.20
11	现金需要额			1000.00	-5000.00	2000.00		到期现金余额
12	一年期存款	0.10	0.00	0.00	1951.11	0.00	0.00	14090.97
13	二年期存款	947.84	0.00	0.00	0.00	0.00		
14	三年期存款	9052.06	0.10	0.00	12920.77			
15	期末现金	0.00	0.00	0.00	0.00	0.00	0.00	

图 7-30 资金管理规划模型的计算结果

同,见表 7-4。

表 7-4 各月需求量、生产能力和单位生产成本

	1月	2月	3月	4月	5月	6月
需求量/件	1000	4500	6000	5500	3500	4000
生产能力/件	4000	3500	4000	4500	4000	3500
单位生产成本/元	240	250	265	285	280	260

每月的储存成本等于单位储存成本与月平均库存量(月初库存量与月末库存量的平均值)的乘积,而每月的单位储存成本等于当月单位生产成本的1.5%。公司要求每月的生产量既不超过当月生产能力又不低于当月生产能力的一半。另外,为防备急需,管理人员还要

求每月月末库存量不少于 1500 件(安全库存量),仓库容量为 6000 件,当前库存量为 2750 件。假设每月生产量为 1 件,试在 Excel 中建立规划求解模型,并按如下要求操作:计算每月的月初库存量、生产量下限、月末库存量、月平均库存量、单位储存成本和总成本;用规划求解工具求解每月的最优生产量和 6 个月总成本的最小值。

【解】 求解步骤如下。

(1) 建立 6 个月生产量安排规划模型。

在给定已知参数表的基础上构造规划求解模型,如图 7-31 所示。每月的生产量为决策变量,共有 6 个,即单元格 C10:H10,初始变量设置为 1 件。每月的月初库存量、生产量下限、月末库存量和单位储存成本可根据题意分别计算。目标变量为总成本,即单元格 C17。相关单元格的计算表达式如图 7-32 所示。

	B	C	D	E	F	G	H
2	仓库容量	6000					
3	安全库存量	1500					
4	储存成本系数	0.015					
5	当前库存量	2750					
6							
7		1月	2月	3月	4月	5月	6月
8	需求量	1000	4500	6000	5500	3500	4000
9	月初库存量	2750	1751	-2748	-8747	-14246	-17745
10	生产量	1	1	1	1	1	1
11	生产能力	4000	3500	4000	4500	4000	3500
12	生产量下限	2000	1750	2000	2250	2000	1750
13	月末库存量	1751	-2748	-8747	-14246	-17745	-21744
14	月平均库存量	2250.5	-498.5	-5747.5	-11496.5	-15995.5	-19744.5
15	单位生产成本	240	250	265	285	280	260
16	单位储存成本	3.6	3.75	3.975	4.275	4.2	3.9
17	总成本	-208366.08					

图 7-31　排产规划模型

	B	C	D
2	仓库容量	6000	
3	安全库存量	1500	
4	储存成本系数	0.015	
5	当前库存量	2750	
6			
7		1月	2月
8	需求量	1000	4500
9	月初库存量	=C5	=C13
10	生产量	1	1
11	生产量上限	4000	3500
12	生产量下限	=C11/2	=D11/2
13	月末库存量	=C9+C10-C8	=D9+D10-D8
14	月平均库存量	=(C9+C13)/2	=(C13+D13)/2
15	单位生产成本	240	250
16	单位储存成本	=C15*$C$4	=D15*$C$4
17	总成本	{=SUM(C10:H10*C15:H15)+SUM(C14:H14*C16:H16)}	

图 7-32　排产规划的计算表达式

	E	F	G	H
7	3月	4月	5月	6月
8	6000	5500	3500	4000
9	=D13	=E13	=F13	=G13
10	1	1	1	1
11	4000	4500	4000	3500
12	=E11/2	=F11/2	=G11/2	=H11/2
13	=E9+E10−E8	=F9+F10−F8	=G9+G10−G8	=H9+H10−H8
14	=(D13+E13)/2	=(E13+F13)/2	=(F13+G13)/2	=(G13+H13)/2
15	265	285	280	260
16	=E15*$C$4	=F15*$C$4	=G15*$C$4	=H15*$C$4

图7-32 （续）

（2）使用规划求解工具求总成本最小值。

打开"规划求解参数"对话框，根据建模时的分析，"设置目标"为＄C＄17，选择"最小值"单选按钮；"通过更改可变单元格"为＄C＄10：＄H＄10；"遵守约束"为每月的生产量＜＝生产能力（＄C＄10：＄H＄10＜＝＄C＄11：＄H＄11），每月的生产量＞＝生产量下限（＄C＄10：＄H＄10＞＝＄C＄12：＄H＄12），月末库存量＜＝仓库容量（＄C＄13：＄H＄13＜＝＄C＄2），月末库存量＞＝安全库存量（＄C＄13：＄H＄13＞＝＄C＄3），由于产量的单位为件，所以可变单元格为＞＝0的整数（＄C＄10：＄H＄10＞＝0，＄C＄10：＄H＄10＝整数）。排产规划的参数设置如图7-33所示。排产规划的求解结果如图7-34所示。

图7-33 排产规划的参数设置

	B	C	D	E	F	G	H
2	仓库容量	6000					
3	安全库存量	1500					
4	储存成本系数	0.015					
5	当前库存量	2750					
6							
7		1月	2月	3月	4月	5月	6月
8	需求量	1000	4500	6000	5500	3500	4000
9	月初库存量	2750	5750	4750	2750	1500	2000
10	生产量	4000	3500	4000	4250	4000	3500
11	生产量上限	4000	3500	4000	4500	4000	3500
12	生产量下限	2000	1750	2000	2250	2000	1750
13	月末库存量	5750	4750	2750	1500	2000	1500
14	月平均库存量	4250	5250	3750	2125	1750	1750
15	单位生产成本	240	250	265	285	280	260
16	单位储存成本	3.6	3.75	3.975	4.275	4.2	3.9
17	总成本	6209403.124					

图 7-34　排产规划的求解结果

由于本题的决策变量只能为正整数,所以也是整数规划。

观看视频

7.4　多目标规划问题

7.4.1　多目标规划概述

前文中所讨论问题的目标函数都只有一个,这类问题称为单目标规划。从经济管理的角度看,所做的决策可能过于绝对化,因为它要么是使利润最大,要么是使成本最小。在经济管理中有时会面临多目标决策问题,如在研究产品混合问题时,可能要考虑在保证获利最大的前提下能否使原料的消耗最小。多目标规划问题要比单目标规划问题复杂得多,各目标之间相互联系、相互影响,甚至还可能相互矛盾,给求解带来较大难度,也使决策者往往很难做出一个好的决策,但它又是实际运用中所需要的,无论是在生产、管理、科学研究、工程技术领域,还是在政策制定、计划安排、规划设计等方面都有着广泛的应用前景。多目标规划问题的求解有多种方法,主要有以下几种。

(1)分层序列法:将各目标按其重要性排序,首先求出第一个最重要目标的最优解,然后在保证前一目标最优解不变的前提下,按序依次求下一目标的最优解,直至求出最后一个目标的最优解。

(2)化多为少法:将多目标问题转化为单目标问题来求解,最常用的方法是线性加权法。

(3)直接求非劣解法:首先求出一组非劣解,然后按事先确定好的评判标准从中找出一个最优解。

(4)目标规划法:首先对于每一个目标确定一个期望值,然后在满足一定约束条件下,找出与目标期望值最为接近的解。

(5)多属性效用法:各目标都用表示效用程度大小的效用函数表示,通过效用函数构成多目标的综合效用函数,以此评价各个可行方案的优劣。

（6）层次分析法：把目标体系结构予以展开，求得目标与决策方案的计量关系。

（7）重排序法：把原来不好比较的非劣解通过一定的方法，排出其优劣次序。

7.4.2 多目标规划问题求解

Excel 中的规划求解工具通常只能求解单目标规划问题，对于多目标规划问题，可以通过一定的变换，用规划求解工具来求解。下面介绍采用分层序列法，用规划求解工具进行多目标规划问题的求解。

【例 7-8】 某公司生产和销售两种产品，两种产品各生产一个单位需要 3 工时和 7 工时，用电量 4kW 和 5kW，需要原材料 9kg 和 4kg。公司可提供 300 工时，用电量 250kW，原材料 420kg。两种产品的单位利润分别为 25 元和 30 元。假设两种产品各生产 1 个单位，试在 Excel 中建立产品组合线性规划模型，用规划求解工具求解两种产品的最优生产量，使总利润最大，总工时最少。

【解】 求解步骤如下。

（1）建立两种产品的产量安排规划模型。

如图 7-35 所示，在单元格 B2:F8 中构造计算模型。产量的初始值均设为 10，据此分别计算生产两种产品所需要的工时、用电量和原材料，目标函数为总利润，单元格 C8 中计算总利润的公式为"{=SUM(C7:D7 * C6:D6)}"。各相关单元格的计算表达式如图 7-36 所示。

	B	C	D	E	F
2		产品1	产品2	需求量	提供量
3	工时	3	7	100	300
4	用电量	4	5	90	250
5	原材料	9	4	130	420
6	单位利润	12	15		
7	产量	10.00	10.00		
8	总利润	270			

图 7-35 多目标规划模型

	B	C	D	E	F
2		产品1	产品2	需求量	提供量
3	工时	3	7	{=SUM(C3:D3*$C$7:$D$7)}	300
4	用电量	4	5	{=SUM(C4:D4*$C$7:$D$7)}	250
5	原材料	9	4	{=SUM(C5:D5*$C$7:$D$7)}	420
6	单位利润	12	15		
7	产量	1	1		
8	总利润	{=SUM(C7:D7*C6:D6)}			

图 7-36 多目标规划模型的计算表达式

（2）使用规划求解工具求解总利润最大值。

打开"规划求解参数"对话框。根据分层序列法，第 1 个目标变量为总利润最大化，第 2 个目标变量为工时最小化。"设置目标"为 \$C\$8，选择"最大值"单选按钮；"通过更改可变单元格"为 \$C\$7:\$D\$7；"遵守约束"为生产两种产品所需要的工时、用电量和原材料小于或等于其提供量（\$E\$3:\$E\$5<=\$F\$3:\$F\$5），产量为非负值（\$C\$7:\$D\$7>=0）。第一次规划求解参数设置如图 7-37 所示。第一次规划求解结果如图 7-38 所示，表示当产量分别为 25.61 和 29.51 时,总利润最大值为 750。

图 7-37　多目标规划模型的第一次规划求解参数设置

	B	C	D	E	F
2		产品1	产品2	需求量	提供量
3	工时	3	7	283	300
4	用电量	4	5	250	250
5	原材料	9	4	349	420
6	单位利润	12	15		
7	产量	25.61	29.51		
8	总利润	750			

图 7-38　多目标规划模型的第一次规划求解结果

(3) 使用规划求解工具求解总工时的最小值。

在保持总利润最大值(=750)的前提下,将第 2 个目标变量设置为 $ E $ 3,选择"最小值"单选按钮,在第一次求解的约束条件的基础上,再添加一个约束条件 C8=750。第二次规划求解参数设置如图 7-39 所示。第二次规划求解结果如图 7-40 所示,表明当产量分别由 25.61 和 29.51 改变到 37.93 和 19.66 时,在保持总利润最大值为 750 的前提下,工时的需要量由原来的 283 下降到 251。

图 7-39 多目标规划模型的第二次规划求解参数设置

	B	C	D	E	F
2		产品1	产品2	需求量	提供量
3	工时	3	7	251	300
4	用电量	4	5	250	250
5	原材料	9	4	420	420
6	单位利润	12	15		
7	产量	37.93	19.66		
8	总利润	750			

图 7-40 多目标规划模型的第二次规划求解结果

7.5 规划求解报告

7.5.1 规划求解报告的生成

Excel 的规划求解工具在求解的过程中,可以生成运算结果报告、敏感性报告和极限值报告,这 3 份报告反映了在求解过程中目标变量和决策变量的变化情况,约束条件的满足条件情况等,还提供了对决策分析很有帮助的其他信息,为决策者分析决策过程的合理性、能否进一步开源节流、优化决策结果提供数据支持。

如何生成这 3 份报告呢?以例 7-1 为例,详细介绍报告的生成方法。

如图 7-41 所示,在"规划求解结果"对话框中的"报告"列表框中单击所需要生成的报告名称,单击"确定"按钮,即可分别生成如图 7-42~图 7-44 所示的运算结果报告、敏感性报告和极限值报告。

图 7-41 报告的设置

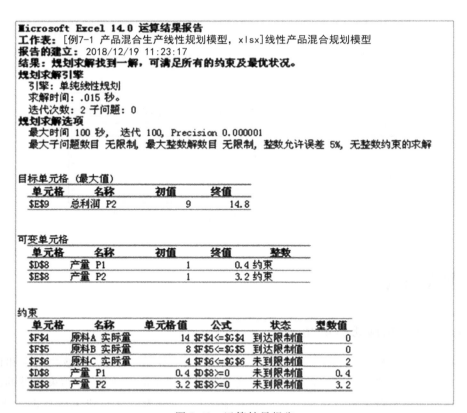

图 7-42 运算结果报告

Microsoft Excel 14.0 敏感性报告
工作表： [例7-1 产品混合生产线性规划模型，xlsx]线性产品混合
规划模型
报告的建立： 2018/12/19 11:23:17

可变单元格

单元格	名称	终值	递减成本	目标式系数	允许的增量	允许的减量
$D$8	产量 P1	0.4	0	5	3	2
$E$8	产量 P2	3.2	0	4	2.666666667	1.5

约束

单元格	名称	终值	阴影价格	约束限制值	允许的增量	允许的减量
$F$4	原料A 实际量	14	0.6	14	2	8
$F$5	原料B 实际量	8	0.8	8	4	1
$F$6	原料C 实际量	4	0	6	1E+30	2

图 7-43 敏感性报告

Microsoft Excel 14.0 极限值报告
工作表： [例7-1 产品混合生产线性规划模型，xlsx]线性产
品混合规划模型
报告的建立： 2018/12/19 11:23:17

	目标式	
单元格	名称	值
$E$9	总利润	15

	变量		下限	目标式	上限	目标式
单元格	名称	值	极限	结果	极限	结果
$D$8	产量 F	0.4	0	12.8	0.4	14.8
$E$8	产量 F	3.2	0	2	3.2	14.8

图 7-44 极限值报告

7.5.2 规划求解报告的分析

1. 运算结果报告

运算结果报告列出的是目标变量、可变单元格和约束条件在求解前后的变化情况。在例 7-1 的运行报告中可以看到目标单元格求解前的初值为 9，求解后的终值为 14.8；类似地，可变单元格求解前的初值和求解后的终值都可以从报告中获取。约束栏中显示每个约束条件的详细变化情况，对于已达到限制值的约束条件，如果要提高目标变量的值，则要放宽约束条件的上限；相反，对于未到达限制值的约束条件，可以在不改变目标变量的情况下降低它的上限。在本报告中，由于原料 C 未用足，说明还可以通过提高产量来获得更高的总利润，或者换一个角度看，在保持当前产量和总利润不变的情况下，原料 C 的供给量可以减少 2kg。

2. 敏感性报告

敏感性报告提供了求解结果对目标函数和约束条件微小变化的敏感性信息。对于线性规划和非线性规划，该报告的内容是不同的，而整数规划则不能生成敏感性报告。对于线性

规划,该报告提供可变单元格的递减成本、目标式系数和变量的增减量,约束条件值的阴影价格、可变范围的上下限。

这里着重介绍一下阴影价格在管理决策中的作用。通俗地说,某个决策变量的阴影价格是指当该决策变量发生 1 个单位量的变化时,能引起目标变量变化的量,即决策变量变化对目标函数的贡献。当企业要进一步提高利润时,就需要判断提高哪种资源的量能产生的经济效益最大。以例 7-1 为例,敏感性报告中原料 A、原料 B、原料 C 的阴影价格分别为 0.6、0.8、0,这说明原料 A、原料 B、原料 C 每增减 1 个单位将引起总利润 0.6、0.8、0 的增减,显然原料 B 的变化对总利润的影响最大,而原料 C 的变化对总利润没有影响,因此,若要再提高总利润,首先应考虑提高原料 B 的供给量。

利用对阴影价格的比较和分析,可为企业决策者提供这样的一种决策:在增量相同的情况下,增加哪一种资源能对提高企业的经济效益更为有利。因此决策者可用阴影价格的概念,对影响企业经济效益的有关资源利用情况进行评价,做出资源配置的合理调整,直至达到最优。

3. 极限值报告

极限值报告显示了目标单元格的极限值和可变单元格的数值、上下限和目标值。下限是在满足约束条件和保持其他可变单元格数值不变的情况下,某个单元格可以取到的最小值;类似地,上限是在这种情况下所能取到的最大值。

观看视频

本章小结

最优化决策在各行各业都有着广泛的应用。数学规划是最常用的最优化决策方法。最优化问题主要有产品排产、运输问题、选址问题等模型,从决策变量的取值分类,有一般规划、整数规划、0-1 规划等。

本章主要介绍最优化问题的概念和求解方法,重点说明使用 Excel 的规划求解工具对线性规划问题、非线性规划问题、整数规划问题、0-1 规划问题、多目标规划问题等进行求解,同时还介绍了规划求解报告的生成与分析。

在 Excel 中可以用规划求解工具方便地求解各类最优化问题。用该工具求解问题时,需要正确地设置目标单元格及它的目标值、可变单元格、约束条件等 3 个要素。构造一个合适的求解模型,可以有助于方便、高效地使用规划求解工具进行问题的求解。

使用规划求解工具还能求解多目标规划和非线性规划等最优化问题。

观看视频

最优化决策案例

知识切入点:最优化运输模型。最优化决策模型及最优化决策的目标设定。

思政元素:数字经济时代,系统算法究竟应该怎样存在? 树立社会责任意识,摈弃单纯趋利的价值观。

教育目的:理解公司利益最大化与社会公共安全孰轻孰重,培养运用系统算法应兼顾社会、企业、个人等各方利益的全局意识。

案例：外卖骑手，困在系统里

又有两分钟从系统里消失了。

饿了么骑手朱大鹤清晰地记得，那是2019年10月的某一天，当他看到一则订单的系统送达时间时，握着车把的手出汗了，"2公里，30分钟内送达"——他在北京跑外卖两年，此前，相同距离最短的配送时间是32分钟，但从那一天起，那两分钟不见了。

差不多相同的时间，美团骑手也经历了同样的"时间失踪事件"。一位在重庆专跑远距离外卖的美团骑手发现，相同距离内的订单，配送时间从50分钟变成了35分钟；他的室友也是同行，3公里内最长配送时间被压缩到了30分钟。

这并不是第一次有时间从系统中消失。

金壮壮做过三年的美团配送站站长，他清晰地记得，2016—2019年，他曾三次收到美团平台"加速"的通知。2016年，3公里送餐距离的最长时限是1小时，2017年，变成了45分钟；2018年，又缩短了7分钟，定格在38分钟。据相关数据显示，2019年，中国全行业外卖订单单均配送时长比3年前减少了10分钟。

系统有能力接连不断地"吞掉"时间，对于缔造者来说，这是值得称颂的进步，是AI智能算法深度学习能力的体现。在美团，这个"实时智能配送系统"被称为"超脑"，饿了么则为它取名为"方舟"。2016年11月，美团创始人王兴在接受媒体采访时表示："我们的口号是'美团外卖，送啥都快'，平均28分钟内到达。"他说，"这是一个很好的技术的体现。"

而对于实践"技术进步"的外卖员而言，这却可能是"疯狂"且"要命"的。

在系统的设置中，配送时间是最重要的指标，而超时是不被允许的，一旦发生，便意味着差评、收入降低，甚至被淘汰。外卖骑手聚集的百度贴吧中，有骑手写道，"送外卖就是与死神赛跑，和交警较劲，和红灯做朋友。"

为了时刻警醒自己，一位江苏骑手把社交账号昵称改成了"超时是狗头"。一位住在松江的上海骑手说，自己几乎每单都会逆行，他算过，这样每次能节省5分钟。另一位上海的饿了么骑手则做过一个粗略的统计，如果不违章，他一天能跑的单数会减少一半。

"骑手们永远也无法靠个人力量去对抗系统分配的时间，我们只能用超速去挽回超时这件事。"一位美团骑手告诉《人物》，他经历过的"最疯狂一单"是送餐距离1公里，时限20分钟，虽然距离不远，但他需要在20分钟内完成取餐、等餐、送餐，那天，他的车速快到"屁股几次从座位上弹起来"。

超速、闯红灯、逆行……在中国社科院研究员孙萍看来，这些外卖骑手挑战交通规则的举动是一种"逆算法"，是骑手们长期在系统算法的控制与规训之下做出的不得已的劳动实践，而这种"逆算法"的直接后果则是——外卖员遭遇交通事故的数量急剧上升。

现实数据有力地佐证了这一判断——2017年上半年，上海市公安局交警总队数据显示，在上海，平均每2.5天就有1名外卖骑手伤亡。同年，深圳3个月内外卖骑手伤亡12人。2018年，成都交警7个月间查处骑手违反交通规则近万次，事故196件，伤亡155人次，平均每天就有1名骑手因违反交通规则而伤亡。2018年9月，广州交警查处外卖骑手违反交通规则近2000宗，美团占一半，饿了么排第二。

2020年9月9日，澎湃新闻"外卖骑手，困在系统里"一文引起了全社会的广泛关注。

一时间,掀起了一场对外卖系统算法和配送人员权益及社会公共安全问题之间的热烈讨论。拥有配送骑手的平台非常多,业务从餐饮外卖到生鲜即时配送,全部秉承线上下单28~30分钟内送达的服务理念。这些平台依托于自己的主营业务,依靠精准营销和服务需求的快速履约而获得了较为稳定的流量和收入,在资本市场也颇受青睐。我们可以发现,互联网平台经济模式主要解决了供需双方的信息不对称问题,再通过"系统"有效地分配资源,实现最优配置。

外卖系统需要通过优化设定配送费以及预计送达时间来调整订单结构。在接收订单之后,系统需要考虑骑手的位置、在途订单情况、骑手的能力、商家出餐的时间、交付难度、天气、地理路况、未来单量等因素,在正确的时间将订单分配给最适合的骑手,并在骑手执行过程中随时预判订单超时情况并动态触发改派操作,实现订单和骑手的动态最优匹配。而系统派单后,还要为骑手提示该商家的预计出餐时间和合理的配送路线,并通过语音方式和骑手实现高效交互。在骑手完成订单后,系统根据订单需求预测和运力分布情况,告知骑手不同商圈的运力需求情况,实现闲时的运力调度。

其中的配送路线并不是简单的地图导航。外卖骑手的订单配送过程既有在室外主干道的通行,又有上下楼取餐和交付等室内任务,需要较高精度的小区内部导航和室内定位技术。目前各平台没有室内地图数据,主要依赖于过去骑手在送单过程中积累的数据。美团外卖每天产生巨量的订单配送日志、行驶轨迹数据。

通过对配送大数据进行分析、挖掘,会得到每个用户、楼宇、商家、骑手、地理区域的个性化信息,以及有关各地理区块骑行路径的有效数据。基于大数据平台,可以根据订单的配送需求、地理环境以及每名骑手的个性化特点来实现订单与骑手的高效动态最优匹配。

虽然各平台也会关注配送骑手的上下楼时间和途中操作系统软件的安全性问题。但值得注意的是,当前系统解决的主要问题是订单与骑手之间的高效动态最优匹配,而这种最优是建立在客户体验最优的基础上,换言之就是让订餐客户能够最快速拿到所定的餐食。

然而,由于平台配送算法比较严格的规定了配送时效,并配备了相应的绩效管理规则,导致了配送骑手为赶时间、多跑单而产生违反交通规则的现象,因此而产生交通意外、工伤过劳等问题,形成了一定的负面社会影响。

案例思考:

1. 互联网平台企业追求消费者满意度而创造商业价值是否有错?

2. 互联网平台企业在设计骑手和送餐订单的动态匹配问题时的考虑是否全面?

3. 如果让你重新设计这个动态匹配最优化问题,应包括哪方面的目标和限制条件,并说明理由。

4. 除了从技术方面改进这个动态匹配最优化问题,还应增加哪些办法或措施?

习题

7.1 某中药厂用当归作为原料制成当归丸和当归膏。生产一盒当归丸需要 5 工时与 2kg 当归原料,获利 5 元;生产一瓶当归膏需要 2 工时与 5kg 当归原料,获利 3 元。工厂可提供总工时为 4000 工时,当归原料为 5800kg。为避免当归原料因存放时间过长而变质,要求将 5800kg 的当归原料全部使用。工厂应如何安排生产,才能使得总获利最大?

7.2 某工厂生产 4 种产品,整个生产过程需要 A、B、C 3 道工序。各道工序日生产每种产品的单位工时、每周机器运行的总时数、各产品的单位利润等如图 7-45 所示。试安排能获利最大的日产品生产计划。

	产品1	产品2	产品3	产品4	周最大运行时数
设备 A	1.5	1	2.4	1	2000
设备 B	1	5	1	3.5	8000
设备 C	1.5	3	3.5	1	5000
单位利润/元	5.24	7.3	8.34	4.18	

图 7-45 习题 7.2

7.3 有煤场 A 和 B,每月分别进煤 60t 和 100t。它们担负工厂 1、工厂 2 和工厂 3 的用煤任务。3 个工厂每月的用煤需求量分别为 45t、75t 和 40t,煤场 A 运到 3 个工厂的单位运价分别为 100 元、50 元和 60 元;煤场 B 运到 3 个工厂的单位运价分别为 40 元、80 元和 150 元。煤场 A 和 B 应如何安排供煤,才能使总运费最低?

7.4 有 5 名游泳运动员,他们各种泳姿的 50m 游泳成绩如图 7-46 所示(单位:秒)。试选拔由 4 人组成的 200m 混合游泳接力队(泳姿不能重复),使其预期成绩最好。

	赵	钱	孙	李	王
仰泳	37.7	32.9	33.8	37.0	35.4
蛙泳	35.5	33.1	42.2	34.7	41.8
蝶泳	33.3	28.5	38.9	30.4	33.6
自由泳	29.2	26.4	29.6	28.5	28.7

图 7-46 习题 7.4

7.5 某投资公司将 10 万元的资金对 A、B、C 三个项目投资。对 A 项目而言,在第一年年初与第二年年初需要投资,并于次年年末收回的本利和为本金的 1.3 倍;对 B 项目而言,在第一年年初需要投资,并于第三年年末收回的本利和为本金的 1.4 倍;对 C 项目而言,每年年初需要投资,并于当年年末收回的本利和为本金的 1.1 倍。该投资公司应如何分配投资,使得在第三年年末的收益最大?

7.6 一家工厂有两条生产线生产同一种产品。第一条生产线每小时生产 5 个单位产品,第二条生产线每小时生产 6 个单位产品,每天均正常开工 8 小时。要求按以下顺序的要求安排最优的生产计划。

(1)保证每天生产 120 单位。

(2)第二生产线的加班时间尽量避免超过 3 小时。

图书资源支持

感谢您一直以来对清华版图书的支持和爱护。为了配合本书的使用,本书提供配套的资源,有需求的读者请扫描下方的"书圈"微信公众号二维码,在图书专区下载,也可以拨打电话或发送电子邮件咨询。

如果您在使用本书的过程中遇到了什么问题,或者有相关图书出版计划,也请您发邮件告诉我们,以便我们更好地为您服务。

我们的联系方式:

地　　址:北京市海淀区双清路学研大厦 A 座 714

邮　　编:100084

电　　话:010-83470236　010-83470237

客服邮箱:2301891038@qq.com

QQ:2301891038(请写明您的单位和姓名)

资源下载:关注公众号"书圈"下载配套资源。

资源下载、样书申请

书圈

图书案例

清华计算机学堂

观看课程直播